Coordenação editorial

Andrea Lorena Stravogiannis

AUTISMO

QUANDO O DIAGNÓSTICO CHEGA

VOL. 2

Literare Books
INTERNATIONAL
BRASIL · EUROPA · USA · JAPÃO

PRESIDENTE DO CONSELHO
Maurício Sita

PRESIDENTE
Alessandra Ksenhuck

VICE-PRESIDENTES
Claudia Pires
Julyana Rosa

DIRETORA DE PROJETOS
Gleide Santos

EDITOR
Enrico Giglio de Oliveira

ASSISTENTES EDITORIAIS
Júlia Almeida e Lui Navarro

REVISORES
Sérgio Ricardo do Nascimento e Ivani Rezende

CAPA E DESIGN EDITORIAL
Lucas Yamauchi

DIAGRAMAÇÃO
Luargraf e Ana Paula Nunes Medeiros

IMPRESSÃO
Printi'

Dados Internacionais de Catalogação na Publicação (CIP)
(Câmara Brasileira do Livro, SP, Brasil)

Autismo quando o diagnóstico chega : volume 2 / organização Andrea Lorena Stravogiannis. -- São Paulo : Literare Books International, 2024.

Vários autores.
Bibliografia
ISBN 978-65-5922-945-1

1. Autismo - Diagnóstico 2. Relacionamento familiar 3. Relações sociais 4. TEA (Transtorno do Espectro do Autismo) - Diagnóstico I. Stravogiannis, Andrea Lorena.

24-223873 CDD-616.85882

Índices para catálogo sistemático:

1. TEA : Transtorno do Espectro Autista : Neurodiversidade 616.85882

Eliane de Freitas Leite - Bibliotecária - CRB 8/8415

LITERARE BOOKS INTERNATIONAL LTDA.
Alameda dos Guatás, 102
Vila da Saúde — São Paulo, SP. CEP 04053-040
+55 11 2659-0968 | www.literarebooks.com.br
contato@literarebooks.com.br

MISTO
Papel | Apoiando o manejo florestal responsável
FSC® C196274
FSC www.fsc.org

SUMÁRIO

PREFÁCIO

Como ficarão as relações sociais do meu filho? Como ele será aceito na escola? Quais ajudas devo procurar? Essas são algumas das primeiras indagações que surgem na mente dos pais quando recebem o diagnóstico de transtorno do espectro autista (TEA).

O preconceito e a falta de conhecimento são dois fatores que intensificam os desafios no momento da descoberta.

Antes de tudo, é preciso entender que a inclusão dos autistas na sociedade é um direito imprescindível para garantir qualidade de vida e bem-estar comum. E precisamos apoiar os pais para que se sintam confiantes, em meio a tantas incertezas, a reconhecer e buscar esse lugar justo para seus filhos por meio de vias seguras.

Eu sei que, a partir do diagnóstico, inicia-se uma longa jornada, mas como vocês observarão ao ler relatos de pais e profissionais, os desafios podem ser superados com intervenções convencionais e alternativas propostas por pedagogos, psicólogos e outros profissionais que dedicam suas vidas para tornar esse universo tão particular acessível a todos.

Não se cobre por não ser perfeita(o) neste momento. Para estarmos presentes, também precisamos receber cuidados, atentar à nossa saúde mental a fim de nos mantermos firmes e com o coração cheio de esperança para prover amor e carinho.

Este livro é o seu lugar de apoio, de trocas de experiências e informações. Sinta-se acolhida(o).

Andrea Lorena Stravogiannis

01

E O DENTISTA? QUANDO PROCURAR?

Neste capítulo, a família entenderá a importância da prevenção em saúde bucal, da formação de vínculo com um profissional capacitado na assistência a crianças autistas, com a equipe e o ambiente odontológico, levando o paciente a uma vida livre da doença cárie, a fim de evitar um futuro de dor, tratamentos invasivos mutiladores, com muito estresse, medo e ansiedade.

ADRIANA CORREIA

Adriana Correia

Graduação em Odontologia pela FOUSP (2002). Mestrado em Odontopediatria pela FOA-UNESP. Habilitação para o uso de sedação consciente/analgesia inalatória com óxido nitroso e oxigênio. Doutorado em Ciências Odontológicas, com ênfase em Saúde Bucal da Criança, pela FOA-UNESP. Pós-doutorado em Microbiologia pela FOA-UNESP. Cirurgiã-dentista responsável pela Unidade Odontológica do Hospital Neurológico Ritinha Prates de Araçatuba/SP (2004-2014). Professora da Universidade Camilo Castelo Branco - Campus Fernandópolis (2013-2016). Capacitação em Saúde Baseada em Evidências pelo Instituto de Pesquisa e Ensino (IEP) do Hospital Sírio-Libanês. Instrutora de Suporte Básico de Vida (SBV) pelo Instituto Brasileiro de Atendimento Pré-Hospitalar (IBRAPH). Membro fundador da Sociedade Brasileira de Anestesia e Sedação em Odontologia (SOBRASO). Presidente da Associação Brasileira de Anestesia e Sedação em Odontologia (ABRASOD). Centenas de cursos e palestras sobre sedação em odontologia.

Contatos
isedacaoata@ibrasedacao.com.br
Instagram: @odontologiasemmedo (para profissionais)
@institutosedacaoata (para famílias e pacientes)
Telefones: 18 3621 2497
18 99651 0380

O Brasil possui a melhor odontologia do mundo. Europeus e norte-americanos vêm ao nosso país procurar assistência odontológica de alta qualidade, extremamente tecnológica, a preços muito mais acessíveis do que em seus países de origem. No entanto, a população brasileira ainda sofre com falta de acesso a essa odontologia de milhões, atualmente focada em procedimentos estéticos e altamente rentáveis.

À margem dessa realidade estética, estão mais ainda excluídas as pessoas com deficiências. Segundo o site do Conselho Federal de Odontologia (CFO), em janeiro de 2024, dos 403.935 cirurgiões-dentistas inscritos na autarquia, somente 995 profissionais são especialistas em Odontologia para Pacientes com Necessidades Especiais (OPNE), menos de 1% do total de odontopediatras (9.493), os quais acabam sendo a única opção, na maioria dos municípios nacionais, para as famílias atípicas conseguirem atendimento odontológico para suas crianças neuroatípicas.

Assim sendo, cabe ao odontopediatra, por muitas vezes, realizar o primeiro atendimento odontológico de um bebê ou criança autista. Durante sua formação, esse profissional adquire, além de conteúdos específicos sobre técnicas, materiais e cuidados para o atendimento de bebês, crianças e adolescentes, conhecimentos sobre o crescimento e desenvolvimento infantil, sobre o manejo clínico do comportamento e, em poucos casos, sobre o manejo farmacológico do comportamento.

As técnicas de manejo clínico do comportamento, como o manejo da voz, o falar-mostrar-fazer, e a estabilização protetora se baseiam principalmente na formação de vínculo entre família-paciente-equipe profissional. Esse vínculo estabelecido levará a criança a confiar na equipe, bem como os responsáveis a executarem as orientações dadas, incluindo as atividades de saúde bucal na rotina diária da criança atípica, promovendo saúde e prevenindo doenças bucais mutiladoras, como a cárie dentária.

No entanto, culturalmente, as coisas não são bem assim. Em meio a tanta tecnologia, o que vemos, na maioria dos consultórios de Odontopediatria, são crianças chegando para sua primeira visita odontológica com presença de doença instalada, cavidades dentárias extensas, dentes demandando tratamentos de canal, ou mesmo já condenados à extração. Uma criança típica ou atípica, que não teve a oportunidade de receber cuidados precoces, que não conhece o profissional, que está com dor, em muitos casos sem sequer conseguir se alimentar, e que precisará passar por procedimentos invasivos, como a anestesia local, tratamento endodôntico e/ou exodontias múltiplas, provavelmente não conseguirá colaborar, mesmo sem nunca ter sido segurada para um tratamento, ou sentido dor na cadeira de um dentista. Nesse caso, a única técnica de manejo clínico disponível será a estabilização protetora passiva ou ativa, com uso de equipamentos de restrição física (faixas, lençóis), e/ou ajuda dos pais. Um tratamento executado com muito choro, estresse, gritos, cansaço. Uma situação difícil para o trinômio família-paciente-equipe profissional. Nesse ínterim, a pergunta que surge é: seria possível todo esse contexto ter sido evitado?

Quando chega o diagnóstico de algum transtorno global do desenvolvimento e/ou comportamento, a família atípica que nasce **é orientada a procurar dezenas de profissionais** para estimular e alavancar o desenvolvimento neuropsicomotor da criança: psicóloga, psicopedagoga, fonoaudióloga, terapeuta ocupacional, musicoterapeuta, fisioterapeuta, dentre muitos outros. **Mas e o dentista? Onde entra a saúde bucal?**

Cuidar da saúde bucal é primordial a qualquer indivíduo. No entanto, há um elemento que interfere no comportamento de muitas pessoas que buscam atendimento odontológico: o medo. A ansiedade e o medo são fatores de fuga ao tratamento odontológico, sendo que a ansiedade relatada em atendimentos odontológicos é um fenômeno comum e constitui um dos principais fatores de rejeição ao tratamento, influenciando de maneira negativa na satisfação do paciente e no rendimento do procedimento. A ansiedade e fobia relacionadas ao atendimento odontológico são comuns em adultos; e, especialmente, entre as crianças. Essa ansiedade pode ser exacerbada pela ansiedade dos pais, por ambientes desconhecidos e pela antecipação da dor. Embora os anestésicos locais possam controlar a dor, os profissionais da Odontologia podem precisar usar contenção física para tratar crianças que não cooperam, sendo que essa abordagem pode causar mais trauma emocional enquanto reforça os medos historicamente associados ao atendimento odontológico. Ainda, caso os pais não autorizem a estabilização protetora ou, mesmo esta sendo autorizada, não seja suficiente para realizar o atendimento, principalmente em casos de crianças maiores, com nível de suporte mais elevado, com déficit cognitivo mais significativo, que não conseguem colaborar e/ou resistem à estabilização, a única forma de prestar a assistência odontológica passa a ser por meio da utilização de técnicas farmacológicas do comportamento, sendo elas a sedação ou a anestesia geral.

Nas técnicas farmacológicas de manejo do comportamento são utilizados fármacos com a finalidade de deprimir o estado de consciência do paciente, visando ao controle de dor, medo e ansiedade. Os objetivos da sedação no paciente pediátrico para procedimentos diagnósticos e terapêuticos são os seguintes: (1) resguardar a segurança e o bem-estar do paciente; (2) minimizar o desconforto físico e a dor; (3) controlar a ansiedade, minimizar o trauma psicológico e maximizar o potencial de amnésia; (4) modificar o comportamento e/ou movimento de modo a permitir a realização segura do procedimento; e (5) devolver o paciente a um estado em que a alta da supervisão médica/odontológica seja segura, conforme determinado por critérios reconhecidos. A sedação pode ser considerada "o meio do caminho" entre o condicionamento (manejo clínico) e a anestesia geral, e precisa ser oferecida ao paciente como mais uma opção de tratamento, antes do direcionamento para um procedimento invasivo, de alto risco e alto custo, como a anestesia geral em ambiente hospitalar.

Dentre as técnicas de sedação, o uso de fármacos benzodiazepínicos, como midazolam, clonazepam e diazepam, ainda é a ferramenta mais utilizada na Odontologia para controle de dor, medo e ansiedade de crianças não colaboradoras. O midazolam tem propriedades terapêuticas que auxiliam no manejo para a assistência odontológica, como rápido início de ação, curta duração, baixo índice de efeitos adversos, e ainda gera importante amnésia, o que pode ser interessante para o futuro condicionamento de um paciente que é passível de colaboração.

A sedação inalatória com o óxido nitroso é uma técnica extremamente segura, mas ainda pouco utilizada no Brasil, provavelmente pelos altos custos de investimento em cursos, equipamentos e nos gases medicinais. O óxido nitroso é utilizado desde 1844, quando um cirurgião-dentista, o dr. Horace Wells, percebeu seu poder analgésico, inaugurando a era da medicina e odontologia sem dor, encerrando um ciclo de mutilações e cirurgias realizadas à base de entorpecentes e álcool. Todavia, em altas concentrações (100%), o então apelidado de “gás hilariante” pode gerar náuseas e vômitos, além de euforia extrema ou pré-síncope. Para evitar esses sintomas desagradáveis, seu uso em Odontologia se restringe à concentração máxima de 70%, numa mistura com pelo menos 30% de oxigênio, o que configura extrema segurança à técnica, uma vez que no ar ambiente tem-se somente 21,6% de oxigênio em meio a outros gases e poluentes.

O leitor já pode talvez estar se questionando: então, quero utilizar somente a sedação inalatória em meu filho atípico, pela segurança e até facilidade da técnica. Seria perfeito, porém todas as técnicas possuem suas limitações, e sendo esta uma técnica inalatória, depende totalmente de mínima colaboração e de uma excelente respiração nasal. É claro que cada caso é único, e algumas crianças em níveis mais brandos dentro do transtorno do espectro do autismo podem conseguir assimilar os comandos e serem sedadas somente com o nitroso. No entanto, muitas crianças neuroatípicas não conseguem aceitar o estímulo de uma máscara nasal, permanecer com ela encaixada no nariz por todo o atendimento, ou mesmo os respiradoras bucais, por desordens do trato respiratório superior, ou por alterações ósseas bucais, causadas pelo uso prolongado de aparatos de sucção não nutritiva como chupetas, brinquedos, naninhas e/ou mamadeiras e até mesmo o dedo.

Então, qual seria a melhor alternativa? Atualmente, chamamos a associação de técnicas de sedação de estratégia multimodal. A literatura contempla a associação de vias de administração, como via oral, inalatória, intramuscular, intranasal, e mesmo intravenosa de fármacos e de diferentes classes farmacológicas, como benzodiazepínicos, opioides, anti-histamínicos, dentre outros, que possam atuar de maneira sinérgica, auxiliando e potencializando os benefícios mútuos, bem como reduzindo efeitos adversos do uso individual em altas doses de fármacos em estratégia única.

Em uma criança atípica que não aceite a colocação da máscara do óxido nitroso, pode ser feita, por exemplo, uma pré-medicação por via oral, facilitando, em poucos minutos, a colocação da máscara e a realização do procedimento odontológico com segurança e qualidade. Em um adulto autista nível 3 de suporte, por exemplo, que não consegue deglutir medicações, a não ser misturadas a alimentos, a opção de uma rápida injeção intramuscular (semelhante a uma “vacina”) pode ser a melhor alternativa para se iniciar o procedimento de sedação e, em seguida, até mesmo associar outra via de administração, como a via intranasal e até mesmo o óxido nitroso.

A escolha da melhor via de administração, do fármaco mais adequado a ser utilizado e/ou da associação de técnicas depende totalmente de criteriosa avaliação prévia da saúde geral do paciente. Muitas pessoas com deficiências já fazem uso de diversos fármacos, muitos também depressores do sistema nervoso central, para controle de crises convulsivas e/ou sensoriais, além de estereotipias. Ao contrário do mito de que isso pode tornar a sedação perigosa, geralmente os pacientes autistas e/ou que fazem uso de depressores do sistema nervoso central apresentam-se mais tolerantes aos sedativos-hipnóticos, fazendo desses casos um verdadeiro desafio para o profissional que precisa atender o paciente com segurança e eficácia, para tirar a dor e devolver-lhe dignidade.

Há quase 18 anos realizando sedação de adultos fóbicos, crianças não colaboradoras e pessoas com deficiências, tenho certeza de o quanto a prática de sedação no Brasil pode ampliar o acesso das famílias atípicas à assistência odontológica de qualidade, sem anos em filas de espera por atendimento hospitalar, a baixo custo e muita segurança. Cabe aos profissionais da Odontologia, principalmente odontopediatras e especialistas em OPNE, se capacitarem para a prática de sedação, seja ela com óxido nitroso, com fármacos sedativos ou, se possível, dentro da estratégia multimodal.

Melhor do que isso é que nenhuma criança faça sua primeira visita ao odontopediatra com dor, com medo ou ansiedade. Toda criança, atípica ou neurotípica, merece um odontopediatra que possa promover saúde, evitar doenças, tratamentos dolorosos e mutiladores. Levar sua criança às diversas terapias após o diagnóstico e esquecer o dentista tem que ser coisa do passado. As famílias, crianças e adultos neuroatípicos merecem uma Odontologia Sem Medo.

Referências

ALBUQUERQUE, M. J. V. *et al.* Sedação inalatória com óxido nitroso em pessoas com necessidades especiais: revisão integrativa / Inhaled sedation with nitrous oxide in people with special needs: integrative review. *Brazilian Journal of Health Review*, v. 4, n. 3, p. 13279–13291, jun. 2021.

AL SARHEED, M. A. Intranasal sedatives in pediatric dentistry. *Saudi Medical Journal*, Rockville Pike, v. 37, n. 9, p.948-956, set. 2016.

COTÉ, C. J. *et al.* Guidelines for Monitoring and Management of Pediatric Patients Before, During, and After Sedation for Diagnostic and Therapeutic Procedures. *Pediatrics*, Itasca, v. 143, n. 6, jun. 2019.

MACEDO-RODRIGUES L. W.; REBOUÇAS, P. D. O uso de benzodiazepínicos e N2O/O2 na sedação consciente em Odontopediatria. *Revista da Faculdade de Odontologia de Lins*, v. 25, n. 1, p. 55-59, 2015.

MAIA, J. A. *et al.* Sedação mínima com midazolam em Odontopediatria: relato de caso de retratamento endodôntico. *Arch Health Invest*, v. 5, dez. 2018.

MENEZES, T. E. *Sedação consciente com midazolam, via endovenosa, para realização de tratamento odontológico em pessoas com deficiência*. Tese (Doutorado em Odontopediatria). Faculdade de Odontologia da Universidade Estadual Paulista Júlio de Mesquita Filho, Araçatuba, 2010.

SANTOS, D. P. *Controle da ansiedade odontológica: estudo comparativo entre a sedação oral com midazolam e a sedação consciente com a mistura de óxido nitroso e oxigênio em pacientes submetidos à extração de terceiros molares inferiores*. Dissertação (Mestrado em Cirurgia Buco-Maxial-Facial). Universidade de São Paulo, Ribeirão Preto, 2012.

SPANGLER, C. C. Making Treatment of Special Needs Patients an Important Part of Your Growing Dental Practice. *Dental clinics of North America*, v. 60, n. 3, p. 649-662, jul. 2016.

TANG, G. *et al.* Loss of mTOR-dependent macroautophagy causes autistic-like synaptic pruning deficits. *Neuron*, v. 83, n. 5, p. 1131-1143, set. 2014.

02

A COMUNICAÇÃO É O CAMINHO NAS RELAÇÕES SOCIAIS

Uma das características do transtorno do espectro autista (TEA) está relacionada aos déficits persistentes tanto na comunicação como na interação social, os quais aparecem desde a primeira infância. A dificuldade de comunicação ou a ausência da habilidade de se comunicar podem estar presentes, agravando os chamados comportamentos disruptivos. Neste capítulo, irei abordar minha experiência fonoaudiológica nos transtornos do espectro autista e suas comorbidades relacionadas à fonoaudiologia.

AMANDA CETINO SOARES MAGALHÃES ZAGO

Amanda Cetino Soares Magalhães Zago

Fonoaudióloga graduada pela Unopar (2003). Mestranda em Gestão e Cuidados Com a Saúde pela Must University (Flórida--USA). Pós-graduação em Análise do Comportamento ABA para Autismo e Deficiência Intelectual (CBI of Miami - Child Behavior Institute, Early Institute Denver ESDM Introduction, Program Autism Institute - *Member* do Institute Prompt). Aprimoramento em linguagem e transtornos motores da fala.

Contatos
fonoaudiologia3regiao@gmail.com
Instagram: @fonoamandazago
47 99702 1179

O enfoque mais simples e satisfatório é que pensamento é simplesmente comportamento verbal ou não verbal, público ou privado.
SKINNER, 1957

A literatura indica que já é possível observar sinais do transtorno do espectro autista logo nos primeiros meses de vida, principalmente pelos indicadores de dificuldades de comunicação não verbal, contato visual e pela ocorrência de trocas sociais de maneira recíproca, que acarretam prejuízos no desenvolvimento.

O *Manual diagnóstico e estatístico de transtornos mentais* (5ª ed.), mais conhecido como DSM-5, é utilizado internacionalmente para traçar diagnósticos psiquiátricos. A Associação Americana de Psiquiatria se baseia nele e em alguns aspectos que são usados para estabelecer o diagnóstico do TEA.

A fonoaudiologia é a ciência que estuda as funções biológicas e comportamentais envolvidas na comunicação humana, abrangendo linguagem, fala, voz, audição, motricidade orofacial e funções estomatoglossognáticas, entre outras. O fonoaudiólogo vai trabalhar a linguagem; *mas o que é isso?* É o sistema complexo e dinâmico de símbolos usados para comunicar pensamentos e sentimentos. Ela é composta por diferentes componentes, incluindo as linguagens fonológica, morfológica, sintática, semântica e pragmática.

A ABA é uma ciência que estuda o comportamento, identificando funções e condições antecedentes e consequentes que controlam o comportamento, utilizando técnicas como reforçamento positivo, modelagem, análise funcional do comportamento, entre outros. Ela vai trabalhar comportamento comunicativo, que envolve a emissão de palavras, frases, expressões ou outros sinais linguísticos com funções sociais específicas, observável e mensurável, sujeito aos mesmos princípios de análise e modificação do comportamento aplicada a outros comportamentos.

O fonoaudiólogo desempenha um papel importante no desenvolvimento linguístico da criança, como por exemplo: nas linguagens semântica, morfológica, sintática e pragmática, no discurso do transtorno do espectro autista, na avaliação com testes específicos que se tornam imprescindíveis e fundamentais. Na criança não verbal, serão avaliadas a comunicação não verbal, como o contato visual, os gestos e os precursores da linguagem, que são o alicerce e a base para os pré-requisitos do início dos atendimentos fonoaudiológicos.

De acordo com a ASHA (American Speech-Language-Hearing Association) os distúrbios da comunicação podem ser conceituados como impedimentos na habilidade para receber e/ou processar um sistema simbólico observável em nível de audição (sensibilidade, função, processamento e fisiologia), linguagem (forma, conteúdo e função comunicativa) e processos de fala (articulação, voz e fluência).

As características dos principais distúrbios de fala e linguagem em crianças e adolescentes são: transtornos fonológicos, atraso na aquisição dos sons/fonemas da língua ou aquisição desviante, produção atípica dos sons da fala, omissões e substituições ou adições, que normalmente estão associadas ao histórico familiar/genética como, por exemplo a gagueira do desenvolvimento. Entre dois e três anos de idade, por exemplo, podemos identificar rupturas (disfluências) na fala, como repetições de sons e sílabas, bloqueios e prolongamentos; alteração no desenvolvimento da linguagem oral. Pode-se observar atraso ou distúrbio no desenvolvimento da linguagem. A alteração pode ser na expressão e/ou recepção dessa linguagem.

Durante as avaliações dos pacientes com o transtorno do espectro autista (TEA) pude identificar, entre outras características, vocabulário pobre, dificuldade na combinação de palavras para formar frases, uso inadequado da linguagem, dificuldade de compreensão, alterações gramaticais, fala ininteligível, dificuldade com conceitos abstratos e figurativos.

Algumas causas podem estar associadas à perda auditiva, impedimentos no desenvolvimento cognitivo e motor da fala, e distúrbios socioemocionais (baixa tolerância à frustração).

Durante minha prática clínica, observei também que alguns de meus pacientes apresentavam dificuldade de compreensão auditiva no processamento da informação. Isso resultou em falha no processamento da escrita, como a troca de letras com sons parecidos, dificultando o entendimento gramatical. No transtorno do espectro autista, as funções executivas e o acesso rápido às representações do léxico, atenção e memória operacional são habilidades preexistentes necessárias na estimulação para o aprendizado da consciência fonológica, pré-requisitos importantes para aquisição da leitura e da escrita. Nessa modalidade, são estimulados também atenção dividida, necessária para aprendizagem da memória operacional, e acesso ao léxico (entendimento do vocábulo da língua falada).

Os estudos da neurociência mostram que o TEA afeta diretamente o hemisfério central do cérebro. Em termos práticos, isso resulta em dificuldades para se estabelecer uma conversa, em situações de interação social e nas funções executivas citadas acima. Novos estudos científicos demonstram que o lobo frontal e a coerência central estão ligados diretamente ao transtorno do espectro autista (VOLDEN, *et al.*, *apud* DOMINGOS, GODOY, 2020).

As habilidades a serem desenvolvidas na área da fonoaudiologia, capacitadas pelo uso de recursos visuais, que chamamos de comunicação alternativa aumentativa, auxiliam a criança no desenvolvimento da fala funcional e da linguagem oral, facilitando a utilização no uso de verbos e a comunicação social, indo desde um cumprimento a outras pessoas até a formação de frases, inserindo-a na sociedade.

No TEA precisamos estabelecer rotinas e estratégias para emissão da fala como os órgãos articuladores da comunicação. Faço essa afirmação, pois durante minhas experiências clínicas percebi diversas alterações motoras relacionadas ao planejamento e à execução dos órgãos comunicadores (boca, lábios língua e bochechas). Quando a criança tenta falar e a palavra não sai como esperado, ela repete e, na autocorreção, ocorrem diversas alterações de vogais e consoantes. A ciência reconhece essas alterações, que são chamadas de atraso motor de fala, apraxia de fala na infância e disartria; todas essas comorbidades podem estar associadas ao transtorno do espectro autista.

Assim, há uma série de características da terapia de fala bem-sucedidas, independentemente do método específico. A prática e repetição da fala incluem esses recursos, como os alvos (palavras e frases), que são praticados com maior grau de frequência e intensidade. Nesse processo, os familiares são chamados para participar da prática clínica, levando a terapia para casa para praticar diariamente os conceitos fundamentais na aprendizagem motora da fala.

O diagnóstico no transtorno do espectro autista pode estar atrelado ao do transtorno do processamento auditivo central (TPAC). Observamos os déficits quando a criança inicia o processo de aprendizagem de leitura e escrita. Essa condição dificulta o aprendizado da consciência fonológica, primordial para o conhecimento dos símbolos gráficos e léxicos gramaticais, por codificar e decodificar a informação desses símbolos.

O diagnóstico precoce e o tratamento com base da ciência ABA (análise do comportamento) auxiliarão nas diversas dificuldades apresentadas pela criança desde o início, provendo empatia e auxiliando em seu desenvolvimento para uma inclusão mais efetiva na sociedade e, futuramente, no mercado de trabalho. Os transtornos associados ao déficit de comunicação vão desde olhar para o outro, entender e ler o ambiente em que se encontra, a participação em conversas e a forma que responde a perguntas até desenvolver um diálogo coerente e com contexto.

Os níveis de funcionalidade no transtorno do espectro autista, estão aliados à capacidade de autonomia e independência. Sendo assim, quanto mais cedo for diagnosticado, maiores serão as possibilidades de interação e comunicação.

A experiência de crianças com TEA me acompanha há uma década e meia, e a compreensão e o acolhimento às famílias são essenciais para o desenvolvimento das crianças; e a pergunta que sempre ouço, desde o diagnóstico inicial, é "meu filho vai falar?". Durante a minha avaliação e os meus atendimentos, procuro explicar de forma minuciosa o quanto o transtorno do espectro autista é uma nuance de fatores neurológicos alinhados às horas de estimulação e à qualidade da equipe interdisciplinar. O retorno da avaliação e o alinhamento das informações são lançados no plano específico individualizado (PEI), para que a criança possa se desenvolver e, dentro das características, venha passar de nível 2 para 1 de funcionalidade. No PEI, será traçado o caminho de oportunidades e os objetivos a curto, médio e longo prazos que devem ser seguidos por todos que compõem a equipe.

A utilização da rede de apoio aos familiares torna-se cada vez mais presente em nossa rotina clínica, pois sabemos que os processos de aceitação e negação caminham juntos, e as incertezas do diagnóstico causam desconforto e mudanças na rotina familiar. Como me torno parte de muitas famílias, vejo a necessidade de encaminhar alguns familiares para a terapia, a fim de que obtenham resiliência para lidar com os desafios de uma família atípica.

Dentro da análise do comportamento ABA, determinamos alguns objetivos fonoaudiológicos, que vão desde o início do vínculo terapêutico fonoaudiológico até as intervenções específicas relacionadas à minha área, sendo necessário que ocorra a generalização do comportamento em todos os ambientes. Para que isso aconteça, precisamos dar assistência terapêutica, manter um olhar constante e diferenciado para cada caso e, se for necessário, incluir mudanças e reavaliações para que os objetivos possam ser alcançados.

Sabemos que a implicação da fonoaudiologia no transtorno do espectro autista (TEA) é multidimensional, englobando a avaliação, o planejamento e a implementação de estratégias terapêuticas. A modulação da comunicação da criança acontece por uma série de repetições utilizadas no contexto da análise do comportamento ABA, que o fonoaudiólogo utiliza para modelar a linguagem da criança. Essa modulação acontece com atividades de comunicação funcional, convencionais do cotidiano da criança; comunicação em forma de contato visual, gestos, fala funcional e direcionada para recursos visuais durante a comunicação alternativa aumentativa (CAA); percepção visual dessas imagens e repetição contínua e expressiva, a fim de que a criança, por meio de imagens ou objetos, adquira a linguagem expressiva.

No contexto do transtorno do espectro autista, é importante ressaltar o brincar simbólico como, por exemplo, brincar de imitar os acontecimentos do cotidiano familiar. A imitação é uma aprendizagem essencial para as interações sociais e isso faz toda a diferença na comunicação. O autista precisa adquirir novas habilidades (os neurônios espelhos) para ser inserido na sociedade, como um ser único, com suas características e funcionalidades.

Referências

AMERICAN PSYCHIATRIC ASSOCIATION. *Manual diagnóstico e estatístico de transtornos mentais*: DMS-5. Porto Alegre: Artmed, 2014.

CHILDHOOD Apraxia of Speech. *ASHA*. Disponível em: https://www.asha.org/public/speech/disorders/childhood-apraxia-of-speech/. Acesso em: 22 mar. 2024.

DEUTSCHER, G. *The unfolding off language*: the evolution of mankind's greatest invention. Bethesda: Arrow Books, 2006.

DOMINGOS, C.; GODOY, E. A virada pragmática nos distúrbios da linguagem e da comunicação. *PERcursos Linguísticos*, v. 10, n. 26, p. 194-206, dez. 2020.

ESHLEMAN J. W. Quantified trends in the history of verbal behavior research. *Anal Verbal Behav*, v. 9, p. 61-80, 1991.

GUBIANI, M. B. *et al.* Adaptation of the dynamic evaluation of motor speech skill from English to Brazilian Portuguese. *Folia Phoniatr Logop*, Basiléia, 2018.

SARMENTO, S. N. *et al.* Revisão sistemática de estudos empíricos sobre os efeitos do treino de habilidades sociais em crianças com TEA, baseado em análise do comportamento aplicada. *Espectro: Revista Brasileira de Análise do Comportamento Aplicada ao Autismo*, v. 2, n. 1, p. 1-15, mar. 2023.

SPEECH Sound Disorders-Articulation and Phonology. *ASHA*. Disponível em: https://www.asha.org/practice-portal/clinical-topics/articulation-and-phonology/. Acesso em: 22 mar. 2024.

03

DESVENDANDO DIREITOS
UM GUIA COMPLETO PARA PESSOAS COM TEA

Neste capítulo, exploramos os direitos das pessoas com TEA no Brasil, do reconhecimento como deficiência à Lei Romeo Mion. Incluímos temas como inclusão educacional, atendimento prioritário, inserção no trabalho e benefícios. Abordagem informativa e acessível, orientando para empoderar a comunidade autista na busca por direitos, inspirando ações para uma sociedade inclusiva.

AMANDA ZAWADZKI

Amanda Zawadzki

Advogada formada pela Uninter em 2011, com especialização em Direito Público e ênfase em Direito Contemporâneo, além de pós-graduação em Direito do Trabalho e Processo do Trabalho. Especialista em ações judiciais, destaca-se por seu conhecimento na obtenção de liminares para acesso a tratamentos pelo Sistema Único de Saúde (SUS) e planos de saúde, assim como na solicitação de professores de apoio em ambiente escolar. Para além de suas habilidades jurídicas, é criadora de conteúdo digital e idealizadora das páginas @autismomaisdireitos e @draamandazawadzki no Instagram. Seu diferencial é sua experiência como mãe de uma criança com autismo e deficiência visual, o que a torna apaixonada e engajada na causa em prol dos direitos das pessoas com autismo.

Contatos
amandazawadzkiadv@gmail.com
Instagram: @draamandazawadzki
@autismomaisdireitos
41 3042 3144
41 99974 2829

As pessoas com transtorno do espectro autista (TEA) possuem direitos resguardados por leis em diversos países. No Brasil, tais direitos são protegidos por uma série de legislações e políticas, visando garantir inclusão, igualdade e acesso a serviços em condições equiparadas às demais pessoas.

A busca por esses direitos pode ser desafiadora, uma vez que, além das leis e políticas que abrangem todo o território nacional, alguns estados e municípios possuem normativas próprias de inclusão. Tal diversidade legislativa pode ocasionar confusões quando pessoas com deficiência e seus representantes empreendem esforços para reivindicar esses direitos.

É de suma importância que as pessoas com deficiência estejam cientes de seus direitos e devidamente orientadas para reivindicá-los. Com uma orientação apropriada, a busca por esses direitos pode se tornar mais simplificada e prática. Nesse contexto, decidi compilar para você os principais direitos das pessoas com transtorno do espectro autista e a maneira mais eficiente de buscá-los.

A seguir, apresentarei as leis mais relevantes e alguns dos direitos fundamentais das pessoas com TEA no Brasil.

O reconhecimento da pessoa com autismo como deficiente para todos os efeitos

A Lei nº 12.764/2012, conhecida como Lei Berenice Piana, instituiu a Política Nacional de Proteção dos Direitos da Pessoa com Transtorno do Espectro Autista (TEA), conferindo à pessoa com autismo o *status* de deficiente para todos os efeitos legais e garantindo a ela todos os direitos já concedidos às pessoas com deficiência em geral.

Essa legislação assegura uma série de direitos às pessoas com autismo, abrangendo desde o acesso a diagnóstico precoce até tratamento especializado, atendimento educacional e promoção da inclusão social.

Com base na Lei Berenice Piana e nas jurisprudências atuais, que refletem decisões recentes, a maioria dos advogados fundamenta seus pedidos jurídicos quando se depara com a negação desses direitos às pessoas com transtorno do espectro autista.

Carteira de Identificação da Pessoa com Transtorno do Espectro Autista (CIPTEA)

A Lei 13.977/20, também conhecida como Lei Romeo Mion, trouxe modificações à Lei Berenice Piana, criando a Carteira de Identificação da Pessoa com Transtorno do Espectro Autista em todo o Brasil, denominada CIPTEA.

A CIPTEA não é um documento obrigatório e não substitui o Registro Geral (RG) da pessoa com autismo, mas facilita a identificação em locais públicos e privados, agilizando o atendimento prioritário. Sua emissão é gratuita e pode ser solicitada em qualquer estado brasileiro, sendo necessário atentar-se às regras específicas de cada local. Em São Paulo, por exemplo, a CIPTEA pode ser solicitada pelo site ciptea.sp.gov.br, enquanto, no Paraná, o pedido é feito por meio do site passelivre.pr.gov.br.

Estatuto da Pessoa com Deficiência

A Lei nº 13.146/2015 fortalece o direito à educação inclusiva, assegurando que pessoas com autismo tenham acesso a escolas regulares com todos os recursos essenciais para seu pleno desenvolvimento. Para pleitear esses direitos, é aconselhável apresentar à escola um laudo médico que certifique a deficiência, detalhando as adaptações necessárias e a imprescindibilidade de um professor de apoio. Manter uma cópia assinada ou carimbada pela escola, confirmando a solicitação, torna-se crucial.

Se a instituição de ensino se recusar a realizar as adaptações e/ou disponibilizar o professor de apoio, é viável realizar tal requerimento por meio judicial.

Prioridade no Atendimento

A Lei 10.048 de 2000, artigo 1°, atualizado pela Lei 14.626, de 2023, reforça e assegura o direito a atendimento prioritário para pessoas com deficiência e transtornos do espectro autista. Essa normativa visa garantir que tais pessoas tenham acesso facilitado a serviços públicos e estabelecimentos privados, reconhecendo a necessidade de um suporte mais ágil e eficiente.

Essa prioridade estende-se não apenas ao titular do direito, mas também a seus acompanhantes e atendentes. A abordagem inclusiva prevista na legislação determina que esses indivíduos devem ser atendidos conjunta e acessoriamente, garantindo uma assistência integral que leve em consideração as particularidades e necessidades específicas das pessoas com deficiência e transtornos do espectro autista.

Ao conferir essa prioridade, a legislação não apenas busca facilitar o acesso, mas também promover a inclusão efetiva dessas pessoas na sociedade. Dessa forma, a Lei desempenha um papel fundamental na promoção da igualdade de oportunidades, contribuindo para a construção de uma sociedade mais justa e acessível a todos, independentemente de suas condições físicas ou neurológicas.

Inclusão no mercado de trabalho

A Lei nº 8.213/1991 estabelece a obrigatoriedade de cotas para Trabalhadores com Deficiência em empresas que possuam mais de 100 empregados. Essa medida visa fomentar a inclusão de pessoas com deficiência, abrangendo também aqueles com autismo, no cenário do mercado de trabalho.

O propósito dessa legislação é ir além de uma mera quota, promovendo efetivamente a participação ativa e igualitária das pessoas com deficiência, garantindo oportunidades reais de emprego em empresas de diversos portes. A inclusão laboral não apenas atende a uma demanda legal, mas também reflete um compromisso com a diversidade e a valorização das habilidades individuais, proporcionando um ambiente de trabalho mais enriquecedor e equitativo.

É fundamental ressaltar que as empresas que se enquadram nesse critério têm a responsabilidade de reservar uma porcentagem de suas vagas para trabalhadores com deficiência, o que engloba indivíduos com autismo. Essa prática visa não apenas cumprir uma exigência legal, mas também criar um ambiente corporativo mais inclusivo, em que a diversidade é reconhecida como um componente enriquecedor do quadro de colaboradores.

Nesse contexto, a Lei nº 8.213/1991 desempenha um papel crucial ao estabelecer diretrizes que não apenas propiciam a inclusão no mercado de trabalho, mas também contribuem para uma transformação cultural nas organizações, reforçando a importância da igualdade de oportunidades e do respeito à diversidade.

Benefício Assistencial

A Lei nº 8.742/1993 assegura o Benefício de Prestação Continuada (BPC) a pessoas com deficiência, incluindo aquelas com transtorno do espectro autista, em situação de vulnerabilidade socioeconômica. Para obter o benefício, é necessário comprovar a deficiência e a situação de vulnerabilidade, além de estar inscrito no Cadastro Único.

No caso específico das pessoas com deficiência, é necessário não apenas comprovar a situação de vulnerabilidade social, mas também demonstrar que a deficiência ocasiona impedimentos de ordem física, mental, intelectual e sensorial, os quais impossibilitam a condução de uma vida em igualdade com as demais pessoas.

É importante ressaltar que o benefício de prestação continuada não se confunde com a aposentadoria por invalidez, como erroneamente acreditam muitos. Consequentemente, não depende de recolhimento previdenciário e não confere direito ao recebimento do décimo terceiro salário nem à pensão por morte para os dependentes do beneficiário.

O pedido pode ser feito por ligação (número 135), pelo aplicativo do Meu INSS, ou pessoalmente nas Agências da Previdência Social. Em caso de indeferimento, é possível recorrer judicialmente, recomendando-se a assessoria de um advogado especializado.

Acesso à Saúde

A Lei nº 8.080/1990 estipula que o Sistema Único de Saúde (SUS) deve garantir atenção integral à saúde das pessoas com TEA, incluindo diagnóstico, tratamento multidisciplinar e acompanhamento especializado. Caso o SUS não forneça o atendimento conforme a prescrição médica, é possível buscar judicialmente o direito ao tratamento.

Vaga de estacionamento prioritária

Indivíduos com TEA têm o direito assegurado de usufruir de vagas prioritárias em espaços públicos e privados, visando garantir a acessibilidade necessária. Para efetivar esse direito, a emissão do cartão de estacionamento prioritário é um procedimento fundamental, sendo este cartão obrigatório durante o período de utilização da vaga designada.

Embora a emissão do cartão seja relativamente simples, a solicitação pode apresentar variações conforme a cidade em que o interessado reside. Na maioria dos estados brasileiros, o Detran é o órgão responsável pela concessão dos cartões de estacionamento prioritário. Entretanto, em algumas situações, especialmente em municípios de menor porte, é possível que a solicitação seja realizada diretamente na prefeitura local.

Essa medida visa não apenas garantir a comodidade e a segurança das pessoas com TEA e seus familiares, mas também reforça o compromisso com a inclusão e a promoção de condições igualitárias para todos os cidadãos. A padronização do processo, ainda que com variações regionais, contribui para uma implementação mais eficiente e abrangente desse benefício, possibilitando que pessoas com TEA desfrutem plenamente de seu direito à mobilidade acessível.

Registro Geral (RG) da pessoa com deficiência

De acordo com o Decreto 10.977, de 2022, garante o direito à inclusão junto ao RG de condições específicas de saúde cuja divulgação possa contribuir para preservar a sua saúde ou salvar a sua vida. Embora não seja obrigatória, é possível incluir até cinco CIDs diferentes no documento. As regras de emissão variam conforme o Estado, sendo necessário consultar a Secretaria de Segurança Pública da cidade para obter informações detalhadas.

As leis mencionadas anteriormente representam avanços significativos para o reconhecimento das garantias e inclusão das pessoas com transtorno do espectro autista no Brasil. Entretanto, é crucial ressaltar que estados e municípios podem contar com legislações próprias, buscando assegurar outros direitos e benefícios para essas pessoas. Nesse sentido, é sempre recomendável buscar informações atualizadas nos órgãos competentes da sua região.

À medida que o transtorno do espectro autista continua a revelar novas nuances a cada dia, a legislação também está sujeita a alterações. Portanto, torna-se imperativo persistir na promoção de meios de conscientização acerca do transtorno e das necessidades específicas relacionadas a ele.

A efetiva implementação dessas políticas é essencial para assegurar a plena inclusão e participação da comunidade autista na sociedade. Ao mantermos um compromisso contínuo com a divulgação de informações precisas e atualizadas, podemos contribuir para um ambiente mais inclusivo e empático, promovendo a compreensão e o apoio necessários a todos que vivem com o espectro do autismo.

Referências

BRASIL. *Benefício de Prestação Continuada (BPC)*. 2023. Disponível em: https://www.gov.br/mds/pt-br/acoes-e-programas/suas/beneficios-assistenciais/beneficio-assistencial-ao-idoso-e-a-pessoa-com-deficiencia-bpc. Acesso em: 6 abr. 2024.

BRASIL. *Decreto presidencial cria RG com número único para todo o país*. Disponível em: https://www.gov.br/secretariageral/pt-br/noticias/2022/fevereiro/decreto-presidencial-cria-rg-com-numero-unico-para-todo-o-pais. Acesso em: 6 abr. 2024.

BRASIL. *Lei n. 13.977, de 8 de janeiro de 2020*. Disponível em: https://www.planalto.gov.br/ccivil_03/_ato2019-2022/2020/lei/l13977.htm. Acesso em: 6 abr. 2024.

04

QUANDO O DIAGNÓSTICO CHEGA

UMA JORNADA DE DESCOBERTAS E SUPERAÇÕES

Pais de primeira viagem e uma gestação perfeita. Eis que nasce André e a percepção de alguns atrasos no desenvolvimento. Longa investigação foi feita até o diagnóstico do TEA: comprometimentos sociais, de comunicação e cognitivos. Naquele momento, diante de muitas dúvidas, recebemos uma luz. Tínhamos dois caminhos a seguir: o do drama ou o da jornada. Optamos por viver a jornada.

ANA CLÁUDIA BEZERRA
JOAQUIM BEZERRA

Ana Cláudia Bezerra

Mãe do André e do Joaquim Neto, contadora pós-graduada em Auditoria e Gestão Fiscal. Empresária. Estudante de psicologia. Associada fundadora da Associação Comunicatea.

Contato
Instagram: @anaclaudia2802

Joaquim Bezerra

Pai do André e do Joaquim Neto, contador, empresário, escritor, poeta, palestrante nacional e internacional. Pós-graduado em Contabilidade e em Auditoria. Consultor empresarial. Diretor institucional da Consult Inteligência Tributária, consultor da FIA-USP. Conselheiro do Conselho Federal de Contabilidade pelo Estado do Piauí. Vice-presidente de governança e gestão estratégica do CFC. Diretor nacional na Associação Interamericana de Contabilidade – AIC. Presidente da APICICON – Academia Piauiense de Ciências Contábeis. Acadêmico da Academia Paulista de Contabilidade e da Academia Brasileira de Contabilidade. Acadêmico honorário da Academia Norte Rio-Grandense de Contabilidade.

Contato
Instagram: @joaquimbezerra.filho

A única forma de chegar ao impossível é acreditar que é possível.
LEWIS CARROLL, *Alice no país das maravilhas*

O que vamos tratar aqui é a história de uma família que decidiu viver um processo. Assim, na mesma intensidade que trataremos da história com autismo, traremos o universo de descobertas e superações, quase como em uma descrição de uma jornada de vida.

Entende-se como jornada de vida a trajetória que cada indivíduo percorre em sua existência, sendo um processo permanente de aprendizado, crescimento e transformação, recheado do enfrentamento de grandes desafios e da necessidade de tomada de decisão constante, na maioria das vezes, em meio às incertezas do porvir.

A certeza de viver uma jornada se dá pela percepção da evolução e pelo impacto que ela proporciona no ambiente em que está inserida, transformando a vivência em oportunidades de compartilhamento de experiências e ressignificação dos valores, das crenças e das circunstâncias de vida. É este o sentimento que desejamos compartilhar com você, leitor, sobre a nossa história.

Todo e qualquer diagnóstico remete ao impacto de seu recebimento, que reflete no luto, nos questionamentos e na inquietude interna quanto à compreensão. Conosco não foi diferente. Ao recebermos o pré-diagnóstico de autismo do André, tivemos o impacto emocional do luto inicial, comum a todas as famílias com filhos dentro do espectro. Aqui começou a jornada que envolveu fé, amor, resiliência, intervenções adequadas e, é claro, a ciência.

A jornada

Casamo-nos em 2006. Após cinco anos sem ter filhos e com dois abortos, eis que vem ao mundo André. Uma gestação perfeita. Em abril de 2014,

Deus inicia o nosso treinamento: primeiro, uma imersão no amor como mandamento; depois, o início da jornada.

Nós éramos "pais-marinheiros de primeira viagem", como diz o velho jargão. Assim, todo e qualquer comportamento, reação e até mesmo olhar, ou a falta de interação do André, era compreendido e aceito como normalidade. Contudo, as orientações do médico da família, dr. Roberto Neiva, chamaram nossa atenção para alguns desses comportamentos.

De forma muito responsável e ética, o médico nos alertou para as questões da falta de interação: ausência de olhar fitado nos olhos, não atendimento pelo nome ao ser chamado, atrasos comportamentais e de comunicação, estereotipias visíveis.

Em 2015, havia pouca literatura sobre o autismo e um universo de perguntas sem respostas. Mas tínhamos ACEITAÇÃO – chave importante para o tratamento de qualquer diagnóstico. É claro que o fato de aceitarmos as coisas como estão postas não as tornaram mais fáceis, porque a jornada é árdua, longa e desconhecida.

Ter um diagnóstico na família, indiscutivelmente, exige mudanças na concepção de valores e rotina. No nosso caso, tudo começou com um ano e três meses de idade do André. Nosso planejamento de vida era como o de todo jovem casal que constitui família, recheado de sonhos, de expectativas e de preparação para um futuro próspero para a família. O que não tínhamos ainda era maturidade para compreendermos que, na jornada da vida, só temos em mãos uma bússola com a direção determinada por Deus.

Então, diante do destino traçado, fomos em busca dos melhores profissionais e das técnicas à luz da ciência, remodelamos o planejamento e as expectativas sempre em obediência a Deus. Afinal, sermos pais de uma criança neuroatípica era uma oportunidade de trilhar um caminho de esperança e de evolução rumo à maturidade. Como se diz no Nordeste: "Não titubeamos", mesmo sem sabermos quais seriam os reflexos da decisão.

O próximo passo era a investigação, passou por diversas consultas com neurologistas, neuropediatras com larga experiência clínica, bateria de exames – todos os disponíveis à época: cariótipo com pesquisa de X frágil, o eletroencefalograma (EEG), a ressonância magnética nuclear (RNMX-frágil), inclusive o Exoma,[1] que era muito raro no Brasil; somente uma ou duas clínicas realizavam.

Como não havia nenhuma identificação ou causa genética, a recomendação para o tratamento foi a INTERVENÇÃO PRECOCE. Então, iniciou-se uma intensa agenda de terapias multidisciplinares integradas com a família e a escola. André fazia 40 horas de terapias mensais, distribuídas em TO,

1 O Exoma completo analisa todas as regiões codificadoras do genoma humano com o objetivo de identificar variantes que possam contribuir para o diagnóstico preciso de doenças genéticas, entre elas o autismo.

fonoaudiologia, psicologia com aplicabilidade do ABA, somadas à inserção dele em um infantário, que tinha uma proposta lúdica de intervenção pedagógica para crianças com TEA. Temos convicção de que a atitude de expormos ele muito cedo às intervenções foi preponderante para os resultados hoje alcançados.

Sem qualquer contraindicação, a intervenção precoce no tratamento do TEA de André permitiu estimular habilidades socioemocionais positivas, construindo relacionamentos e promovendo a aquisição de conhecimento. É como se estivessem sendo instaladas memórias de aprendizagem para ganhos futuros. Quanto mais cedo a intervenção começar, maiores serão as chances de progresso e adaptação bem-sucedida. Portanto, agir em cada etapa do desenvolvimento da criança, de maneira adequada, é uma decisão acertada.

Um desafio importante foi a mudança na rotina familiar, pois a necessidade do envolvimento direto dos pais no acompanhamento do programa é indispensável. Em nosso caso, Ana Cláudia passou a se dedicar exclusivamente ao tratamento de André, com meu apoio estratégico. Os aprendizados e ganhos vão além da evolução natural da criança, alcançam a evolução e a maturidade espiritual e emocional da família. A vida e seus valores se reencontram com suas essências.

Quando o diagnóstico chegou, aos três anos e sete meses, nós já estávamos mais preparados e a compreensão de que a vinda do nosso filho era o despertar de uma missão para nossa família. Mais uma vez, tivemos a confirmação de que a decisão de viver o "processo" e seguir uma jornada foi muito acertada.

Neste artigo, nós gostaríamos de compartilhar com você, leitor, um pouco da história dessa evolução da primeira década de vida do André.

Por outro lado, destacamos que o diagnóstico traz importantes achados, que passaram a ser norteadores dos objetivos do programa. São eles: comportamentos inadequados e estereotipados; comprometimento cognitivo; complexidades de comunicação e ausência de interação social.

Uma das inquietudes no diagnóstico do TEA é a busca para saber em que nível ou grau é enquadrada a criança. Depois de muitas discussões sobre os níveis de enquadramentos: leve, moderado ou severo; 1, 2 ou 3; verbal ou não verbal, o DSM V definiu que a classificação se dá de acordo com o grau de funcionalidade e dependência do paciente (níveis de suporte, que são divididos em três graus: sendo que no grau 1, o paciente é mais funcional e exige pouco apoio, e, no grau 3, o paciente é mais dependente e precisa de um suporte substancial). André foi diagnosticado como nível 3, o grau mais elevado na curva, exigindo maior atenção quanto ao programa terapêutico, intensidade e transversalidade.

Quando André tinha dois anos e quatro meses, procuramos o renomado dr. Carlos Gadia, neuropediatra radicado nos Estados Unidos e com larga experiência clínica no autismo, que hoje se tornou um grande amigo da família, no centro de excelência em Autismo, na cidade de Jupiter, na Flórida, o Els for Autism (ELS). Com esse diagnóstico, encontramos as chaves que faltavam para concluir o quebra-cabeça do tratamento adequado para a evolução do nosso filho.

Nós já tínhamos vencido a aceitação e a intervenção precoce; agora, encontramos as seguintes chaves:

- Programa individual baseado em habilidades.
- Prontuário único – programa integrado: casa, escola, clínicas, com objetivos claros.
- Intensidade terapêutica.

A consulta com o dr. Carlos Gadia e a intervenção direta no centro mudaram o destino de nossas vidas. Desde a primeira estada nos Estados Unidos para uma consulta, durante as imersões anuais de alinhamento e revisão do programa do André, coordenado pela dra. Erin Lozot, fonoaudióloga e chefe responsável do ELS, as evoluções se tornaram mais visíveis e ele foi armazenando ganhos, sem retrocesso.

Entre a confirmação do diagnóstico e a própria evolução, após todas as investigações e aconselhamentos genéticos, decidimos ter um segundo filho: uma gravidez normal e com muita expectativa de proporcionarmos um irmãozinho ou uma irmãzinha para André. E veio ao mundo Joaquim Neto, um garoto inteligente e maduro em sua essência, uma criança com uma missão divina, o melhor amigo e companheiro de André. Desde os três anos, Joaquim Neto sempre se reverencia ao irmão com um cuidado, zelo e responsabilidade.

Joaquim Neto surge como a resposta para todas as perguntas. Indiscutivelmente, nós o atribuímos ao processo acelerado de desenvolvimento de André, somado a todas as intervenções terapêuticas e intenso programa, o convívio, a interação, o estímulo e a relação com o irmão.

Assim que André completou quatro anos, mudamos para São Paulo, após o programa estar devidamente adaptado pelo ELS e pela família. Todo o tratamento sempre foi embasado no ABA – *Applied Behavior Analysis*; saímos de 40h mensais para 56h semanais de intervenções terapêuticas. Uma verdadeira mudança metodológica e a combinação perfeita: escola (colégio inclusivo, com elevado nível de suporte e acompanhamento), clínica (integrada e multidisciplinar) e família integrados na mesma linguagem.

Apenas um fato nos preocupava. Apesar de se tornar notória a evolução e o desenvolvimento, André seguia não verbal, com restritas iniciativas de oralidade, mas com evoluções nos campos sociais e cognitivos, o que gerava nele muitas crises e intensos comportamentos inadequados.

Diante da ausência na evolução na comunicação e fala, fizemos uma investigação mais aprofundada na área da fonoaudiologia, com uma profissional especializada em comunicação aumentativa alternativa, algo novo naquele momento. Na consulta, recebemos o diagnóstico de apraxia de fala. Estava ali a razão dos atrasos no planejamento motor que causavam bloqueios na fala oral. A partir daí, implantou-se o uso da Comunicação Aumentativa Alternativa (CAA) em todo o programa de terapias; André passou por todos os estágios do uso dessa técnica, da baixa à alta tecnologia (sistema robusto de comunicação). Ele encontrou na CAA a sua voz, a sua língua, seu jeito de se comunicar e de aprender. E, mesmo sem qualquer oralidade, ele se tornou um exímio comunicador, com expansão constante de vocabulário, demonstrando curiosidade para aprender mais e mais.

Próximo dos sete anos, diante da aplicação de um programa bem definido em seus objetivos, André iniciou a oralidade de suas primeiras palavras e não parou mais. Quanta emoção sentimos! Hoje, aos dez anos, ele se tornou um autista falante, comunicador, inteligente, com muita perspicácia, estudioso, poliglota (com noções de 15 línguas), conhecedor profundo da geografia mundial, curioso da matemática, dos calendários, das datas, de uma memória impecável, com alta capacidade de relacionamento, além de uma meiguice contagiante e um amor profundo. Destaca-se que esta evolução é algo que aconteceu com o André. Enfatizamos essa questão, pois a individualidade de cada ser é única e em cada um existe a "própria evolução"!

Após vencer os desafios da interação social, da comunicação e da cognição, ele foi introduzido na intencionalidade. Isso significa que o planejamento para o tratamento contínuo do André se torna mais previsível, mais adequado, mais intencional, mais direto para os objetivos delimitados em razão de suas respostas e da alta performance observada nos seus variados hiperfocos.

A evolução do André é notória e é percebida por todos que temos um garoto que, desde o diagnóstico, venceu sua alta dependência de suporte e tornou-se um autista consciente de sua condição, com baixíssima necessidade de suporte para a vida. Mas, mais uma vez, isto é o que aconteceu com o André!

Doravante, o futuro que se desenha é o de um jovem que viverá sua jornada de maturidade de maneira independente e próspera, agindo em favor da evolução e da melhoria de outras pessoas e famílias, diminuindo, assim, o sofrimento e trazendo esperança. Como será isso? Deixaremos para ele mesmo responder em seu tempo

05

CONHECENDO E BUSCANDO O QUE É DIREITO

Neste capítulo, abordaremos direitos e garantias assegurados às pessoas no espectro do autismo. É cansativo ter que ficar cobrando a todos o que é direito. Ter que se desculpar pelo filho ser como é. Isso dói, desgasta, frustra, mas a desistência não nos alcança. E como já entramos nesse mundo, precisamos aprender a cobrar, pois direito não é favor.

ANDREZA MACIEL TULER

Andreza Maciel Tuler

Mãe atípica. Palestrante, advogada, formada em Direito pela Unesa em 2011. Pós-graduada em Direito Civil pela PUC; e em Inclusão e Direitos das Pessoas com Deficiência, pela CBI of Miami. Presidente da Comissão de Defesa da Pessoa com Deficiência da 28ª Subseção da OAB – Araruama/RJ. Membro da Comissão de Defesa dos Autistas e Seus Familiares da OAB/RJ. Membro da Diretoria da Pessoa com Deficiência da OAB/RJ.

Contatos
macieltuler.adv.br
andreza@mtg.adv.br
Instagram: @draandrezatuler
22 99622 9662

A esperança tem duas filhas lindas, a indignação e a coragem; a indignação nos ensina a não aceitar as coisas como estão; a coragem, a mudá-las.
SANTO AGOSTINHO

Meu castelo de areia

Sonho realizado: sou Mãe! Não preciso de mais nada nesta vida! Meu filho é minha realização, minha inspiração; por ele, eu vivo e morro, nada será capaz de nos atingir! Sou forte, inabalável, meu filho é a realização da grande promessa de Deus para minha vida!

Agora com meu bebê crescendo, vamos ter festinhas muito bem elaboradas, pensadas com um ano de antecedência, vamos para a escolinha ou creche, pintar, brincar, aprender e, quando chegar o dia das mães – que emoção –, teremos uma apresentação linda. Vou chorar muito, tirar várias fotos.

Nas férias viajaremos, passearemos nos finais de semana, iremos para o cinema, teatro, shows, festas dos amiguinhos, comemorações em família, ensaios fotográficos. Planejei tantas e tantas coisas para nós, não vejo a hora de colocar tudo em prática.

Só que, de repente: para tudo! Sinto que sou puxada da minha linda e macia nuvem de algodão-doce; sem que eu perceba, ela se desmancha e caio no chão. A queda é tão rápida que não dá tempo de entender tudo. Apenas ouvir, lá no fundo, as vozes que se misturam na minha cabeça, de modo que não consigo assimilar as ideias. Percebo um número enorme de profissionais que preciso consultar, fazer exames que nem sabia que existiam, tudo isso para chegar ao diagnóstico.

Até o veredito, ainda há uma fagulha de esperança de que tudo não passou de uma suspeita infundada, uma confusão de sintomas e esses atrasos eram normais, afinal: "Cada criança tem seu tempo", como sempre dizem. Porém, o temido dia chegou, o diagnóstico com o laudo e o número do CID (Classificação Internacional de Doenças) também e sem manual de instruções. Com ele todas as dúvidas, angústias, medos, introspecção, isolamento e luto.

Como um castelo de areia encontrado pelo mar, os sonhos, projetos e todas as expectativas desmoronam em segundos. Tudo aquilo não pode mais acontecer, pois agora sou mãe atípica. Nem sei o que isso significa, mas estão me chamando assim.

Você se identificou com esses sentimentos? Essas falas fazem sentido para você? Tenho certeza que sim. Quando gestamos, nossa cabeça, embora permeada de medos, não pode imaginar o que é de fato ser mãe de uma criança autista ou com deficiência. Por mais que saibamos que isso pode acontecer, não estamos preparados para a imersão repentina nesse oceano desconhecido, de águas turvas, cheio de perigos, predadores e tempestades.

Contudo, a desistência para nós não é uma opção. Seguimos em frente, laudo em punho e uma garra de cuidar e proteger a cria que causa inveja na leoa mais feroz da savana.

Entrando no mundo da atipicidade

Quando o diagnóstico chegou para mim, eu já havia me tornado advogada. Porém, não tinha a dimensão do que necessitava me aprofundar para garantir que meu filho tivesse o direito dele garantido.

Meu filho foi diagnosticado aos quatro anos e, como a maioria dos outros autistas, isso se deu após uma avaliação neuropsicológica. Com isso, a busca por tratamentos que fossem eficazes, medicação, acompanhamento escolar, entre tantas outras coisas, se tornou nossa rotina.

Nenhum neurodivergente (termo usado para autistas) é igual ao outro. Tantas palavras e termos que nunca havíamos nos dado conta de que existiam e para que servem agora são realidade na nossa vida.

A figura da mãe atípica incomoda muitas pessoas, já fui chamada atenção por autistas adultos que não gostam do termo, pois não se acham diferentes e, portanto, não querem ser chamados de atípicos. Mas dada a utilização do nome, vamos ao seu significado.

Segundo o dicionário Oxford, atípico é um adjetivo definido como: "*Que se afasta do normal, do característico; anômalo, incomum, raro*"; os autistas são chamados de atípicos devido a sua neurodivergência.

Os pais de autistas, logo, são "pais atípicos". E cá entre nós, essa maternidade e essa paternidade atípicas são pura realidade. Não temos o típico passeio de shopping, não temos aquela rotina simples, comum, normal das outras famílias, um simples almoço pode ser o caos.

Para os pais de autistas, cada dia que levantamos é um recomeço; apesar de precisarmos manter a rotina, nenhum dia é igual ao outro. Por mais paradoxal que isso pareça, para nós é exatamente assim.

Outro ponto que merece ser destacado aqui é o fato de que muitas pessoas se questionam o porquê dos autistas serem chamados de pessoas com deficiência, já que o autismo não é uma deficiência. Isso ocorre pelo fato de existir a Lei Berenice Piana (Lei 12.764/2012), que instituiu a Política Nacional de Proteção dos Direitos da Pessoa com Transtorno do Espectro Autista, que determina que:

> Art. 1º [...]
>
> § 2º A pessoa com transtorno do espectro autista é considerada pessoa com deficiência, para todos os efeitos legais.

Isso significa que todas as pessoas que estão inseridas no espectro do autismo são consideradas pessoas com deficiência e têm os mesmos direitos garantidos na legislação.

É importante ainda mencionar, quando nos referimos às nomenclaturas, que caiu em desuso o termo portador de deficiência, pois a deficiência não é algo que se porta e depois se tira. Agora, o correto é se referir como pessoa com deficiência, haja vista que a pessoa vem antes da deficiência, pois é ela quem realmente importa.

Direito não é favor

Com o advento da Lei 13.146/2015, a chamada Lei Brasileira de Inclusão (Estatuto da Pessoa com Deficiência), surgiram vários direitos que anteriormente não eram objeto de previsão legal.

A temática desse Estatuto, com a Lei Berenice Piana, parece ter resolvido todo o problema, pois nasceu assim a tão sonhada "Inclusão"! Porém, em muitos momentos, não há convergência entre a realidade que as famílias atípicas vivem e a legislação.

Em muitos casos, o que vemos são abusos cometidos por escolas, empresas, administração pública, comércio etc.

Somos reféns de um sistema que não está doutrinado à inclusão. Diversas são as vezes em que o judiciário precisa ser acionado para que um simples direito, como acesso a tratamento médico, que é o básico, seja respeitado, pelo plano de saúde ou pelo SUS.

Cada autista precisa de um protocolo único, com determinada intervenção. Então, o mais importante nesse início é dispor de um laudo completo. Devendo contemplar o nome das terapias necessárias ao desenvolvimento da criança, contendo ainda a quantidade de horas por semana ou diária para aquela intervenção e as informações relacionadas aos atrasos e prejuízos no desenvolvimento que a falta daquele tratamento ou terapia pode ocasionar no paciente.

A chave para o tratamento terapêutico do autismo (vale lembrar que não é uma doença; portanto, não tem cura) é a intervenção precoce. Essa intervenção no tempo certo, aproveitando a janela de aprendizado e a poda neural, pode trazer grandes avanços no desenvolvimento do autista. Por isso, é importante que seja solicitado ao plano de saúde o tratamento de acordo com o laudo, especificando as terapias.

Havendo a negativa do plano, não tendo área de cobertura no município do paciente ou, simplesmente, o plano não querendo responder à solicitação de tratamento, imediatamente deve-se procurar um(a) advogado(a) especializado(a) na área ou a Defensoria Pública para ajuizar uma ação com pedido de liminar (quer dizer, para o tratamento ser feito imediatamente). Nessa ação, o plano pode ser obrigado a custear todo o tratamento em uma clínica no domicílio do paciente.

No caso do SUS, se as terapias não forem ofertadas dentro das especialidades oferecidas pelo município, o mesmo procedimento deve ser tomado. O município pode ser obrigado a disponibilizar em sua rede, custear em rede particular ou ainda fornecer transporte para levar o paciente ao tratamento em outro município.

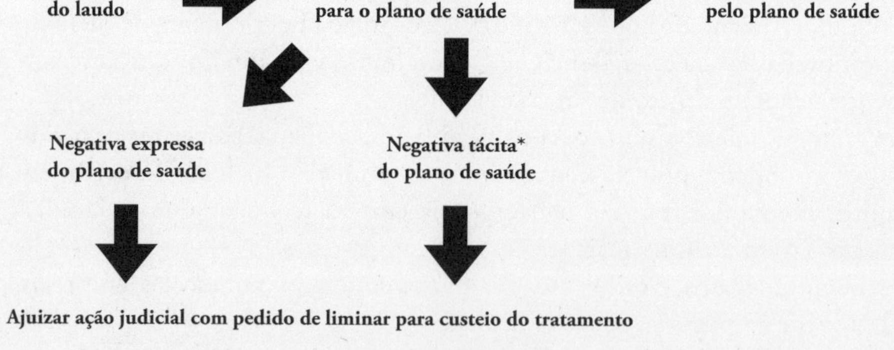

Figura 1

**negativa tácita ocorre quando o plano não responde à solicitação.*

Vale ressaltar que os valores pagos e não reembolsados por planos de saúde podem ser cobrados em juízo. O descumprimento da lei e não oferecimento de tratamento tendem a gerar dano moral indenizável.

Outro tema muito relevante que deixa sempre os pais muito confusos é a questão escolar. A inclusão trazida pela Lei Brasileira de Inclusão veio no sentido de que as crianças não podem mais ser segregadas, ou seja, foi abolida a classe especial e todos os alunos, independentemente da deficiência ou do transtorno, têm que estudar na mesma sala de aula.

Todavia, o que vemos na prática está anos-luz de ser uma verdadeira inclusão. O início de ano escolar dos autistas é um grande desafio para muitas famílias. As escolas particulares tendem a querer burlar a lei e fazer com que os responsáveis tenham que pagar um professor de apoio ou mediador, por fora do valor já pago na mensalidade, o que configura um crime. Porém, muitos pais, por receio de represália das escolas, acabam pagando e isso só incentiva a conduta ilegal delas. Já na rede pública, o problema é com relação ao não oferecimento de profissional de apoio, muitas vezes substituído por estagiário.

Porém, em ambos os casos, há ainda muita falta de conhecimento dos direitos pedagógicos no que concerne ao Plano de Ensino Individualizado e atividades adaptadas, que devem ser oferecidas a todos os alunos da inclusão escolar, independentemente do ano. A não observância desses direitos também pode ser objeto de ação judicial com pedido de que a escola obedeça à previsão legal e ainda de ressarcimento por danos morais.

Professor de apoio ou mediador ➡

- **Não pode ser cobrado**
- **Obrigatório em escola pública e privada**

Não podemos nos esquecer ainda de outros direitos que são verdadeiramente importantes na rotina dos autistas, como: utilizar fila preferencial, atendimento prioritário, gratuidade ou meia-entrada em espetáculos, cinemas e teatros, gratuidade no transporte público, desconto na compra de veículo 0 km, saque do FGTS dos responsáveis para custear tratamento, redução da carga horário de trabalho do responsável em caso de funcionário público, concorrer em vagas para deficientes, tanto na administração pública quanto privada, prioridade na restituição de Imposto de Renda, prioridade na tramitação de processos judiciais e administrativos e desconto de, no mínimo, 80% na passagem aérea do acompanhante, entre outros direitos.

Temos que denunciar todas as condutas discriminatórias, capacitistas e ilegais de quem quer que seja, só assim estaremos verdadeiramente lutando para que tenhamos uma sociedade mais inclusiva para nossos filhos.

Mais do que mostrar que ombreamos a luta, minha intenção é falar aos pais que o diagnóstico não é o fim, mas o início de uma missão. Árduo, muitas vezes solitário, mas acima de tudo é recompensador e gratificante saber que não ficamos inertes. Seguimos com esperança de dias com mais inclusão verdadeira para nossos filhos em todos os segmentos da sociedade.

Referências

ACS. *Estatuto da pessoa com deficiência*. Disponível em: https://www.tjdft.jus.br/institucional/imprensa/campanhas-e-rodutos/direito-facil/edicao-semanal/estatuto-da-pessoa-com-deficiencia. Acesso em: 9 ago. 2024.

ANAC. *Resolução nº 280, 11 de julho de 2013*. Disponível em https://www.anac.gov.br/assuntos/legislacao/legislacao-1/resolucoes/resolucoes-2013/resolucao-no-280-de-11-07-2013. Acesso em: 9 ago. 2024.

ATÍPICO. *In*: DICIO, Dicionário Oxford Languages. Oxford. Disponível em: https://languages.oup.com/google-dictionary-pt/. Acesso em: 9 ago. 2024.

BRASIL. *Lei 12.764/2012. Lei Berenice Piana*. Disponível em: https://legis.senado.leg.br/norma/588140. Acesso em: 9 ago. 2024.

06

AUTISMO E ESCOLA
COMO GARANTIR A INCLUSÃO DO SEU FILHO

Após o diagnóstico do transtorno do espectro autista (TEA), tem início a difícil jornada de conseguir realizar a matrícula da criança, obter o profissional de apoio escolar e garantir a implementação das adaptações asseguradas por lei. Neste capítulo, os pais encontrarão um panorama dos direitos do aluno com TEA e o passo a passo para garantir que sejam respeitados.

CAMILLA VARELLA

Camilla Varella

É advogada formada pela PUC-SP há quase 30 anos e tem mestrado na USP. Desde 2024, ocupa a presidência da Comissão da OAB/SP dos Direitos das Pessoas com Deficiência. É professora de pós-graduação do Ensino Einstein, colaborou com a redação da Lei nº 14.454/22, que garantiu aos autistas ampla cobertura do tratamento médico pelas operadoras de saúde, e foi a advogada do TEMA STF nº 1.097, que assegurou aos servidores estaduais e municipais de todo o Brasil, que são responsáveis por pessoas com deficiência, o direito à jornada de trabalho reduzida sem diminuição do salário.

Contatos
varellaguimaraes.com.br
camilla@varellaguimaraes.com.br
Instagram: @advcamillavarella
11 97714 2408

Ensinar não é transferir conhecimento, mas criar as possibilidades para a sua própria produção ou a sua construção.
PAULO FREIRE

Quando abordamos o tema da educação de crianças com diagnóstico de transtorno do espectro do autismo (TEA) precisamos, desde logo, chamar a atenção acerca da grande dificuldade de garantir a observância dos direitos desse aluno.

As barreiras são diversas e começam com o capacitismo, que é o nome que se dá ao preconceito contra pessoas com deficiência e que, no caso das crianças com TEA, se manifesta na ideia de que "*não são capazes de aprender*".

É comum que, ao procurar uma escola, para matricular a criança com TEA, a família seja informada de que aquele estabelecimento "não tem expertise para a educação de autistas", ou que "todas as vagas destinadas a alunos com autismo estão preenchidas", ou ainda que os "pais precisam custear um profissional para apoiar o filho no ambiente escolar".

Por trás do discurso aparentemente "cuidadoso" em relação ao aluno com TEA, já que a escola costuma se justificar no sentido de que "a criança é muito bem-vinda, mas a escola sozinha não consegue proporcionar os recursos que ela precisa", na verdade se esconde, em grande parte, a falta de preparo e o desinteresse das escolas em se capacitarem para realizar a inclusão, somados ao desconhecimento dos direitos assegurados a esse público.

Nas próximas páginas vamos destacar as principais normas que garantem a inclusão da criança com TEA no ambiente escolar.

Matrícula do aluno com TEA

A Lei Federal nº 12.764, de 27 de dezembro de 2012 (Estatuto do Autista), instituiu a Política Nacional de Proteção dos Direitos da Pessoa com

Transtorno do Espectro Autista e afastou qualquer tentativa de desqualificar a pessoa com TEA como sendo pessoa com deficiência, já que o parágrafo 2º do artigo 1º estabelece de maneira cristalina, não deixando margem para qualquer **dúvida**, que:

> "Art. 1º. Esta Lei institui a Política Nacional de Proteção dos Direitos da Pessoa com Transtorno do Espectro Autista e estabelece diretrizes para sua consecução (...)
>
> § 2º A pessoa com transtorno do espectro autista é considerada pessoa com deficiência, para todos os efeitos legais."

Com isso, toda a legislação relativa às pessoas com deficiência passou a se aplicar também à pessoa com TEA, cabendo destacar a Convenção Internacional sobre os Direitos das Pessoas com Deficiência (CONVENÇÃO), que ingressou no Brasil por meio do Decreto nº 6.949/09 e que, desde logo, garante que:

> "Artigo 24. As pessoas com deficiência não sejam excluídas do sistema educacional geral sob alegação de deficiência e que as crianças com deficiência não sejam excluídas do ensino primário gratuito e compulsório ou do ensino secundário, sob alegação de deficiência."

A interpretação combinada da CONVENÇÃO e do Estatuto do Autista garante que o aluno com TEA tenha acesso ao ensino regular e inclusivo, sendo vedada a negativa de matrícula, sob pena de multa:

> "Art. 7º – O gestor escolar, ou autoridade competente, que recusar a matrícula de aluno com transtorno do espectro autista, ou qualquer outro tipo de deficiência, será punido com multa de 3 (três) a 20 (vinte) salários-mínimos." (Lei 12.764/12)

Se por um lado a lei prevê de maneira expressa a punição em caso de a negativa da matrícula ocorrer exclusivamente em razão do diagnóstico de TEA, observamos que o Poder Judiciário também tem reconhecido e penalizado os casos em que a escola recusa a matrícula sob o argumento de que "as vagas de aluno de inclusão já estariam todas preenchidas".

Isso porque não há na lei, em sentido estrito, nenhuma previsão de percentual de "reserva de vagas para alunos com deficiência". Assim, qualquer recusa de matrícula com base no argumento de que teria sido "atingido o limite de vagas de crianças com TEA" dará ensejo à reparação por danos morais. Confira-se:

> "Ora, vagas de inclusão não existem, o que existe é o princípio da inclusão, que impõe a toda instituição de ensino, pública ou particular, a matrícula de qualquer aluno no ensino regular, disponibilizando meios para a prestação adequada dos serviços educacionais." (proc. 101939444.2022.8.26.0506)

Conclui-se, portanto, que a matrícula do aluno com TEA não pode ser negada, sob risco de a escola ser responsabilizada com base no artigo 7º do Estatuto do Autista ou com base no artigo 186 do Código Civil.

Atendimento Educacional Especializado (AEE)

Superado o desafio da matrícula, a família da criança com TEA se depara com a falta de preparo da escola para garantir que o aluno seja, de fato, incluído.

A Constituição Federal garante expressamente:

> "Art. 208. O dever do Estado com a educação será efetivado mediante a garantia de: [...]
>
> III – atendimento educacional especializado aos portadores de deficiência, preferencialmente na rede regular de ensino."

O conceito de atendimento educacional especializado (AEE) foi definido pelo Decreto nº 7.611/11 como sendo a mediação pedagógica que visa possibilitar o acesso ao currículo pelo atendimento às necessidades educacionais específicas dos alunos com deficiência, entre elas o transtorno do espectro autista (TEA), que é o público da educação especial.

Não é raro observar, porém, que os gestores escolares desconheçam as principais características do AEE, a saber:

a) **Recursos pedagógicos e de acessibilidade**: o AEE identifica, elabora e organiza recursos pedagógicos e de acessibilidade que eliminam as barreiras para a plena participação dos alunos. Esses recursos são personalizados para atender às necessidades específicas de cada estudante.

b) **Complementaridade à escolarização**: o atendimento no AEE não substitui a escolarização regular. Ele complementa e/ou suplementa a formação dos alunos, visando à autonomia e à independência tanto na escola quanto fora dela.

c) **Locais de oferta**: o AEE é realizado prioritariamente nas salas de recursos multifuncionais (SRM) da própria escola, em outra escola de ensino regular ou em centros de atendimento educacional especializado (CAEE) públicos ou privados.

d) **Desenvolvimento de habilidades**: as atividades no AEE visam ao desenvolvimento de habilidades cognitivas, linguísticas, comunicacionais, socioafetivas e psicomotoras dos estudantes, considerando suas singularidades.

e) **Plano Educacional Individualizado (PEI)**: é o documento produzido pela escola, com a participação da família e da equipe multidisciplinar, que descreverá as estratégias pedagógicas a serem adotadas em relação ao aluno com TEA, os objetivos de aprendizagem e as metas que se pretende atingir. Deverá ser revisado constantemente.

O desconhecimento do AEE pelas escolas é um dos principais obstáculos a uma inclusão efetiva do aluno com TEA.

Muitos estabelecimentos de ensino acreditam que apenas a boa vontade e o carinho do professor que lecionará para a criança com TEA serão suficientes para o êxito do processo educacional inclusivo. Mas não são.

O AEE pressupõe técnica e metodologia para avaliar o aluno com TEA, identificar, elaborar e organizar recursos pedagógicos e de acessibilidade que eliminem as barreiras de aprendizagem daquela criança, e lhe garantam a plena participação no ambiente escolar.

O AEE constitui instrumento imprescindível para o sucesso da inclusão escolar do autista, já que, nas palavras de Meirene Barbosa (2020), é:

> "Baseado no princípio de que todo ser humano aprende e é capaz, o serviço busca contribuir para que não só o estudante atendido seja beneficiado, mas também seus professores, seus colegas de turma, a escola como um todo e sua família."

Não é demais registrar que a inclusão do aluno com TEA na escola regular, além de ser um imperativo legal, é uma oportunidade para que esse ambiente se abra a novos conhecimentos, transforme suas práticas de ensino e aprendizagem, melhorando a experiência escolar de todos.

Mais do que uma mera especulação, o resultado positivo da educação inclusiva já foi aferido por um levantamento realizado pelo Datafolha (2024), encomendado pelo Instituto Alana em 2019, que ouviu mais de 2.074 pessoas acima de 16 anos, em 130 municípios, e constatou que, para 86% dos entrevistados, as escolas se tornam melhores com a educação inclusiva.

Direito ao profissional de apoio

Abordado o tema da matrícula do aluno com TEA na escola regular, e esclarecido seu direito ao AEE, outro desafio comumente enfrentado pela família do autista é a exigência, pelo estabelecimento de ensino, de que o custeio do profissional responsável pelo atendimento da criança seja suportado particularmente pelos pais.

Há nessa exigência não só ilegalidade, mas principalmente um grande desconhecimento dos atores e instrumentos da inclusão escolar.

Conforme esclarecemos acima, o aluno com TEA tem garantia constitucional ao AEE, que é um serviço educacional, realizado pelo professor de Educação Especial, a quem cabe identificar áreas de interesse do educando, elaborar e organizar recursos pedagógicos e de acessibilidade que eliminem as barreiras de aprendizagem daquela criança.

Confira-se a previsão da Lei de Diretrizes e Bases da Educação (LDB):

> "Art. 59. Os sistemas de ensino assegurarão aos educandos com deficiência, transtornos globais do desenvolvimento e altas habilidades ou superdotação:
>
> III – professores com especialização adequada em nível médio ou superior, para atendimento especializado, bem como professores do ensino regular capacitados para a integração desses educandos nas classes comuns." (Lei nº 9.394/96)

O AEE deve integrar a proposta pedagógica da escola e envolver a participação da família para garantir pleno acesso e participação dos estudantes, mas o ônus de seu desenvolvimento é do estabelecimento de ensino.

As justificativas lançadas pela escola para se isentar desse ônus costumam invocar a falta de profissionais especializados em seu corpo docente, seja para realizar o AEE, para elaborar o Plano Educacional Individualizado (PEI) ou mesmo para apoiar o aluno com autismo durante a frequência do ambiente escolar.

Para avançarmos nessa discussão, é importante esclarecer que a leitura sistemática do Estatuto do Autista, da Lei Brasileira de Inclusão (13.146/15) e da LDB, nos permite concluir que são três os perfis de profissionais para o atendimento ao estudante com autismo:

a) **Professor de ensino especializado**: responsável por realizar o Atendimento Educacional Especializado (AEE). O professor do AEE, além de elaborar o PEI, trabalha em parceria com o educador de sala de aula comum, adaptando o material do aluno com TEA e disponibilizando recursos e adaptações para o seu aprendizado (artigo 59, III da Lei nº 9394/96).

b) **Profissional de apoio escolar**: pessoa que exerce atividades de alimentação, higiene e locomoção do estudante com autismo e atua em todas as atividades escolares nas quais se fizer necessária, em todos os níveis e modalidades de ensino, em instituições públicas e privadas, excluídas as técnicas ou os procedimentos identificados com profissões legalmente estabelecidas (artigo 3º, XIII e artigo 28, XVII da Lei nº 13.146/15).

c) **Acompanhante especializado em autismo**: é o responsável pela interação entre a criança e todas as pessoas do ambiente escolar (estudantes, professores e funcionários da escola). Cabe a esse profissional prestar apoio às atividades de comunicação e interação social; para isso poderá acompanhar a criança em todos os ambientes escolares, desde a sua entrada, permanência nas salas de aulas, e a saída, priorizando sempre o seu desenvolvimento integral (artigo 2º, parágrafo único da Lei nº 12.764/12 e artigo 4º, § 2º do Decreto Federal n° 8.368/14).

Como se verifica, a legislação prevê três diferentes profissionais a serem acionados no processo de inclusão escolar do aluno com autismo.

O professor de AEE, além de elaborar o PEI, será o responsável por definir as estratégias pedagógicas a serem disponibilizadas à criança.

O profissional de apoio escolar será necessário apenas nos casos em que o aluno precisar de auxílio para se alimentar, realizar sua higiene ou mesmo para a sua locomoção. Essa pessoa NÃO tem formação de "profissões legalmente estabelecidas", ou seja, não é professor nem psicólogo.

Por fim, o Acompanhante Especializado em Autismo deverá ser um profissional com expertise comprovada no manejo de alunos com esse diagnóstico, em especial para apoiar a criança na sua deficiência "persistente e clinicamente significativa da comunicação e da interação social".

Qualquer que seja esse profissional, fato é que o custo de sua contratação jamais poderá recair sobre a família da criança, conforme expressamente garante a Lei Brasileira de Inclusão:

> "Art. 28. Incumbe ao poder público assegurar, criar, desenvolver, implementar, incentivar, acompanhar e avaliar:
>
> [...] XVII – oferta de profissionais de apoio escolar;
>
> § 1º Às instituições privadas, de qualquer nível e modalidade de ensino, aplica-se obrigatoriamente o disposto nos incisos I, II, III, V, VII, VIII, IX, X, XI, XII, XIII, XIV, XV, XVI, XVII e XVIII do caput deste artigo, sendo vedada a cobrança de valores adicionais de qualquer natureza em suas mensalidades, anuidades e matrículas no cumprimento dessas determinações."

Lamentavelmente, afigura-se comum que as escolas tentem, sob os mais diferentes subterfúgios, transferir esse custo para os pais do aluno. A questão chegou, até mesmo, a ser julgada pelo Supremo Tribunal Federal, que reconheceu a ilegalidade da cobrança de valores adicionais de qualquer natureza nas mensalidades, anuidades e matrículas do aluno com deficiência:

> "A Lei nº 13.146/2015 indica assumir o compromisso ético de acolhimento e pluralidade democrática adotados pela Constituição ao exigir que não apenas as escolas públicas, mas também as particulares deverão pautar sua atuação educacional a partir de todas as facetas e potencialidades que o direito fundamental à educação possui e que são densificadas em seu Capítulo IV." (ADI 5357)

Qualquer cobrança adicional, a pretexto da disponibilização de profissionais de apoio ou implementação de recursos pedagógicos especializados, na inclusão do aluno com TEA, reveste-se de inconstitucionalidade, já que a CONVENÇÃO ingressou no ordenamento jurídico brasileiro com *status* de Emenda Constitucional (EC nº 45/2004), e deverá ser afastada de plano.

Conclusão

De tudo o quanto se expôs, resta evidente o direito do aluno com TEA à matrícula em estabelecimento de ensino regular, que deverá disponibilizar o Atendimento Educacional Especializado (AEE) e elaborar um Plano Educacional Individualizado (PEI), identificando os interesses e habilidades da criança, bem como as barreiras para o seu aprendizado, para ao final planejar e implementar estratégias pedagógicas para a suplantação desses obstáculos.

Nas hipóteses em que for identificada a necessidade de o educando ter o apoio de um profissional (seja para sua alimentação e higiene, ou mesmo para intermediar sua comunicação e interação social), o custo de sua contratação jamais poderá ser repassado à família do aluno.

"A inclusão escolar é um direito, não é favor nem bondade", como bem esclarece Juliana Segalla (2021).

Nessa medida, cabe às escolas públicas e privadas assumirem seu compromisso com a construção de uma sociedade mais justa e sem preconceitos, implementando os recursos e apoios necessários à plena inclusão dos alunos com TEA.

Referências

POPULAÇÃO brasileira é favorável à inclusão nas escolas. *Alana*. 15 out. 2019. Disponível em: https://alana.org.br/o-que-a-populacao-brasileira-pensa-sobre-educacao-inclusiva/. Acesso em: 6 abr. de 2024.

BARBOSA, M. C. O atendimento educacional especializado como força motriz da inclusão escolar. *In*: MACHADO, R.; MANTOAN, M. T. E. *Educação e inclusão*. Blumenau: Edifurb, 2020.

FREIRE, P. *Pedagogia da autonomia*: saberes necessários à prática educativa. São Paulo: Paz e Terra, 2019.

SEGALLA, J. *Inclusão não é favor e nem bondade*. São Paulo: Matrioska, 2021.

07

QUANDO O DIAGNÓSTICO CHEGA...

Compreender o autismo é entender que o transtorno não torna a pessoa com TEA menos desenvolvida que as demais. O autismo pode ter seus desafios, mas também vem mostrar que o amor e a pureza existem, pois a inocência e a sinceridade que essas pessoas nos ensinam vão além das dificuldades enfrentadas. Pergunto-me se não são elas as normais e nós que possuímos uma deficiência de enxergar o mundo com essa mesma pureza.

CARLA CRISTIANE BALAK

Carla Cristiane Balak

Professora da rede estadual de ensino. Estimulação precoce/autismo. Graduada em educação especial. Pós-graduada em autismo e educação inclusiva.

Contatos
profcarlabalak@gmail.com
Instagram: @profcarlabalak
47 99724 3619

Toda experiência de aprendizagem se inicia com uma experiência afetiva. É a fome que põe em funcionamento o aparelho pensador. Fome é afeto. O pensamento nasce do afeto, nasce da fome. Não confundir afeto com beijinhos e carinhos. Afeto, do latim "affetare", quer dizer "ir atrás". É o movimento da alma na busca do objeto de sua fome. É o Eros platônico, a fome que faz a alma voar em busca do fruto sonhado.
RUBEM ALVES

O autismo vem sendo bastante discutido e é assunto comum nas rodas de conversa. O fator responsável por isso é o aumento repentino e considerável no número de autistas nos dias atuais. Pois é muito comum ter um autista na família ou conhecer algum, de acordo com a revista *O Mundo Autista,* publicação do dia 27 de março de 2023, que realizou uma pesquisa sobre a prevalência dos casos de autismo.

A pesquisa de prevalência de autismo é atualizada a cada dois anos nos Estados Unidos e considera apenas crianças com oito anos de idade. Assim, temos um novo número: uma em cada 36 crianças de oito anos são autistas nos Estados Unidos, o que significa 2,8% daquela população. O dado vem da principal referência mundial a respeito da prevalência de autismo, o CDC (Centro de Controle de Prevenção e Doenças). Aliás, o CDC é do governo dos Estados Unidos e divulgou sua atualização bienal, com dados de 2020, um retrato daquele ano. Crescimento de 22% na prevalência do autismo, uma em 36. O número desse estudo científico é 22% maior que o anterior, divulgado em dezembro de 2021. Ou seja, o número anterior foi de uma em 44 (com dados de 2018). No Brasil, não temos números de prevalência de autismo. Se fizermos a mesma proporção desse estudo do CDC com a população brasileira, poderíamos ter cerca de 5,95 milhões de autistas no Brasil.

Os números são assustadores, e você já pensou como vai lidar ao ter contato com um autista? Qual é a postura correta diante de um autista?

Sabemos que cada indivíduo é diferente do outro e possui especificidades; sendo assim, torna-se muitas vezes desafiador lidar com tal situação.

Nesse caso, tente sempre se colocar no lugar da pessoa autista e compreender como ela reage diante das situações. Assim, fica mais leve e não capacitista esse contato.

Sou mãe de um menino autista de dez anos com diagnóstico precoce desde os três anos de idade; como profissão, sou professora de educação especial especialista em autismo, no momento atuando na estimulação precoce. Pensando assim, parece fácil, e é o que mais ouço. "Para você é fácil, pois já sabe lidar com o autismo, pois estudou para isso."

Porém, a resposta não se resume tão facilmente; como já citado antes, cada um é único e possui especificidades. No caso do meu filho, o social dele não é comprometido; a linguagem é muito bem desenvolvida, porém, na área psicológica e cognitiva, temos desafios diários. No início, ele não dormia. A primeira noite de sono completa foi com três anos e meio; outra característica era trocar de roupa inúmeras vezes ao dia, sempre se sentia incomodado com a roupa que estava vestindo; possui seletividade alimentar e tem hábitos de rotina com copos e escovação de dentes. Seu hiperfoco é cozinhar. Com a estimulação precoce, ele desenvolveu e superou esses desafios; hoje ele já come vários alimentos que não comia e todas as áreas citadas já não são mais uma dificuldade. Ainda tem crises de baixa autoestima e às vezes de irritabilidade, mas com muito amor e paciência a gente consegue superar as crises.

Quando nós recebemos o diagnóstico, mesmo convivendo com autistas diariamente, o susto foi grande. É uma mistura de sentimentos e sensações; começa a pensar desde a aceitação na família, na sociedade, tratamento, educação e o que você mais pensa é: e agora, como vou entendê-lo e lidar com a situação? Não existe fórmula pronta, não é como ler uma receita de bolo e seguir as instruções, é uma construção diária em conjunto. Preocupar-se com a aceitação é normal, pois na sociedade, apesar de muito ter evoluído em relação à aceitação dos autistas, ainda existe muito preconceito, muitas vezes até por parte de integrantes da família. Muitos ainda enxergam o autismo como birra, manha, má-educação, e acabam fechando os olhos para o diagnóstico, deixando de auxiliar e respeitar os autistas.

E como sei se meu filho é autista? O autismo possui algumas classificações. O DSM-5 apresenta um Manual Diagnóstico em que o TEA fica classificado como:

> 299.00 (F84.0) Transtorno do Espectro Autista (50). Especificar se: associado a alguma condição médica ou genética conhecida, ou a fator ambiental; associado a outro transtorno do neurodesenvolvimento, mental ou comportamental; especificar a gravidade atual para Critério A e Critério B; exigindo apoio muito substancial, exigindo apoio substancial, exigindo apoio; especificar se: com ou sem comprometimento intelectual concomitante, com ou sem comprometimento da linguagem; os critérios são divididos em A, B, C, D e E, com alguns pontos específicos dentro deles.

Vamos primeiro falar de sinais que indicam um possível autismo. O autismo pode ser enquadrado em três categorias dentro do DSM-5, são elas: deficiência social, dificuldades de linguagem e comunicação e comportamentos repetitivos e/ou restritivos.

As características dos autistas são bastante peculiares e individuais. Dentro das categorias descritas pelo DSM-5, são várias e, quando um autista demonstra muito tal característica, o outro pode ser o extremo na mesma característica, ou simplesmente nem ter tal característica. Por isso, a importância de estar atento às fases de desenvolvimento infantil. Algumas situações que devem ser levadas em conta são: choro excessivo, sensibilidade a determinados sons ou texturas, linguagem, desenvolvimento motor e alimentação. Compreender e entender o diagnóstico de autismo (TEA) ajuda a família e a própria pessoa no espectro a entender melhor o transtorno. Por isso, vale lembrar que esses manuais classificatórios são utilizados para direcionar os cuidados necessários.

E ao recebermos o diagnóstico? O que fazer? Por onde começar?

Primeiro, aceitar. Saber que, mesmo com muitos obstáculos, é possível obter grandes avanços.

Para uma família que recebe o diagnóstico, por mais preparada que ela acha que está, é um choque, pois significa que a rotina vai mudar, que as tarefas diárias podem ficar mais difíceis. Independentemente do nível de suporte que esse autista é, tornam-se necessárias tomadas de decisões e adaptações para dar qualidade de vida e desenvolver essa pessoa dentro das suas capacidades. O diagnóstico precoce facilita muito nesse processo. É nessa fase de desenvolvimento que a criança mais consegue se adaptar e se desenvolver dentro das estimulações realizadas.

O cérebro da criança é capaz de aprender muita coisa ao mesmo tempo. Assim, devemos aproveitar para trabalhar as áreas defasadas, buscando uma intervenção precoce, uma terapia que traga qualidade de vida e avanços no desenvolvimento da criança.

Em uma intervenção precoce, primeiro é realizada uma avaliação diagnóstica em que levantamos, com a família, os pontos que precisam ser trabalhados, formando um plano individual de desenvolvimento. Esse plano mostra para o profissional e para a família em qual área é necessária intervir, dependendo do atraso da criança: social, motora ou linguagem. É possível trabalhar as áreas em sincronia, dependendo das atividades que o profissional propuser. Brincadeiras dirigidas são uma forma de intervenção precoce e estimulam o desenvolvimento da criança.

É importante saber que, na primeira infância, o cérebro da criança aprende com maior facilidade. Então, é o momento perfeito para a intervenção, trazer atividades e brincadeiras que realmente desenvolvam essa criança. Também é importante saber que um autista muitas vezes não tem iniciativa para uma interação, por isso precisa de um olhar diferente: estar atento e entender quando existe a dificuldade de interação.

Devemos incentivar a interação mesmo que pareça não surtir efeito na estimulação. Por exemplo: estamos tentando uma interação social com a criança e ela parece ignorar o tempo todo; saiba que muitas vezes essa criança não quer te ignorar, ela simplesmente não consegue manter a interação, por isso devemos buscar estratégias e insistir na interação.

Muitas vezes a criança não demonstra nas primeiras tentativas, então não desista da atividade por isso. É uma rotina com a mesma atividade ou estímulo até a criança apresentar o resultado. Mas tome cuidado, pois a atividade precisa ser atrativa, com objetivo bem definido e de fácil compreensão. Você deve fazer a modelagem para ter certeza de que a criança compreendeu a função da atividade.

Ouso dizer que esta é uma das partes mais importantes, pois muitas vezes os pais, profissionais ou parceiros sociais desistem fácil e a criança perde; ao depender de si mesma, ela não vai conseguir sozinha essa interação e acaba por ficar sem esse estímulo, fazendo que cada vez mais difícil fique a interação.

Em outros casos, podemos ver autistas com uma comunicação e interação social acima da média. Isso ocorre porque, como já foi citado, cada um é único e possui déficits diferentes. Esse autista com boa comunicação pode ter dificuldades extremas em outras áreas, como sensorial, por exemplo, tátil ou auditiva. Depende de cada um.

Mas podemos ter a certeza de que, com a estimulação precoce e atendimentos estruturados, essa criança vai aprender a lidar com as dificuldades, transformando-as em potencialidades, ou ter qualidade de vida, que é essencial para todos.

O afeto e a compreensão também são fatores que contribuem muito nesse processo. O trato com amor desperta confiança e a confiança faz que o autista queira buscar uma alternativa para uma interação social. Já se sabe que o amor transforma; então, uma dose de amor cai muito bem em qualquer situação.

O maior desafio para um autista e sua família é vencer o capacitismo e viver à sua maneira na sociedade; ser aceito na teoria é fácil, porém viver em sociedade é um desafio. Muito já temos avançado nas políticas da educação especial e nas leis em prol do autismo, mas ainda temos uma longa jornada para a sociedade entender os desafios que um autista enfrenta diariamente. Assim, seguimos lutando pelos direitos dos autistas e buscando cada vez mais dar qualidade de vida e expectativa de novas experiências.

Referência

AMERICAN PSYCHIATRIC ASSOCIATION. *Manual diagnóstico e estatístico de transtornos mentais*: DMS-5. Porto Alegre: Artmed, 2014.

08

DIREITOS DA PESSOA COM AUTISMO

UMA PERSPECTIVA DA LEGISLAÇÃO BRASILEIRA

O capítulo aborda os direitos da pessoa com autismo no Brasil, com destaque para a Lei Berenice Piana (Lei nº 12.764/2012) e sua contribuição à Política Nacional de Proteção dos Direitos da Pessoa com Transtorno do Espectro Autista (TEA). Enfatiza inclusão, acessibilidade, educação e assistência social, delineando o papel dos órgãos competentes na promoção e proteção desses direitos.

CHARLENE DAMASCENO

Charlene Damasceno

Advogada e professora de Direito da Universidade Anhanguera. Especialista em Direito Previdenciário, pós-graduada em Gestão Pública e especialista em transtorno do espectro autista. Também é assistente social, especialista em administração, projetos sociais e atendimento à família. Atuante na área de concessão de benefícios previdenciários e assistenciais há mais de 15 anos. Professora de pós-graduação e palestrante.

Contatos
charlenedamascenoprev.com.br
charlene.damasceno@hotmail.com
Instagram: @charlene.damasceno
75 99988 4896

Introdução

O transtorno do espectro autista (TEA) é uma condição de neurodesenvolvimento que engloba diversas manifestações, como o transtorno autista (autismo), a síndrome de Rett, o Transtorno de Asperger, o transtorno desintegrativo da infância e o transtorno global do desenvolvimento sem outra especificação. De acordo com dados da APA (2013), atualmente, cerca de 1% da população global recebe o diagnóstico de TEA. Nos Estados Unidos, a prevalência desse transtorno é estimada em uma a cada 68 crianças com oito anos de idade (National Institutes of Health, 2012).

São apontadas como características do espectro do autismo uma série de aspectos, incluindo déficits na comunicação e interação social. Muitas vezes, indivíduos diagnosticados enfrentam desafios ao estabelecer conversas normais, seja envolvendo aspectos verbais ou não verbais, e apresentam dificuldades em demonstrar interesse social, emoção e afeto. Além disso, enfrentam obstáculos no estabelecimento de relacionamentos, interesses e atividades, revelando uma propensão para insistir nas mesmas coisas. Movimentos estereotipados e uma adesão inflexível a uma rotina, inclusive abrangendo a neofobia alimentar no campo nutricional, são também características associadas (APA, 2013).

Diante disso, objetivou-se neste capítulo trazer à baila os direitos da pessoa com autismo, focando nos direitos previdenciários e assistenciais, considerando a necessidade de amparo legal.

A legislação brasileira destaca alguns direitos das pessoas com TEA, iniciando na Constituição Federal, perpassando a Convenção Internacional sobre os Direitos da Pessoa com Deficiência, acrescendo a lei 12.764/12 (Lei Berenice Piana), que instituiu a Política Nacional de Proteção dos Direitos da Pessoa com Transtorno do Espectro Autista. E, mais recentemente, em 2015, foi publicada a Lei Brasileira de Inclusão da Pessoa com Deficiência, que também é conhecida pela sigla LBI (13.146/2015). Por efeito de todas as leis citadas, traremos um resumo dos principais direitos da pessoa com autismo.

Inicialmente, é importante trazer o direito assegurado pela lei nº 13.977/20, lei Romeo Mion, que assegura o direito da Carteira de Identificação da Pessoa com Transtorno do Espectro Autista, documento que facilita o acesso a direitos básicos e essenciais. A expedição da Carteira é feita em órgãos estaduais, distritais e municipais de maneira gratuita, podendo a pessoa com autismo apresentá-la para exigir atendimento preferencial, entre outros direitos. É uma forma de identificação com número próprio, renovada a cada cinco anos.

As pessoas com autismo têm:

- Direito à saúde, incluindo diagnóstico, atendimento multiprofissional, nutrição adequada, terapia nutricional e medicamentos.
- Direito à gratuidade nos transportes municipais, estaduais e interestaduais de ônibus (sendo verificado o critério de renda).
- O acompanhante do autista tem direito a desconto de até 80% nas passagens aéreas; esse direito é assegurado apenas ao acompanhante.
- A pessoa com autismo e seu acompanhante têm direito à meia-entrada em eventos artístico-culturais, museus, parques temáticos, shows diversos, cinemas, jogos e qualquer atividade cultural, artística e esportiva.
- Direito à isenção de IPVA em veículos novos ou usados com valor na tabela FIPE de até R$ 70.000,00, e isenção de ICMS, IPI e IOF na compra de veículos novos. Não é necessário que a pessoa com autismo seja a condutora do veículo, apenas indicando quem irá dirigir.

Em relação a direitos previdenciários da pessoa com autismo, destaca-se que atualmente existem espécies de aposentadorias e auxílios de pensões que auxiliam os segurados da Previdência Social. Aqui, abordaremos o Benefício Assistencial à Pessoa com Deficiência BPC/LOAS.

Direitos Previdenciários e assistenciais à pessoa com transtorno do espectro autista

Os direitos previdenciários e assistenciais da pessoa com autismo variam de acordo com a legislação de cada país. No Brasil, por exemplo, existem garantias previstas na legislação brasileira para pessoas com autismo, tanto no âmbito previdenciário quanto no assistencial:

- **Benefício de Prestação Continuada (BPC)**: benefício assistencial garantido pela Constituição Federal brasileira, no qual a pessoa com deficiência, incluindo aquela com autismo, tem direito a um salário-mínimo mensal, se comprovar renda familiar *per capita* inferior a 1/4 do salário-mínimo vigente. Para ter direito ao BPC, é necessário que a pessoa com autismo tenha uma avaliação médica e social que comprove a deficiência e a condição de vulnerabilidade econômica.

- **Aposentadoria por invalidez**: pessoas com autismo que apresentem limitações que as impeçam permanentemente de exercer atividade remunerada podem ter direito à aposentadoria por invalidez, desde que cumpram os requisitos estabelecidos pelo Instituto Nacional do Seguro Social (INSS).
- **Auxílio-inclusão**: destinado a pessoas com deficiência que ingressam no mercado de trabalho, o auxílio-inclusão é um benefício previdenciário que complementa a renda da pessoa com deficiência, incluindo aquelas com autismo, desde que tenham recebido o BPC e passem a exercer atividade remunerada.
- **Auxílio-acidente**: benefício previdenciário pago pelo INSS à pessoa com autismo que sofreu um acidente que cause sequelas permanentes e que reduzam sua capacidade laboral.
- **Aposentadoria especial**: em alguns casos, dependendo do grau de comprometimento e das condições laborais anteriores, pode ser possível solicitar a aposentadoria especial, concedida a pessoas que trabalharam expostas a agentes nocivos à saúde, como ruído excessivo, produtos químicos, entre outros.

É importante ressaltar que os direitos previdenciários e assistenciais podem variar conforme a legislação de cada país e estão sujeitos a atualizações e mudanças ao longo do tempo. Portanto, é importante buscar informações específicas com profissionais especializados para realizar uma análise minuciosa e encaminhar para o melhor benefício.

Referências

AMERICAN PSYCHIATRIC ASSOCIATION. *Diagnostic and Statistical Manual of Mental disorders*: DSM-5. Washington: American Psychiatric Association, 2013.

BANDEIRA, G. Lei Berenice Piana: conheça a lei que prevê direitos dos autistas. *Genial Care*, 2 mar. 2022. Disponível em: https://genialcare.com.br/blog/lei-berenice-piana/. Acesso em: 5 fev. 2024.

BRASIL. *Decreto nº 6.949 de 25/08/2009*. Disponível em: https://legis.senado.leg.br/norma/579385#:~:text=PROMULGA%20A%20CONVEN%C3%87%C3%83O%20INTERNACIONAL%20SOBRE,30%20DE%20MAR%C3%87O%20DE%202007. Acesso em: 5 fev. 2024.

BRASIL. *Lei nº 12.764, de 27 de dezembro de 2012*. Disponível em: https://www.planalto.gov.br/ccivil_03/_ato2011-2014/2012/lei/l12764.htm. Acesso em: 5 fev. 2024.

BRASIL. *Política Nacional de Educação Especial na Perspectiva da Educação Inclusiva*. Brasília: MEC/SEESP, 2008.

CABRAL, R. A. *Direito do autista ao acompanhamento educacional especializado*: análise do art. 3º, parágrafo único da Lei nº 12.764/12, à luz do direito fundamental à educação. Trabalho de Conclusão de Curso (Bacharelado em Direito). Faculdade de Direito de Vitória, Vitória, 2022.

CASTRO, A. V. *et al.* Inclusão da pessoa autista: uma questão de eficácia de direitos fundamentais e proteção às minorias / Inclusion of autistic people: a question of fundamental rights effectiveness and minority protection. *Brazilian Journal of Development*, v. 8, n. 8, p. 54888–54904, ago. 2022.

COSTA, V. V. *et al.* Grupo de trabalho e estudos sobre o transtorno do espectro autista (TEA) no Sistema Único de Saúde (SUS) do município de Florianópolis/SC. *APS em Revista*, v. 5, n. 3, p. 132-138, 2023.

CRUZ, S. A. P. Educação inclusiva e autismo: teoria e prática para o processo de alfabetização: Autismo. *Caderno Intersaberes*, v. 11, n. 32, p. 61-77, 2022.

FARAH, F. B. A.; CUNHA, D. F. S. Autismo: aspectos jurídicos da acessibilidade e respeito. *Revista Brasileira de Políticas Públicas*, v. 11, n. 1, 2021.

FILHA, F. S. S. C. *et al.* As políticas públicas e as tecnologias de acessibilidade na efetivação de direitos de pessoas no espectro do autismo. *Diálogos: as tecnologias e o novo direito*, v. 1, n. 1, p. 121-133, 2020.

FREGOLENTE, C.; DE FRANÇA, E. T. A. G. A inclusão social e acessibilidade para o autista através da perspectiva dos direitos fundamentais. *Anais do Encontro de Iniciação Científica das Faculdades Integradas de Jaú*, v. 19, 2022.

GOMES, D. C.; PAIVA, A. R. A inclusão social de pessoas com transtorno do espectro autista após a aprovação da Lei 12.764/2012: um estudo sobre o trabalho da Associação Casa de Brincar de Barra do Piraí-RJ. *Rev. Episteme Transversalis*, Volta Redonda-RJ, v. 7, n. 2, p. 14-34, nov. 2017.

GONDIM, P. M. G. C. *A política de educação da pessoa com transtorno do espectro autista no município de Goiana/PE*. Trabalho de Conclusão de Curso (Graduação em Pedagogia). Universidade Federal da Paraíba, João Pessoa, 2023.

HUNGARO, M. T. dos S. As estratégias escolares frente à covid-19 na modalidade da educação especial dos alunos com o transtorno do espectro autista (TEA): a ressignificação da presencialidade / The school strategies facing covid-19 in the special education modality for students with autistic spectrum disorder (ASD): the resignification of the presentiality. *Brazilian Journal of Development*, v. 8, n. 4, p. 29090–29105, abr. 2022.

IBGE – INSTITUTO BRASILEIRO DE GEOGRAFIA E ESTATÍSTICA. *Censo Brasileiro de 2022*. Rio de Janeiro: IBGE, 2022.

MAENNER M. J. *et al.* Prevalence of Autism Spectrum Disorder Among Children Aged 8 Years – Autism and Developmental Disabilities Monitoring Network, 11 Sites, United States, 2016. *MMWR Surveill Summ*, v. 69, n. 4, p. 1-12, 2020.

MIOTO, R. C. T; DE LIMA, T. C. S. A dimensão técnico-operativa do Serviço Social em foco: sistematização de um processo investigativo. *Textos & Contextos (Porto Alegre)*, v. 8, n. 1, p. 22–48, ago. 2009.

MONTEIRO, F. V.; FERNANDES, E. M. A consultoria para um livro em multiformato no contexto educacional. *RevistAleph*, v.34, p. 332-346, jul. 2020.

MONTEIRO, F. V.; WALTER, C. C. F. A audiodescrição quebrando barreiras para a acessibilidade de pessoas autistas. *Comunicação Científico-Audiovisual*, v. 10, p. 17, 2023.

OLIVEIRA, N. H. D. *Recomeçar:* família, filhos e desafios. São Paulo: UNESP, 2009.

ORGANIZAÇÃO MUNDIAL DA SAÚDE. *ICD-11 Reference Guide*. Genebra: OMS, 2019. Disponível em: https://icd.who.int/icd11refguide/en/index.html. Acesso em: 4 fev. 2024.

PANTOJA, B. F. F. J. *Um estudo sobre o uso da tecnologia assistiva no ensino de ciências para alunos com transtorno do espectro autista:* criação do aplicativo e software educacional Casulo TEA. Dissertação (Mestrado Profissional em Docência em Educação em Ciências e Matemáticas). Programa de Pós-Graduação em Educação em Ciências e Matemáticas, Instituto de Educação Matemática e Científica, Universidade Federal do Pará, Belém, 2022. Disponível em: http:// repositorio.ufpa.br:8080/jspui/handle/2011/14437. Acesso em: 5 fev. 2024.

PEREIRA, J. A. C. *O serviço social na saúde mental: um estudo acerca das demandas, competências e dificuldades profissionais nos CAPS à luz da reforma psiquiátrica*. Dissertação (Mestrado em Serviço Social). Programa de Pós-Graduação em Serviço Social, Universidade Federal da Paraíba, João Pessoa, 2011.

SALES, J. F.; VIANA, T. V. A inclusão de autistas no ensino superior: direito, acessibilidade e avaliação. *Revista Intersaberes*, v. 15, n. 35, jun. 2020.

SANTOS, E. C. dos S. *Linguagem escrita e a criança com autismo*. Curitiba: Appris, 2016.

SILVA, N. I. *Relação entre hábito alimentar e a síndrome do espectro autista*. Dissertação (Mestrado em Ciências). Escola Superior de Agricultura "Luiz de Queiroz", Universidade de São Paulo, Piracicaba, 2011.

09

A FAMÍLIA COMO PARTE INTEGRANTE E FUNDAMENTAL DA EQUIPE INTERDISCIPLINAR

Entender o que e como fazer após o recebimento do diagnóstico é um convite para nos conectarmos neste capítulo, no qual ressalto o protagonismo da família no processo de intervenção e, também, apresento orientadores que servem de estrutura para que possamos auxiliar no desenvolvimento diário da criança com TEA.

CIDINHA PELEGRINA

Cidinha Pelegrina

Pedagoga, graduada pela Unifieo (2001), especialista em atendimento educacional especializado e pós-graduada em educação especial, autismo, psicopedagogia, neuroaprendizagem e supervisão escolar. Mais de 20 anos de experiência em educação especial e inclusiva. Professora efetiva do município de Taboão da Serra, onde atuou na Secretaria de Educação no período de 2013 a 2017 e participou da fundação do Centro de Referência de Educação Inclusiva (CREI) e, desde 2021, no departamento de formação, articulando projetos e programas inclusivos, contribuindo na formação de professores, coordenadores e gestores, também atendendo, acolhendo e orientando familiares. Conselheira atuante no Conselho Municipal da Pessoa com Deficiência (CMPD) nos períodos de 2013 a 2017 e, atualmente, desde 2021, lutando e colaborando por políticas públicas. Militante na causa das pessoas com deficiência, em especial as crianças; mãe do Fernando, seis anos, autista e nível 2 de suporte, o qual, com as centenas de crianças com as quais já trabalhou, impulsiona-a para seguir por ele e para eles.

Contatos
cidinhapelegrina@gmail.com
Instagram: @cidinhapelegrina
11 97132 6611

Nós sabemos que tem algo diferente

Seja o primeiro, segundo ou terceiro, não importa a posição, a chegada de um filho é sempre permeada de uma mistura de sentimentos e sensações. O vínculo constituído na relação gestacional é intensificado após o nascimento em cada olhar, gesto, toque ou balbucio. Os familiares se agregam nessa relação de construção vincular, em que cada etapa do desenvolvimento é esperada e comemorada, podendo demorar um pouco em alguns momentos ou, em outros, ir rápido demais; daí a importância e necessidade de entender o que significam os marcos do desenvolvimento infantil, habilidades que as crianças vão adquirindo durante o crescimento, considerando o desenvolvimento psicomotor, cognitivo e emocional. Enquanto bebês, uns choram demais e, outros, de menos; uns sorriem mais e, outros, não olham diretamente; uns andam antes dos 12 meses e, outros, demoram mais tempo; mas o que mais nos chama a atenção é quando não falam, não nos chamam, não pedem, não cantam. Na verdade, nós, familiares, sabemos quando tem algum atraso no desenvolvimento do nosso filho, nós temos a noção de que algo está acontecendo, mas essa percepção vem camuflada de falas, como:

- Eu também era assim quando criança.
- Quando crescer, melhora.
- Isso é preguiça ou manha.
- É só uma fase.

Passam os meses e o atraso persiste, não tem mais como camuflar ou arranjar desculpas. É hora de encarar, conversar com pediatra, colocar na escola, investigar. Enfim, o diagnóstico chega: seu filho é autista.

O que fazer após o diagnóstico?

O diagnóstico chega para nossa criança e, para nós, pais, traz dor, incerteza, insegurança, medo, dúvida. Vem o choro, vem a tristeza, vem a ansiedade e, em alguns casos, vem a depressão. Mas, junto e misturado a toda essa montanha-russa de sensações, vem a pergunta: o que e como fazer a partir de agora?

Geralmente, o especialista médico dá o laudo e, junto, um relatório em que faz breve relato da anamnese realizada sobre a criança e suas características principais: se é verbal ou não, se há atraso motor ou alterações sensoriais. Sugere que o tratamento para o TEA deve ser abordado por uma equipe multidisciplinar ou interdisciplinar, com programas terapêuticos baseados na análise do comportamento aplicada (ABA), de 20 a 40 horas semanais, que pela literatura científica apresenta evidências de eficácia. Deve estabelecer um plano terapêutico individualizado e especializado conforme as necessidades de cada criança, devendo ser iniciado o mais precocemente possível, a fim de aproveitar as janelas de oportunidade e a neuroplasticidade cerebral.

De posse do laudo e relatório, vamos do luto à luta.

O próximo passo é procurar alguma clínica, centro multidisciplinar, núcleo de apoio, Centro de Atenção Psicossocial infantil (CAPSi), enfim pesquisar no município o que existe de suporte e tratamento para o TEA.

O que é equipe interdisciplinar?

É um grupo de profissionais de diversas áreas que colaboram para oferecer intervenções eficazes e baseadas em evidências científicas para pessoas com transtorno do espectro autista (TEA) ou outras condições que possam se beneficiar da análise do comportamento aplicada (ABA), sendo eles:

- Analista comportamental/supervisor: responsável por desenvolver e supervisionar os planos de intervenção com base na ABA, conduzindo avaliações comportamentais e implementando estratégias de intervenção.
- Psicólogo: auxilia na compreensão do comportamento humano e nas intervenções psicológicas específicas, trabalhando em conjunto com o analista/supervisor para adaptar estratégias comportamentais ao indivíduo.
- Fonoaudiólogo: concentra-se no desenvolvimento da comunicação, linguagem e habilidades sociais, ajudando na elaboração de estratégias que promovam a comunicação funcional.
- Terapeuta ocupacional: ajuda na adaptação do ambiente e no desenvolvimento de habilidades de autocuidado, motoras e sensoriais, visando à autonomia e à independência.

- Musicoterapeuta: utiliza a música como ferramenta terapêutica para trabalhar questões emocionais, cognitivas, físicas e sociais. Por meio de atividades musicais adaptadas, ajuda na expressão, comunicação, coordenação motora e no desenvolvimento global do indivíduo.
- Psicomotricista: trabalha a relação entre o corpo e a mente, focando no desenvolvimento das habilidades motoras, cognitivas e emocionais por meio do movimento. Utiliza jogos, atividades físicas e lúdicas para promover a integração sensorial, a coordenação e o equilíbrio emocional.
- Fisioterapeuta: concentra-se no desenvolvimento motor, na mobilidade e na funcionalidade física do indivíduo. Ajuda na melhoria da postura, na coordenação motora, na força muscular e na independência funcional, adaptando atividades para atender às necessidades específicas de cada pessoa.
- Psicopedagogo: compreende as dificuldades de aprendizagem sob diversas perspectivas, buscando intervenções que considerem não apenas os aspectos cognitivos, mas também emocionais e sociais, para facilitar o processo de ensino-aprendizagem.

E, agora, a principal integrante dessa equipe interdisciplinar:

- Família: desempenha papel fundamental nessa equipe que intervém na vida de uma criança autista. Sua proximidade e seu conhecimento íntimo da criança são essenciais para entender suas necessidades únicas e colaborar com profissionais de diferentes áreas. A participação ativa da família ajuda a personalizar estratégias, garantindo que o ambiente doméstico seja um complemento eficaz aos esforços terapêuticos.

O empoderamento familiar diante do processo terapêutico

É preciso entender que as duas, três, quatro ou cinco horas de terapias diárias nas clínicas ou centros de apoio são insuficientes se o ambiente domiciliar não for a extensão de tudo isso.

Precisamos considerar que, por diversas razões, a maioria das crianças autistas no Brasil não tem acesso às terapias com equipe interdisciplinar. Nesses casos, a intervenção e atuação familiar farão com que o indivíduo possa se desenvolver e ampliar suas potencialidades.

Estudar, pesquisar, buscar pelo conhecimento e informações é fundamental para entender o processo do desenvolvimento e estimular a criança. Atualmente muitos profissionais competentes, sérios e comprometidos disponibilizam conteúdos gratuitamente no YouTube e no Instagram, que ajudam muito; aqui, gostaria de citar profissionais que são referência: dr. Paulo Liberalesso, dr. Thiago Castro e professor Lucelmo Lacerda, que, gentilmente, nos fortalecem e nos repertoriam com informações valiosas e de qualidade para que possamos olhar para nossas crianças com possibilidades reais de intervenções.

Não há a receita do que e como fazer, não há um passo a passo a ser seguido, mas existem dicas preciosas que, com adaptações à singularidade de cada criança, tornam-se exequíveis. Por isso, é preciso o encorajamento familiar, tomar as rédeas da situação porque, com persistência, paciência e insistência, é possível dar o primeiro passo para a caminhada diária de intervenções que acontecem em casa, durante um passeio, na ida ao supermercado, na visita a um parente; enfim, todo lugar e todo o tempo é uma oportunidade de estimulação e intervenção.

Não existe processo terapêutico sem a efetiva participação familiar, sendo essa o eixo articulador entre a terapia e a criança, parte integrante e fundamental da equipe interdisciplinar.

Dicas importantes para estimular as crianças

Para finalizar nosso encontro, deixo algumas diretrizes que, considerando as necessidades individuais da criança, são um bom ponto de partida para a intervenção e a estimulação familiar.

- Comunicação: use comunicação clara e direta, adaptando-a ao estilo da criança. Aprenda a ler e responder às pistas não verbais dela para melhorar a interação.
- Rotina: mantenha uma rotina consistente, pois isso pode oferecer previsibilidade e segurança.
- Estímulo sensorial: esteja atento aos estímulos sensoriais da criança e adapte o ambiente para minimizar sobrecargas.
- Reforço positivo: reconheça e recompense comportamentos positivos para incentivar a repetição de comportamentos adequados.
- Incorporação de interesses: integre os interesses da criança nas atividades diárias para motivar a participação.
- Compreensão das necessidades: esteja atento às necessidades específicas da criança e responda de maneira apropriada.
- Ensino estruturado: use estratégias de ensino estruturadas e visualmente claras para facilitar a compreensão.
- Incentivo à interação social: crie oportunidades para interações sociais positivas, incentivando a comunicação e o compartilhamento.
- Apoio emocional: ofereça suporte emocional, demonstrando empatia e compreensão, principalmente nos momentos de crise.

- Educação da família e amigos: eduque as pessoas sobre o autismo para promover um ambiente acolhedor e de apoio; se preciso, eduque também o funcionário dos estabelecimentos públicos, eduque quem precisar.
- Adaptação do ambiente: faça ajustes no ambiente doméstico e escolar para atender às necessidades sensoriais da criança.
- Trabalho em equipe: trabalhe em conjunto com profissionais médicos, terapêuticos e escolares para desenvolver e programar estratégias eficazes.
- Para encerrar: cuidar daqueles que cuidam é como regar as raízes que sustentam a árvore da dedicação. Não se esqueça de nutrir a si mesmo, pois ao cuidar de quem cuida, você fortalece não apenas os outros, mas também a própria essência vital. Você é uma fonte valiosa e essencial de apoio, cuide-se!

10

DIAGNÓSTICO TARDIO EM MULHERES

NUNCA É TARDE DEMAIS PARA BUSCAR AJUDA

Mal-estar em público e muita vergonha. Tantos momentos incompreendidos que foram fazer sentido somente após os 35 anos de idade. Culpa de quem? Dos pais, que não perceberam que havia algo de errado com o bebê que não chora, não se comunica, não sorri? Culpa da escola, que não percebeu a atipicidade? O desconhecimento e o sofrimento da mulher autista em décadas.

DULCI ALMEIDA

Dulci Almeida

Profissional da harmonização facial, cursou Fisioterapia e Estética. Formada em Administração de Empresas e pós-graduanda em Neurociência do Desenvolvimento. Iniciou os estudos de Medicina no exterior e, atualmente, está finalizando a formação no Brasil. Defensora da causa animal, fundadora do Patinhas sem Fronteiras, promoveu eventos em prol da causa animal e dos moradores de rua – pessoas em situação de vulnerabilidade. Em seus estudos, busca aliviar não somente a sua dor, mas proporcionar um mundo melhor para todos, seja por trabalhos de estética – empoderamento pessoal – ou pela conscientização sobre saúde mental, em que se encontra a base de todos os problemas e também a solução deles.

Contatos
almeidadulci@outlook.com
Instagram: @atipica.dulcialmeida
45 99980 8207

Somatização – crise sensorial

É o segundo dia do Enem 2023, eu entro na sala de aula para atípicos, dessa vez, não será tão tranquilo quanto a vez anterior. Mal posso esperar – será o pior dia da minha vida – crise sensorial à flor da pele. Só eu sei quão difícil está sendo revisitar esse dia para registrá-lo aqui.

Na entrada, já sinto cheiro de comida, um passo à frente e vejo-as espalhadas aos pés dos candidatos, com o misto de odor de chulé e cabelo sem lavar. O pesadelo está só começando. Nessa sequência de horrores, todos os sentidos estão intensamente ativados – e como instrumentos de percussão no Carnaval, as tosses estão de um lado, enquanto há gente fungando o nariz do outro, uma interminável sinfonia desagradável. Se não bastasse, exala o cheiro de salgadinho (xilito) que, colaborando com o pão com salsicha, se mistura ao odor de gente suada.

As trêmulas respirações soam como um coral, junto à banda de canetas que batem nos dentes, em sintonia com o "plec plec" das canetas que são chupadas, e dançam sobre a língua de um lado e do outro na boca dos candidatos – perceber os detalhes é inevitável, e isso faz eu me imaginar numa sala de aula convencional. Aquela mesma caneta, como a "Gisele Bündchen desfilando na passarela", passa pelos corredores, é emprestada e, após circular de mão em mão, pousa na boca de outro humano (socorro). É muita bactéria transmitida, infecções e nojeira. Será que ninguém pensa nisso? Minha mente vai tão longe quanto a náusea que me domina.

A aflição toma conta, eu mudo meus pensamentos, tento focar na leitura, mas os estímulos são superiores. Estou medicada, "preparada para enfrentar o pior", estou numa guerra e lutando contra todos os meus monstros, e o pensamento que lateja – Como seria se não estivesse medicada? Como eu poderei suportar uma sala de aula? Como conseguirei conviver com inúmeros estímulos, numerosas conversas, cochichos, entradas e saídas de alunos da sala no dia a dia?

Minha carreira está em jogo, então me forço demasiadamente em focar no objetivo pelo qual eu realmente entrei nessa sala em dia do Enem. Até que chega o momento em que eu não suporto mais, meu corpo começa a responder negativamente, enquanto eu poso na imagem de "estar tudo bem". Está tão insuportável que até meu inconsciente pede para sair. Então, no corredor passo pela vistoria, entro no banheiro e me vejo não conseguindo sair dele. Meu intestino está a responder intensamente a tudo o que eu guardei na presença das pessoas, é como se tudo em mim fosse corpo estranho.

E, como se não bastasse, minha bexiga agora está hiperativa, enquanto no mesmo ritmo meu útero se contrai, a dor é multifocal e apavorante. Nessas horas me revolto contra o implante do dispositivo intrauterino que serviria para reduzir sintomas de endometriose e, para mim, parece "um tiro que saiu pela culatra". Como tudo para mim é intenso e atípico, agora as dores são mais fortes e frequentes. A cada preocupação, esforço ou estresse, tudo se multiplica e fica fora de controle; as medicações mais fortes para dores crônicas insuficientes, já não sei mais o que fazer, meu Deus. "Me ajude a sair daqui. Eu só quero fazer essa prova, estou a uma hora e meia aqui dentro. Os sintomas me enfraquecem; sinto que vou cair ao chão. Eu preciso de ajuda, por favor, meu Deus. O grito preso está me sufocando. Por favor, me dê uma prova de que esse é seu desejo, que eu siga na profissão que escolhi; por favor, me levanta daqui", dizem as vozes internas em aflição.

Então, eu sinto que estou sendo levantada pelas mãos diante desse abismo de dificuldades, e eu me lanço. Mesmo com dor, uma força além de mim que não apaga a realidade do momento (as dificuldades), mas me ajuda a seguir em frente.

Então, volto para a sala e consigo completar aproximadamente 30% da prova; já não espero muito diante dos fatos, sempre fui de dar até meu máximo no que me propus, e não seria agora que iria baixar a guarda.

Após o sinal de aviso do término do tempo, entreguei o gabarito com uma falsa satisfação, ao ver quão "controlada" eu estava percebendo outros dois candidatos claramente com o emocional abalado, preenchendo o gabarito às pressas com as mãos trêmulas. Olhei para mim e pensei, quão forte sou, devo me orgulhar disso.

Quando finalmente estou saindo desse lugar, "palco de horrores", com a mesma pose que entrei, a capa de vitoriosa, de "estar bem" (o que chamam de mascaramento do autismo em mulheres). Ao colocar os pés fora dali, nesse mesmo momento, meu mundo cai, uma crise inevitável de choro profundo de dor me domina, até expelir o último átomo de ar em meus pulmões. Eu não consigo explicar, só quero voltar a respirar. Esse é o episódio mais crítico sensorial que tenho, a ponto de me sentir não pertencente ao meu corpo; parece ter uma pele de porco no lugar da minha. Eu não reconheço o meu próprio templo (isso se chama despersonalização, em que a pessoa se sente não pertencente ao seu corpo).

Esse dia foi quando, já com mais conhecimento e autopercepção, eu vejo quão grave é estar na pele de um autista em ambientes com excesso de estímulos e se sentir como numa prisão sem poder sair de lá. Apesar de não haver uma obrigação de fato, havia uma pressão social, pois se eu não fizesse a prova, eu sairia com a certeza de que minha carreira estaria altamente prejudicada, pois envolve uma cascata de fatores – tempo, carga emocional, social, financeira...

Eu tenho dificuldade na propriocepção – entender minhas necessidades básicas. Então, quando penso estar com fome ou outra necessidade, que é natural para as pessoas típicas; para mim, precisa ser imediatamente, pois já estou passando mal, em crise.

Então, ficar em ambiente rodeado de pessoas e estímulos, é como estar num centro de concentração de tortura. Hoje tenho mais compreensão dos momentos críticos que passei em público, ou encontros familiares e socorrida pelo SAMU. Antes ficavam procurando hipóteses como anafilaxia, crise respiratória, crise renal e outras, que incrivelmente eram desencadeadas após me expor a aglomerações e estímulos; hoje, isso é mais compreendido e observado. Por isso é tão importante a disseminação e a desmistificação do tema autismo e intervenção precoce, bem como o diagnóstico tardio para intervir com medidas adequadas para cada indivíduo, especialmente em mulheres adultas que apresentam maior mascaramento dos sinais e sintomas. Nunca é tarde demais para buscar intervenção e melhor manejo dos sintomas. A saúde é um direito de todos e dever do estado, de acordo com a Legislação de 1988 do SUS – o Sistema Único de Saúde é a regulamentação da Saúde no Brasil.

Minha mãe perdeu o emprego na prefeitura, porque eu não chorava e não tinha propriocepção

Sempre fui uma criança quietinha. Desde bebê, minha mãe jamais esquece que deixou de trabalhar na prefeitura para cuidar de mim, que não reclamava por fome ou por ter feito necessidades na fralda. Isso tirou sua paz, então preferiu deixar o trabalho e passou a fabricar bolos, bolachas caseiras e vender panos de prato decorados nas ruas. Essa decisão trouxe muitos desafios para a família, com uma escadinha de crianças pequenas, porque ela era provedora juntamente com meu pai. Mas, se não fosse por ela, eu não teria história para contar. Sou grata a minha mãe por dedicar sua vida a mim. Até hoje faço terapia para desenvolver minha autopercepção, pois até passar mal, eu não consigo reconhecer minhas necessidades básicas, como o momento em que preciso me alimentar e ir ao banheiro.

As rãs e os insetos são mais legais que crianças

Interagir com outras crianças nunca foi meu forte, me causava horror só de pensar em ter que brincar com bonecas, casinha ou desenhos e pinturas – as brincadeiras de crianças típicas não me interessavam e eram angustiantes. De tanto insistirem comigo, eu tentei algumas vezes, mas isso me gerava um desespero imensurável. O que de fato me agradava era brincar de nave espacial – eu subia nos galhos mais altos das árvores, até os mais finos, e lá minha mente se sentia no espaço; a imaginação ia tão longe que ainda vejo os botões da nave, como a sala de controle da Usina Hidrelétrica Binacional de Itaipu, sem nunca a ter visitado, que nostalgia. Eu tinha um amigo na infância que era maior e mais novo que eu, mas nunca conseguiu acompanhar minha mente acelerada, até que um dia ele foi embora com a família e eu continuei imergida nos meus profundos pensamentos.

Eu nunca senti falta de interação, meu mundo imaginário era cheio de botões mágicos. O telhado da casa, aos cinco ou seis anos de idade, era "meu lar", onde eu passava a maior parte do tempo, fantasiando estar no espaço. Lá em cima, eu comia uma maçã e imaginava que tinha colhido da árvore da qual usei para escalar o telhado. Como se fosse o "João e o pé de feijão", que subia tanto até chegar em outro "mundo". E digo isso sem nunca ter assistido na infância. Eu odiava televisão e continuo fazendo zero questão.

A terra era outro playground predileto, amava quebrar os minúsculos galhos secos caídos ao chão e, na casca de mamona, fazia enterro dos galhos ou insetos, achava que estava fazendo bem a eles. Alguns insetos eu via caminhando e os pegava, então eles ficavam sonsos e não resistiam e enterrava também, para dar uma dignidade a eles; me dava certa angústia quando não resistiam ao serem pegos. Eu não entendia muito o que estava fazendo, mas era obsessivo, precisava enterrar todos os insetos pequenos que encontrava na terra sem vida. Era um padrão repetitivo, e não me interessava por outras brincadeiras, exceto tentar aprender andar de bicicleta e patins que me emprestavam. Os tombos eram inevitáveis; cada hematoma e arranhão eram uma lembrança do quanto eu me diverti durante o dia.

11

COMO A NEUROCIÊNCIA EXPLICA O AUTISMO

OS PRINCIPAIS DIREITOS DA PESSOA COM TRANSTORNO DO ESPECTRO AUTISTA

Neste capítulo, tendo em vista os constantes avanços da neurociência, vamos analisar as principais áreas comprometidas do cérebro social das pessoas que se encontram dentro do espectro autista, bem como os principais direitos que são objetos de discussão judicial nos tribunais brasileiros.

ERICA LUMI TAKAHASHI

Erica Lumi Takahashi

Graduada em Administração de Empresas pela FAAP. Graduada em Direito pela UNIP. Pós-graduação em Direito Público na Escola Paulista de Direito (EPD). Pós-graduanda em Neurociências e comportamento pela IPOG. Pós-graduada em Neurociências pela UNIFESP (curso concluído com nota máxima). Advogada pós-graduada em Direito Público pela EPD. Voluntária na Causa Autista. Defensora dos Direitos da Mulher. Estagiou no Ministério Público Federal no gabinete Criminal e de Direitos Difusos e Coletivos (promotora dra. Fernanda Taubemblatt). Ex-vice-presidente PL Mulher em São Vicente (Baixada Santista).

Contatos
ericalumi@hotmail.com
Instagram: @ericalumioficial
13 99135 8500

Como podemos conceituar o autismo?

O autismo é um distúrbio de neurodesenvolvimento humano que vem sendo estudado pela ciência há quase seis décadas. Consiste em uma tríade de dificuldades:

- Dificuldade de comunicação: dificuldade em utilizar com sentido todos os aspectos da comunicação verbal e não verbal. Isso inclui gestos, expressões faciais, linguagem corporal, ritmo e modulação de linguagem corporal. Muitas crianças que apresentam linguagem verbal repetem o que lhes foi dito – fenômeno conhecido como ecolalia.
- Dificuldade de sociabilização: dificuldade de relacionar-se com outros, incapacidade de compartilhar sentimentos, gostos e emoções. Em muitos casos, é responsável pela falta ou diminuição da capacidade de imitar ou de se colocar no lugar do outro.
- Dificuldade no uso da imaginação: rigidez ou inflexibilidade. Pode ser exemplificado por comportamentos ritualísticos, obsessivos, compreensão literal da linguagem, ou mesmo falta de aceitação de mudanças.

De acordo com estudos recentes, o autismo seria quatro vezes mais frequente em pessoas do sexo masculino, e incide igualmente em famílias de diferentes raças, credos ou classes sociais.

As suas causas podem ser genéticas, não genéticas ou mesmo ambientais.

Acredita-se que a origem do autismo esteja em anormalidades em algumas partes do cérebro, por problemas ocorridos no período gestacional ou no momento do parto. Lorenza Culotta, PhD, bolsista de pós-doutorado na Feinberg School of Medicine, Center for Autism and Neurodevelopment da Northwestern University, diz:

> O autismo tem múltiplas causas – como fatores genéticos e fatores ambientais, condições neurológicas e mentais comórbidas – como epilepsia, deficiência intelectual, TOC e TDAH, e uma ampla gama de sintomatologia.

O diagnóstico deve ser feito basicamente por meio da avaliação do quadro clínico. Não existem testes laboratoriais específicos para a detecção do autismo. Daí, entende-se que o autismo não possui marcador biológico.

Embora surjam indícios bastantes fortes de autismo por volta dos 18 meses, raramente o diagnóstico é conclusivo antes dos 24 meses, e a idade média mais frequente é superior aos 30 meses.

Quais são as principais áreas comprometidas do cérebro segundo a neurociência?

Pesquisas têm apontado que as pessoas que estão dentro do espectro autista têm comprometimento nas estruturas que compõem o cérebro social, entre elas:

- Amígdala: responsável pela regulação das emoções e aprendizagem emocional.
- Corpo caloso: ligação entre o hemisfério esquerdo e direito e esquerdo, permite a sua comunicação.
- Córtex lobo frontal: de grande importância na área motora, pré-motora e área de broca (relacionada à linguagem). Está relacionado ao controle do comportamento social e de emoções.
- Córtex lobo temporal: relacionado a processos como de linguagem e memória. Estudos apontam também que menor quantidade de fluxo sanguíneo no giro temporal superior esquerdo poderia ocasionar dificuldades emocionais perceptivas e cognitivas, bem como limitações de contato visual, dificuldades na comunicação interpessoal.
- Córtex cerebral: responsável por funções complexas do cérebro como a atenção, a memória, a linguagem, a consciência e o pensamento.
- Hipocampo: permite a construção de novas memórias e atua em conjunto com a amígdala para compreender reações emocionais. Crianças autistas apresentam maior volume do hipocampo esquerdo em relação aos não autistas.
- Cerebelo: responsável pela manutenção do equilíbrio, pelos movimentos voluntários, coordenação dos músculos da fala e aprendizagem motora.
- gânglios basais: conecta o cérebro e o cerebelo e ajuda a regular os movimentos.
- Tronco encefálico: atua como retransmissor de mensagens para o corpo e o córtex. Controla a respiração e os batimentos cardíacos.

O CDC (Center of Diseases Control and Prevention), órgão ligado aos Estados Unidos da América, identificou, em pesquisa publicada no ano de 2023, que uma em cada 36 crianças de oito anos são autistas (BERTAGLIA, 2023).

Estima-se que há cerca de dois milhões de autistas no Brasil. A população total no país é de 200 milhões de habitantes, o que significa que 1% da população estaria no espectro (REVISTA, 2024).

Para comprovar esse número e entender qual é a prevalência do autismo no Brasil, o Instituto Brasileiro de Geografia e Estatística (IBGE) colocou – pela primeira vez – o autismo no radar das estatísticas, com o objetivo de mapear quantas pessoas vivem com o transtorno autista e quantas podem ter, mas ainda não receberam o diagnóstico.

Esse dado foi incluído após a sanção da Lei nº 13.861/19, que obriga o IBGE a inserir perguntas sobre o autismo no Censo de 2020. Esses dados deveriam ter sido mapeados em 2020, mas foram adiados para 2022 por conta da pandemia da covid-19.

O conhecimento do número exato de autistas, bem como o mapeamento dos locais de maiores incidências, permitirão a realização de políticas públicas assertivas em prol do desenvolvimento, do cuidado e de melhores condições de vida e saúde.

Atualmente, no Brasil, temos uma ampla gama de leis que protegem e garantem os direitos das pessoas com TEA, haja vista que o tratamento é dispendioso por necessitar de acompanhamento especializado para poder alavancar as habilidades específicas e desenvolver aquelas que apresentam dificuldades. Entre as leis, estão:

- Lei nº 12.764/2.012: (a Política Nacional de Proteção dos Direitos da pessoa com Transtorno do Espectro Autista reconheceu a pessoa com TEA como pessoa com deficiência, para todos os efeitos legais) – Lei Berenice Piana.
- Lei nº 13.146/2.015: conhecida como Estatuto da Pessoa com Deficiência (LBI – Lei Brasileira de Inclusão).
- Lei nº 13.370/2.016: estabelece a redução de jornada de trabalho para servidores públicos com filhos autistas.
- Lei nº 13.977/2.020: cria carteira de identificação para a pessoa com o transtorno do espectro autista.
- Lei nº 8.742/1.993: cria a organização da assistência social (BCP/LOAS).
- Lei nº 8.989/1.995: dispõe sobre isenção do Imposto sobre Produtos Industrializados (IPI) na aquisição de automóveis para utilização no transporte autônomo de passageiros, bem como por pessoas portadoras de deficiência física e aos destinados ao transporte escolar, e dá outras providências.
- Lei nº 7.853/1.989: dispõe sobre o apoio às pessoas portadoras de deficiência.

Quais são as perguntas jurídicas frequentes (em tópicos)?

Tendo em vista a ocorrência de violações a vários direitos dos autistas. Optamos por didática, apresentar as perguntas jurídicas mais frequentes quanto à saúde, direitos civis, BCP/LOAS e educação.

1. *AUTISMO É DEFICIÊNCIA*?

R.: Sim, de acordo com a Lei nº 12.764/2012, art.1º, parágrafo 2º, a pessoa com transtorno do espectro autista é considerada deficiente para todos os efeitos legais.

2. *AUTISTA TEM PRIORIDADE DE ATENDIMENTO*?

R.: Sim, por ser deficiente, possui todas as prioridades previstas na Lei Brasileira de Inclusão, art. 9º.

3. *É NECESSÁRIO AGUARDAR A CARÊNCIA DE DOIS ANOS*?

R.: O cumprimento de carência de dois anos para o fornecimento das terapias e tratamentos recomendados às pessoas com autismo constitui prática abusiva e ilegal, cabendo responsabilização, tanto na esfera cível como criminal.

4. *O PLANO DE SAÚDE PODE COBRAR MAIS CARO PARA AUTISTAS*?

R.: Não, nos termos do art. 23, LBI.

5. *O QUE É TOMADA DE DECISÃO APOIADA*?

R.: É o processo criado pela LBI que permite que a pessoa com deficiência indique duas pessoas idôneas, com as quais mantenha vínculos e que desfrutem de sua confiança, para prestar-lhe apoio na tomada de decisão sobre atos de sua vida civil (art. 84, LBI e art. 1783-A, Código Civil).

6. *PESSOA AUTISTA INTERNADA TEM DIREITO A ACOMPANHANTE EM TEMPO INTEGRAL*?

R.: Sim, de acordo com o art. 22 da LBI, a pessoa com deficiência internada ou em observação é assegurado o direito a acompanhante ou a atendente pessoal, devendo o órgão ou a instituição de saúde proporcionar.

7. *AUTISTA TEM DIREITO A BENEFÍCIO DE PRESTAÇÃO CONTINUADA LOAS*?

R.: Sim, desde que a renda *per capita* por família não ultrapasse ¼ do salário-mínimo. No caso de gêmeos, é possível o recebimento do benefício, pois o benefício recebido por mais de um integrante da família não fará parte do cálculo da renda familiar (art. 20, Lei Orgânica da Assistência Social).

8. *É POSSÍVEL RECEBER BCP/LOAS E PENSÃO ALIMENTÍCIA*?
R.: Sim. A pensão alimentícia é dever dos pais em virtude do pátrio poder. Já o LOAS, depende do cumprimento dos requisitos legais.

9. *AUTISTA PODE COMPRAR CARRO COM DESCONTO*?
R.: Sim, pela Lei nº 8.989/1.995, permite-se a aquisição de veículos de até 120 mil reais com isenção de IPI, IOF (caso possua deficiência física), ICMS e IPVA. Pode ser comprado pelo deficiente ou pelo representante legal que conduzirá o veículo em seu lugar. Porém, se adquirido com esta condição, não poderá vender antes de dois anos da aquisição.

10. *AUTISTAS TÊM PRIORIDADE NA COMPRA DE IMÓVEIS*?
R.: Sim, nos programas habitacionais públicos ou subsidiados com recursos públicos, a pessoa com deficiência ou seu representante goza de prioridade na compra de imóveis.

11. *É CABÍVEL PENSÃO ALIMENTAR DE AUTISTA MAIOR*?
R.: Sim, pois deve ser considerada a necessidade do filho e a capacidade de cada um dos pais (artigo 1694, Código Civil).

12. *A ESCOLA PODE RECUSAR MATRÍCULA PARA A PESSOA COM AUTISMO EM RAZÃO DE SUA DEFICIÊNCIA*?
R.: Não. A Lei nº 7853/1.989, alterada pela Lei de Inclusão, impede tal negativa. No caso de negativa, faz-se necessário fazer o boletim de ocorrência ao Ministério Público.

13. *A ESCOLA PODE COBRAR MENSALIDADE MAIS CARA PARA O ALUNO AUTISTA*?
R.: Não, nos termos do art. 28, LBI.

14. *TODO AUTISTA TEM DIREITO A UM ACOMPANHANTE ESPECIALIZADO EM SALA DE AULA*?
R.: Sim, se comprovada a necessidade, nas classes comuns de ensino regular, nos termos do art. 2º, da Lei Berenice Piana.

15. *PESSOA COM AUTISMO PODERÁ CASAR*?
R.: Sim, pois a deficiência não afeta a plena capacidade civil. No entanto, para a prática deste ato civil, terá que apresentar condições civis de decidir sobre o ato (art. 6º, Lei Brasileira de Inclusão).

16. *PESSOA AUTISTA PODE TRABALHAR*?
R.: Sim. O trabalho garante a dignidade da pessoa como ser humano. Assim, se o grau de comprometimento possibilitar o trabalho, não somente

poderá trabalhar, como também terá direito a condições justas, favoráveis e de igual remuneração por trabalho de igual valor. Pessoas com TEA, por serem deficientes para todos os efeitos legais, fazem jus às vagas reservadas para pessoas com deficiência, nos termos do art. 93, da Lei 8213/1.991.

17. *É OBRIGATÓRIA A INTERDIÇÃO DO AUTISTA AO COMPLETAR 18 ANOS DE IDADE*?
R.: Não, pois tem plena capacidade civil em regra. A interdição é medida de exceção. E pode ser completa ou se limitar somente a aspectos negociais e financeiros. Da mesma forma, a curatela é medida de proteção de caráter extraordinário, proporcional às necessidades e circunstâncias de cada pessoa e pelo menor tempo possível, nos termos do art. 84, LBI.

Perguntas complementares

• *AVÓS PODEM SER CONSIDERADOS PARA FINS DE INDEFERIMENTO DO BCP/LOAS*?
R.: Não. De acordo com a Lei Orgânica da Assistência Social (8.472/93), para esse cálculo deve ser levada em conta a renda: do requerente do benefício; do cônjuge; do companheiro; do filho ou irmão não emancipado, menor de 21 anos ou inválido; e dos pais. Assim, a renda dos avós e tios, mesmo quando dividem a casa, não entra no cálculo.

Com base nesse entendimento, a Turma Nacional de Uniformização da Jurisprudência dos Juizados Especiais Federais determinou que o INSS conceda benefício assistencial a uma mulher deficiente. Ela mora com a mãe que está desempregada, os avós que recebem aposentadoria de R$ 260,00 cada e a tia, que tem salário de R$ 400,00. A Turma concluiu que os salários desses membros da família não podem ser usados para avaliar a necessidade de receber o benefício.

Em seu voto, a juíza federal Renata Andrade Lotufo esclarece que "o grupo familiar da autora para fins de concessão de benefício assistencial, na realidade, é composto apenas por ela e sua mãe, pois os avós, tios e primos não são dependentes para fins previdenciários".

• *AS PESSOAS COM AUTISMO TÊM PRIORIDADE DE ATENDIMENTO*?
R.: Sim. A resposta é sim, pois são consideradas deficientes e, nos termos da Lei nº 10.148/2000, as pessoas com deficiência têm prioridade

no atendimento. Portanto, não podem estar sujeitas a filas comuns em repartições públicas, empresas concessionárias de serviços públicos e instituições financeiras. Algumas cidades possuem legislação específica para tratar sobre a prioridade.

O não cumprimento deste direito sujeita os infratores às penalidades previstas na lei.

- *AS PESSOAS COM AUTISMO TÊM DIREITO A TRANSPORTE ESPECIALIZADO*?

R.: Não, a priori. Não há previsão legal. Daí a importância da participação popular nos conselhos estaduais e municipais, no intuito de que sejam elaboradas políticas públicas que atendem as necessidades específicas de transporte das pessoas com autismo.

Já em relação ao transporte público gratuito:

Se a pessoa autista for carente, nos termos da Lei Federal nº 8899/94, ela terá direito a passe livre no transporte interestadual. No Estado de São Paulo, todas as pessoas comprovadamente carentes com deficiência física, mental, auditiva, visual, doença renal crônica ou ostomia têm direito ao benefício, que é a gratuidade nas viagens interestaduais de ônibus, barco ou trem. A definição de deficiência é estabelecida pelo Decreto nº 3.298/1999. E, no âmbito municipal, geralmente encontramos leis municipais que regulam este tema.

- *É POSSÍVEL ACUMULAR BCP/LOAS E BOLSA FAMÍLIA*?

R.: Sim. Segundo a Lei 14.601/2023 – Lei do Bolsa Família – se a RENDA PER CAPITA FAMILIAR FOR DE ATÉ R$ 218,00, PODERÁ SE ACUMULAR O BPC E A BOLSA FAMÍLIA.

A Lei 14.601/2023 trouxe uma redação mais favorável ao acúmulo do BPC com o Bolsa Família, ou seja, o valor do BF não impactará na renda familiar mensal:

Art. 4º Para fins do disposto nesta Lei, considera-se:

[...] § 1º Para fins do disposto no inciso II do caput deste artigo, não serão computados na renda familiar mensal, sem prejuízo de outros rendimentos indicados em regulamento:

III – recursos financeiros recebidos de ações de transferência de renda de natureza assistencial instituídas pelo poder público federal, estadual, municipal e distrital.

Art. 5º São elegíveis ao Programa Bolsa Família, as famílias:

inscritas no CadÚnico; e cuja renda familiar *per capita* mensal seja igual ou inferior a R$ 218,00 (duzentos e dezoito reais).

Lembrando que, se a renda *per capita* familiar for superior a R$ 218,00 e ultrapassar 1/2 salário-mínimo, o valor do Bolsa Família será reduzido em 50% e só será recebido pelo período de até 24 meses.

As pessoas com autismo têm direito ao tratamento terapêutico adequado? Sim. O direito à saúde está previsto no art.196 da CF, sendo direito de todos e dever do Estado. As pessoas com autismo têm proteção especial da Lei nº 7853/89. No Estado de SP, este serviço é prestado por estabelecimentos públicos, em geral pelos CAPS ou por entidades conveniadas com o Estado. Geralmente, esses atendimentos ocorrem de forma multidisciplinar, devendo o Estado oferecer profissionais capacitados para este atendimento em rede pública.

Caso não seja oferecido este serviço, solicitar o serviço direcionando o pedido ao Secretário de Saúde. E, em caso de negativa, ingressar com ação própria a fim de que o Estado disponibilize o atendimento terapêutico pretendido.

Referências

BERTAGLIA, B. Uma a cada 36 crianças é autista, segundo CDC. *Autismo e realidade*, 2023. Disponível em: https://autismoerealidade.org.br/2023/04/14/uma-a-cada-36-criancas-e-autista-segundo-cdc/. Acesso em: 6 abr. 2024.

BRYSON, S. E.; CLARCK, B. S.; SMITH, I. M. First report of a canadian epidemiological study of autistic syndromes. *J. Child Psychol. Psychiatr*, v. 29, n.4, p. 433-45, 1988.

COHEN, S. *Targeting autism*. Califórnia: University of California Press, 1998.

MACHADO, A. *Neuroanatomia funcional*. São Paulo: Atheneu, 2014.

MENEZES, M. *Neuroanatomia aplicada*. Rio de Janeiro: Guanabara Koogan, 2015.

REVISTA ESPAÇO ABERTO. *Um retrato do autismo no Brasil*. Disponível em: https://biton.uspnet.usp.br/espaber/?materia=um-retrato-do-autismo-no-brasil. Acesso em: 6 abr. 2024.

SCHWARTZMAN, J. S. *Autismo infantil*. Brasília: CORDE, 1994.

12

O USO DO BST PARA ENSINO DE HABILIDADES SOCIAIS PARA PESSOAS COM TEA

Autistas têm déficits em interação social. Este capítulo tem como objetivo destacar a estratégia BST como ferramenta de ensino de habilidades sociais para pessoas diagnosticadas com TEA. Estudos demonstraram que habilidades de saudação e conversação se maximizaram nos repertórios de dois participantes adolescentes e uma criança por meio do treinamento baseado na estratégia BST.

ERICK CUPERTINO

Erick Cupertino

Psicólogo graduado em Análise do Comportamento Aplicada ao Autismo, Atrasos de Desenvolvimento Intelectual e Linguagem, pela Universidade Federal de São Carlos (2021). Em formação para Certificação Internacional para Analista do Comportamento (QASP-S). Atua como coordenador e psicólogo de casos clínicos que envolvem o público com autismo. Foi colaborador de pesquisas em análise do comportamento aplicada; atualmente, é colaborador no grupo de intervenção de habilidades sociais para adultos com TEA no Ambulatório TEAMM da Universidade Federal de São Paulo. Coautor do capítulo "Manejo de comportamentos difíceis na alimentação", da obra *Comportamento alimentar*, coordenada por Melissa Pascoal. Autor do artigo: "Pessoas idosas com TEA: um saber-fazer necessário", publicado na *Revista Kairós Gerontologia*. Tem experiência em atendimento terapêutico para adolescentes com TEA nos ambientes escolares, domiciliar e clínico, com ênfase em análise do comportamento aplicada, atuando em: adaptação de currículo escolar, manejos de comportamentos interferentes e ensino de habilidades sociais em contextos naturalísticos.

Contatos
erickcupertinopsico@gmail.com
Instagram: @erickcupertinoo
11 98521 9377

Quando escrevemos um capítulo em que o público-alvo de intervenção são as pessoas diagnosticadas com o transtorno do espectro autista, geralmente iniciamos a escrita discorrendo sobre a descrição das características deste diagnóstico que o DMS-V (2014) traz para os profissionais da área da saúde. Contudo, a presente obra trata do autismo e, certamente, essa descrição já foi realizada por alguns dos meus colegas escritores. Por isso, ressaltarei um critério específico, que é um dos pilares para o diagnóstico de pessoas com autismo, para realizarmos a introdução deste capítulo: os déficits na interação social.

O transtorno do espectro autista (TEA), como provavelmente já sabemos, é caracterizado pelos comportamentos que são restritos e repetitivos, e que podem ter déficits na comunicação social. Todavia, mergulharemos nesta leitura com foco nos déficits da interação social, visto que apresentaremos uma estratégia específica para melhorar as questões sociais de pessoas autistas.

O objetivo deste capítulo é destacar brevemente como é realizada a execução do ensino de habilidades sociais sob a perspectiva da análise do comportamento aplicada (ABA), com o uso de um procedimento chamado treino de habilidades comportamentais (THC) no contexto clínico para pessoas com autismo.

Geralmente, um livro composto por profissionais que trabalham com TEA já utilizou, utiliza ou utilizará a ciência ABA como estratégia e procedimento de intervenções. Sendo assim, a apresentação desta ciência também deve ter ocorrido nos capítulos anteriores ou será descrita na temática seguinte do meu colega escritor. Porém, para desencargo, apresentarei uma descrição bem objetiva para não deixarmos que essa informação passe batido.

A ciência ABA é uma sigla em inglês que significa Análise do Comportamento Aplicada e que visa a um processo de aplicação sistemática de intervenções baseadas nos princípios de aprendizagem para ensinar, aumentar e/ou melhorar comportamentos socialmente relevantes de maneira significativa, demonstrando que as intervenções empregadas são responsáveis pelas aquisições e melhorias no comportamento (BAER *et al.*, 1968; SULZER-AZAROFF & MAYER, 1991). E será a partir desta ciência que discorreremos sobre um procedimento específico (que apresentaremos mais para a frente – o BST ou THC) para desenvolver e maximizar as habilidades sociais de pessoas que estão dentro do espectro autista.

O que são habilidades sociais?

Habilidades sociais são resultados de construções em determinada cultura de um indivíduo, ou seja, inserido em um grupo desempenhando com competência seu papel social de maneira expressiva (DEL PRETTE; DEL PRETTE, 2017).

Silva (2018) diz que categorias variadas de comportamentos sociais nas habilidades de um indivíduo que coopera para o aumento da competência social são referentes à terminologia "habilidades sociais", que mantêm uma relação aceitável e positiva com os membros de sua cultura. Na pessoa autista, a avaliação desse repertório pode ser realizada pela competência social, quando se refere às variáveis de vivência individual no desempenho de tais habilidades.

Del Prette e Del Prette (2017) dizem que uma das mais importantes funções do desenvolvimento inicial da criança é a socialização, pois é o período que amplia e maximiza o repertório de comportamentos sociais e que, aos poucos, o nível de compreensão sobre as normas e os valores em uma vivência social vai aumentando.

Segundo estudos de Van Grol e Andretta (2016), apesar de serem raras na vida social de uma criança, algumas classes de habilidades sociais, habilidades sociais acadêmicas, solução de problemas interpessoais, construção de amizades, repertório de assertividade, empatia, comportamentos civis, identificação de expressões emocionais e autogerenciamento sobre as próprias emoções podem ser prioridades na evolução social na infância. Nessa fase inicial da vida, é citada nas pesquisas a importância de ocorrerem as estimulações das crianças em contextos que evoquem as habilidades sociais, protegendo a evolução psicossocial no período infantil do indivíduo que está em contato com a contingência de socialização.

A importância do treino de habilidades sociais

As aplicações desses treinamentos, desde a sua origem, estiveram relacionadas sobretudo com as abordagens da Psicologia Comportamental e da Psicologia Cognitiva Comportamental (DEL PRETTE; DEL PRETTE, 2000). De acordo com Caballo (1955), esse tipo de treinamento está entre as técnicas mais efetivas e mais usadas no tratamento comportamental visando à melhoria da qualidade de vida.

O THS (treino de habilidades sociais) encontra-se entre as técnicas mais potentes e frequentemente utilizadas para o tratamento dos problemas psicológicos, para a melhoria da efetividade interpessoal e para a melhoria geral da qualidade de vida. Desde o início, como "treinamento assertivo", a esfera de ação desse movimento estendeu-se até ser considerada, atualmente, uma das estratégias de intervenção mais amplamente utilizadas dentro do campo dos serviços de saúde mental (L'BATE; MILAN, 1985). Mas o que é o THS?

O THS pode ser definido como "um enfoque geral da terapia, dirigido a incrementar a competência da atuação em situações críticas da vida" (GOLDSMITH; MCFALL, 1975, p. 51) ou como "uma tentativa direta e sistemática de ensinar estratégias e habilidades interpessoais aos indivíduos com a intenção de melhorar sua competência interpessoal individual em tipos específicos de situações sociais" (CABALLO, 2003).

BST: a intervenção

A análise do comportamento aplicada (ABA) tem um acervo de pesquisas produzidas. É uma ciência comprovada com resultados significativos no tratamento para o TEA, pautada em práticas baseadas em evidências científicas (SELA; RIBEIRO, 2018). As intervenções baseadas na análise do comportamento aplicada contemplam muitos procedimentos e estratégias de intervenções para treinamento de pacientes; destacamos, no presente texto, o BST, denominado *Behavior Skill Training* (em português: THC – Treino de Habilidades Comportamentais), que pode ser utilizado como uma ferramenta para ensinar habilidades sociais para pessoas com autismo.

O procedimento de ensino BST é uma estratégia com evidências científicas para ensinar e aumentar o repertório comportamental produtivo do indivíduo que recebe esse modelo de intervenção, desenvolvendo novas habilidades (MILTENBERGER *et al.*, 2004). Comumente, é realizado por quatro etapas (instrução, modelação, treino e *feedback*), que serão discorridas posteriormente (JOHNSON *et al.*, 2005). Existem estudos que utilizam essas etapas para ensinar a indivíduos com TEA alguns repertórios que fazem parte da esfera de habilidades sociais.

Os quatros passos que compõem a estratégia THC da ciência ABA são:

- **Instruções:** descrevem o comportamento apropriado para o cliente ("paciente"). Para garantir eficácia, as instruções devem ser específicas, precisam descrever exatamente os comportamentos esperados pela pessoa dentro do espectro. No caso do capítulo presente, são instruções do terapeuta responsável para o indivíduo com autismo, que deve executar corretamente o informativo a fim de aprender a habilidade social que está sendo instruída.
- **Modelação:** o comportamento correto é demonstrado para o cliente. O indivíduo que está sendo ensinado observa o modelo de comportamento e, depois, imita, ou seja, o terapeuta demonstra para a pessoa autista como se fosse uma simulação de como executar a habilidade social específica que está sendo treinada.
- **Treino:** ou ensaio é a oportunidade de o cliente praticar o comportamento depois de receber instruções e assistir ao modelo demonstrando o comportamento-alvo. Logo, é o momento de o "paciente" realizar a simulação apresentada pelo terapeuta. A pessoa com TEA deve encenar ao vivo para o analista do comportamento, combinada previamente com modelos voluntários. Essa etapa é muito relevante para a execução do treino, pois é o que antecede a etapa seguinte: o *feedback*.
- **Feedback:** depois do treinamento do comportamento do aprendiz, o treinador (terapeuta) deve fornecer *feedback* imediatamente. O *feedback* envolve elogios ou outros reforços para um desempenho correto. Quando necessário, também pode envolver instruções adicionais sobre como melhorar o desempenho se houver erros no ensaio. O aprendiz demonstra sua simulação da habilidade social alvo que está sendo ensaiada, o analista do comportamento observa e realiza o *feedback* da encenação treinada (MILTENBERGER, 2018).

Hood e Mitteer (2017) conduziram um ensaio de conversação e saudação com dois adolescentes com transtorno do espectro autista e com uma criança também dentro do espectro autista, com o objetivo de melhorar os comportamentos-alvo da pesquisa durante interações improvisadas. Os participantes autistas não tinham deficiência intelectual associada. Foi usado o procedimento de THC.

Primeiro, os pesquisadores descreveram o contexto que esperam que os participantes façam durante o ensaio comportamental (INSTRUÇÃO). Por exemplo, foi instruído que uma conversa deve envolver contribuições iguais de cada parceiro de conversa, com ambos falando sobre seus interesses em vez de um parceiro da comunicação falar somente sobre assuntos que ele prefere. Foi explicado que, quando um falante inicia um novo diálogo, o outro deve demonstrar interesse, fazendo pelo menos duas declarações ou fazer pelo menos duas perguntas sobre o assunto, mantendo a troca de turno na conversação. Em segundo lugar, os participantes observaram o analista do comportamento e outro adulto a encenar a habilidade que estava sendo ensinada de maneira correta e incorreta (MODELAÇÃO). Os modelos foram dados por três vezes, tanto das respostas corretas quanto das incorretas. Após cada tentativa, o terapeuta perguntava aos aprendizes se a encenação realizada estava correta ou incorreta. Se os participantes respondessem corretamente, o especialista fornecia elogios. Se respondessem incorretamente, era realizada a modelação novamente com a resposta certa e o porquê era a correta. No terceiro tópico do treino (ENSAIO), os aprendizes praticavam as habilidades que foram instruídas e modeladas pelos terapeutas por dez vezes em uma única sessão. E, por fim, o analista do comportamento fornecia os elogios (FEEDBACK) para os participantes que realizavam o *role-play* (simulação) de maneira correta; os que erravam recebiam dicas de como poderiam executar o comportamento-alvo que estava sendo ensinado (p. ex.: "faça uma declaração no meio desta conversa"), dando uma nova oportunidade de ensaiar a habilidade social de conversação. Esse ensino produziu resultados efetivos, garantindo a manutenção e generalização das habilidades sociais ensinadas nesse estudo, estendendo a aquisição de novos repertórios para outras habilidades que contemplam a área social dos indivíduos autistas participantes. Os resultados trouxeram resultados significativos na avaliação e intervenção individualizada para melhorar as habilidades-alvo específicas que foram elencadas para a pesquisa (saudação e conversação), durante improvisos que podem ocorrer em uma interação social mais complexa e rica de oportunidades de habilidades que podem ser desenvolvidas nessa troca em um contexto natural e real.

Existem diversos estudos realizados e publicados com o procedimento de THC para ensino e aumento de repertórios sociais produtivos em indivíduos com TEA. No entanto, é notória a necessidade de realizar mais pesquisas e testagens com o uso desse procedimento para treinamento, principalmente de adolescentes e adultos, ou seja, a maioria das publicações que temos são focadas na faixa etária infantil.

Apesar de o estudo de Hood e Mitteer ter resultados significativos na adequação dos comportamentos sociais de crianças e adolescentes com autismo, aumentar essa intervenção em populações com TEA comprovará a evidência científica do treino, trabalhando os déficits sociais dos aprendizes e aumentando as habilidades sociais dos indivíduos com autismo.

Nesse sentido, deixamos o seguinte questionamento: O uso do procedimento THC é eficiente para adolescentes e adultos com TEA sob a especialização da ciência ABA? A psicologia que utiliza a ciência ABA com o uso do procedimento BST tem muito o que trilhar nesse serviço voltado para a população mais velha dentro do espectro autista.

Referências

CABALLO, V. E. *Manual de avaliação e treinamento das habilidades sociais*. São Paulo: Santos Publicações, 2003.

DEL PRETTE, Z. A. P.; DEL PRETTE, A. Habilidades sociais e análise do comportamento: proximidade histórica e atualidades. *Perspectivas em análise do comportamento*, v. 1, n. 2, p. 104-115, 2010. Disponível em: https://doi.org/10.18761/perspectivas. v1i2.33. Acesso em: 28 jun. 2022.

DEL PRETTE, A.; DEL PRETTE, Z. A. P. *Psicologia das habilidades sociais na infância*: teoria e prática. São Paulo: Vozes Limitada, 2017.

JOHNSON, B. M. *et al.* Evaluation of Behavioral Skills Training for Teaching Abduction-Prevention Skills to Young Children. *Journal of Applied Behavior Analysis*, v. 38, n. 1, p. 67-78, 2005.

MILTENBERGER, R. G. *et al. Evaluation of Behavioral Skills Training to Prevent Gun Play in Children*, v. 37, n. 4, p. 513-516, 2004.

MILTENBERGER, R. G. *Modificação do comportamento*: teoria e prática. 6. ed. São Paulo: Cengage, 2018.

SILVA, J. R. A. *et al. Habilidades sociais de crianças com o transtorno do espectro do autismo (TEA) que frequentam o atendimento educacional especializado (AEE)*. Manaus/AM, 2018. Disponível em: https://tede.ufam.edu.br/bitstream/tede/6534/2/Dissert%c3%a7%c3%a3o_Jo%c3%a3o%20Ra kson. Acesso em: 28 jun. 2022.

VAN GROL, S. L.; ANDRETTA, I. *Habilidades sociais e variáveis sociodemográficas em crianças com idade escolar:* um estudo descritivo. Sociedade Brasileira de Psicologia, Ribeirão Preto, Brasil, 2016. Disponível em: https://www.redalyc.org/pdf/5137/513754280017.pdf. Acesso em: 21 ago. 2022.

13

O PAPEL DA PSICOMOTRICIDADE NO PROCESSO DE INTERVENÇÃO DO TEA

O presente capítulo tem como objetivo apresentar ao leitor a psicomotricidade, sua importância para o processo de diagnóstico e no pós-diagnóstico do transtorno do espectro autista (TEA), trazendo também a sua utilização no âmbito clínico como ferramenta de intervenção terapêutica.

FLÁVIO ROBERTO VIEIRA PEREIRA

Flávio Roberto Vieira Pereira

Diagnosticado com o transtorno do espectro autista (TEA) já na idade adulta, é licenciado e bacharelado em Educação Física pelo Centro Universitário de Volta Redonda (UniFOA). Tem pós-graduação em Psicomotricidade pela Intervale, e em Neuropsicomotricidade pelo Instituto CTM. É graduando em Fisioterapia pela Universidade Estácio e atua como psicomotricista clínico na região serrana do estado do Rio de Janeiro.

Contatos

flaviorobertoef12@gmail.com

Instagram: @profflavioroberto

Facebook: professorflavioroberto

24 98139 6958

Introdução

"Robertinho" (nome fictício) desde muito pequeno nunca teve muitas habilidades. Quando bebê, mal conseguia levantar seu pescoço quando ouvia um barulho ou queria pegar algum objeto, não rolava de um lado para o outro como os bebês de sua idade faziam, sentar foi um sacrifício e toda vez que era colocado nessa posição desmoronava e seus músculos pareciam uma gelatina, tamanha a flacidez. Essas dificuldades quase sempre vinham acompanhadas por um choro como que pedindo ajuda para que conseguisse fazer aquilo que seus coleguinhas já eram capazes de fazer.

Os meses foram passando e as dificuldades ficando maiores – ainda não era capaz de segurar seus brinquedos com as mãos, não tinha firmeza nelas para segurar sua mamadeira e se alimentar sem ajuda, ainda não era capaz de engatinhar, muito menos ficar em pé mesmo que apoiado. Ao mesmo tempo, seus pais, meio que sem entender o que se passava, começaram a achar estranho tanta demora para que Robertinho fizesse coisas que outras crianças de sua idade já faziam. Em seu primeiro aninho, veio também a ansiedade de toda a família para ver seu pequenino todo serelepe, correndo e aprontando todas em sua festinha de um ano, tão esperada e sonhada por todos.

Enfim, chegou o grande dia, numa festa repleta de estímulos, com direito a recreadores realizando várias brincadeiras, cama elástica e tudo o mais, e, apesar de toda a expectativa criada por esse momento, o pequeno Robertinho passou a festa alternando de colo em colo e raras vezes no chão, não respondia bem aos estímulos que ali haviam. Um amigo da família, ao observar as diversas tentativas em fazer que a criança participasse da festinha de maneira ativa, iniciou um bate-papo com os pais de modo sutil, no qual fez algumas perguntas sobre como foram os primeiros meses de vida dele, obtendo algumas respostas que o atentaram para um possível atraso psicomotor. Este amigo, por coincidência, era um psicomotricista atuante na área de psicomotricidade clínica. Acostumado a se deparar com situações desse tipo, logo ao perceber tantos sinais na criança, e por ser amigo da família, resolveu buscar, mesmo que discretamente, informações sobre ela para que, posteriormente, pudesse indicar aos pais, seus amigos, que possivelmente Robertinho possua um atraso psicomotor, e a necessidade de se investigar a causa desse atraso.

A psicomotricidade

Nos últimos tempos, em grande parte devido aos avanços nos estudos referentes ao TEA, algumas áreas da saúde vêm ganhando notoriedade, entre elas a psicomotricidade, uma ciência que por muito tempo ficou atrelada a outras áreas como um subproduto, "meio" como se fosse apenas uma disciplina auxiliar de determinada ciência. A psicomotricidade, que nas décadas de 1970 e 1980 era muito utilizada e difundida nos cursos de ensino normal (formação de professores), era muito apropriada por professores(as) da Educação Infantil e Ensino Fundamental, o antigo pré-escolar e primário, e por profissionais da Educação Física Escolar, que utilizavam dos conceitos do desenvolvimento psicomotor e da brincadeira para desenvolver as habilidades motoras essenciais a seus alunos.

Embora tenha sido apresentada ao Brasil enquanto ciência somente na década de 1970, após uma visita da psicomotricista francesa Françoise Desobeau, a palavra "psicomotricidade" surgiu no final do século XIX, por meio do discurso do médico neurologista francês Ernest Dupré, que constatou disfunções graves pelo corpo sem que o cérebro apresentasse qualquer tipo de lesão. Ele estabeleceu uma correlação entre a motricidade e inteligência, descrevendo, para o meio científico, a síndrome do movimento sem danos ou lesões localizadas no cérebro (MATTOS; KABARITE, 2020). A Associação Brasileira de Psicomotricidade define:

> Psicomotricidade é a ciência que tem como objeto de estudo o homem por meio do seu corpo em movimento e em relação ao seu mundo interno e externo. Está relacionada ao processo de maturação, em que o corpo é a origem das aquisições cognitivas, afetivas e orgânicas.

Observar é preciso

Logo nos primeiros meses de vida, a criança nos fornece uma série de informações sobre si. Embora não verbalize, é possível identificar alterações nos padrões de desenvolvimento esperados para a faixa etária, sejam eles corporais ou comportamentais, por meio de observações que, a princípio, podem ser feitas pelos pais, cuidadores, médicos ou outros profissionais que tenham contato constante com a criança. Segundo Kerches (2023), "embora não façam parte dos critérios para o diagnóstico do TEA, atrasos e prejuízos motores são observados em cerca de 83% dos casos". Nesse sentido, apesar de não ser um parâmetro oficial, eles são um importante sinal de alerta.

Os atrasos motores são de fácil percepção, uma vez que estão intimamente ligados ao movimento e resposta a estímulos. Uma criança neurotípica nos primeiros meses de vida já é capaz de se virar sozinha na cama, sustentar sua cabeça, agarrar objetos com as mãos, sustentar-se sentada sem apoio, rastejar e engatinhar, virar seu corpo em direção a estímulos sonoros, por exemplo, ao ser chamada pela mãe, tenta ficar de pé apoiando-se em algo e ensaia seus primeiros passos. Ao não realizar essas ações, a criança nos indica que algo não está certo, e uma vez que tenha suas partes neurológica e física íntegras, é preciso que se investigue a(s) causa(s) desses atrasos no desenvolvimento neuropsicomotor.

Observe, a seguir, o quadro com os marcos neuropsicomotores esperados para crianças nos 12 primeiros meses de vida:

Recém-nascido	Reflexos subcorticais
1 mês	Segue a luz, reage a sons, levanta a cabeça.
2 meses	Sorri, balbucia, vira o corpo ao ser chamado, abre as mãos voluntariamente, movimenta seus membros com animação.
3 meses	Sustenta a cabeça, vira de um lado para o outro, sustenta-se nos braços.
4 meses	Agarra objetos, senta-se com apoio, produz sons.
5 meses	Gira sobre o abdômen, procura objetos para pegar, leva objetos à boca.
6 meses	Mantém-se sentado sem apoio, rola e troca de posição, muda objetos de uma mão para outra.
7 meses	Preensão palmar, imita gestos.

8 meses	Pinça digital, senta-se sem apoio.
9 meses	Rasteja, segura a mamadeira.
10 meses	Engatinha, move-se em direção a objetos de interesse.
11 meses	Fica de pé com apoio, tenta caminhar.
12 meses	Dá os primeiros passos.

A psicomotricidade transforma vidas

Uma vez observados os atrasos psicomotores e após a investigação médica, faz-se necessária a iniciação da intervenção profissional, cujos resultados obtidos serão maiores o quanto antes seja iniciada. Começando pela anamnese ou entrevista, em que o profissional, por meio de perguntas, coletará a maior quantidade possível de informações sobre a vida da criança, desde sua gestação até o presente momento, para, a partir delas, elaborar o plano de intervenção, estabelecendo os principais objetivos e metas.

O brincar será a principal via para o desenvolvimento da criança diagnosticada com TEA. Por meio da estimulação promovida pelas brincadeiras, ela desenvolverá diferentes habilidades motoras importantes para a realização de tarefas do dia a dia, contribuindo para aquisição da autonomia e funcionalidade, como caminhar (movimento de marcha "amplo") livremente ou agachar para amarrar seu tênis (movimento de pinça "fino"). Por meio das brincadeiras, conseguimos desenvolver habilidades comportamentais como a construção de regras, o aprender a esperar, a seguir comandos, sendo importante também no desenvolvimento cognitivo com o desenvolvimento do raciocínio e da lógica. Segundo Mansur e Neto (2006), "o desenvolvimento neuropsicomotor repercute em outras questões do desenvolvimento, pois é a base para o desenvolvimento cognitivo e aprendizado escolar".

A intervenção psicomotora é de extrema importância para o desenvolvimento da criança diagnosticada com TEA, preferencialmente sendo feita de modo precoce, favorecendo uma neuroplasticidade de maior qualidade.

Referências

ASSOCIAÇÃO BRASILEIRA DE PSICOMOTRICIDADE. *O que é Psicomotricidade?* Disponível em: https://psicomotricidade.com.br/sobre/o-que-e-psicomotricidade/. Acesso em: 7 abr. 2024.

FONSECA, V. *Neuropsicomotricidade:* ensaio sobre as relações entre corpo, motricidade, cérebro e mente. Rio de Janeiro: Wak, 2018.

HOSPITAL INFANTIL SABARÁ. *Desenvolvimento infantil:* tabela de acompanhamento. Disponível em: https://www.hospitalinfantilsabara.org.br/sintomas-doencas-tratamentos/desenvolvimento-infantil-tabela-de-acompanhamento/. Acesso em: 7 abr. 2024.

KERCHES, D. *Estudo aponta que atraso motor, além de ser "bandeira vermelha" inicial para Transtorno do Espectro Autista (TEA), é mais comum em meninas do que em meninos com autismo*. Disponível em: https://dradeborahkerches.com.br/estudo-aponta-que-atraso-motor-alem-de-ser-bandeira-vermelha-inicial-para-transtorno-do-espectro-autista-tea-e-mais-comum-em-meninas-do-que-em-meninos-com-autismo/#:~:text=Embora%20n%C3%A3o%20fa%C3%A7am%20parte%20dos,estudo%20de%20Gabis%20et%20al. Acesso em: 7 abr. 2024.

LE BOULCH, J. *Educação psicomotora*: psicocinética na idade escolar. Porto Alegre: Artmed, 1987.

MANSUR, S. S.; NETO, F.R. Desenvolvimento neuropsicomotor de lactentes desnutridos. *Rev Bras Fisioter*, v. 10, n. 2, p. 185-191, 2006. Disponível em: https://www.scielo.br/j/rbfis/a/hf3Br7yFsZjbHqgvKxfX8Hk/?format=pdf&lang=pt. Acesso em: 7 abr. 2024.

MATTOS, V.; KABARITE, A. *Avaliação psicomotora:* um olhar para além do desempenho. Rio de Janeiro: Wak, 2020.

OLIVEIRA, G. C. *Psicomotricidade:* educação e reeducação num enfoque psicopedagógico. Petrópolis: Vozes, 2015.

SERRA, T. *Autismo:* um olhar a 360. São Paulo: Literare Books International, 2020.

WHITMAN, T. L. *O desenvolvimento do autismo*. São Paulo: M. Books do Brasil, 2015.

14

MUSICOTERAPIA E AUTISMO

UMA VISÃO QUE VAI ALÉM DO TRATAMENTO

A musicoterapia é uma terapia para promoção da qualidade de vida que vem ganhando espaço especialmente como parte do acompanhamento multidisciplinar do autismo. Neste capítulo, existe a evidência trazida pelos estudos com o olhar e experiência de quem vivencia ser musicoterapeuta de crianças autistas diariamente.

GEISIANE ROCHA DA SILVA

Geisiane Rocha da Silva

Musicoterapeuta clínica com registro profissional ASBAMT 136-D, especialista em Musicoterapia pela FAC (2019). É mestre em Música e bacharela em Instrumento (clarineta) pela Universidade Federal da Bahia. Atualmente, é doutoranda em Linguística na Universidade Estadual do Sudoeste da Bahia, onde integra com pesquisa na área de desenvolvimento da linguagem de crianças atípicas utilizando musicoterapia. Atua há quatro anos com musicoterapia para crianças autistas, idealizando o Geisiane Rocha Centro de Musicoterapia, na cidade de Bom Jesus da Lapa/BA. Atende também, atualmente, nas cidades de Santa Maria da Vitória/BA, Guanambi/BA e Vitória da Conquista/BA, além de crianças, idosos com transtornos neurológicos e demenciais e adultos na área da prevenção e saúde emocional. Integra a Comissão de Arquivo e Documentação da União Brasileira das Associações de Musicoterapia.

Contatos
musicoterapeutageisiane@gmail.com
Instagram: @musicoterapeutageisiane
@geisianecentrodemusicoterapia
77 99989 1886

Você já ouviu falar em musicoterapia? Realmente ainda estamos nessa busca por levar as inúmeras possibilidades de benefícios dessa terapia. Por isso, aqui temos um espaço muito especial para quem já ouviu falar e aquele que iniciou esta leitura justamente pela curiosidade em entender algo desconhecido no seu contexto de vida.

Há muitos anos, na biblioteca da Escola de Música da UFBA, eu li em um texto com a palavra "musicoterapia" e me fiz a mesma pergunta. Este foi meu primeiro contato, que iniciou uma trajetória até hoje, tornando-me de fato musicoterapeuta com mais de 90% da minha atuação com crianças autistas.

Acontece que é uma terapia relativamente nova no Brasil, já que o surgimento do primeiro curso superior de Musicoterapia foi na década de 1970. Por outro lado, seu embasamento veio muito antes, já que a música é utilizada como recurso terapêutico há mais de 30.000 anos, com maior interesse de médicos para empregar músicos no contexto hospitalar que tratavam os danos físicos/emocionais dos pacientes após a Primeira e Segunda Guerras Mundiais. Assim, surge uma grande necessidade em estudá-la como ciência, que unindo áreas como música e rituais de cura, música nos hospitais e música na educação, especialmente na educação especial, forma-se a musicoterapia (BARCELLOS, 2016).

No entanto, conceituá-la vai muito além disso. A musicoterapia é definida como o uso da música e/ou elementos sonoros para a promoção da qualidade de vida, e faz-se importante ressaltar que, segundo a Organização Mundial das Associações em Musicoterapia, é uma área da saúde, podendo ser aplicada por um musicoterapeuta qualificado, com o curso de bacharelado ou especialização em Musicoterapia.

No Brasil, a musicoterapia é uma profissão que tem CBO (Código Brasileiro de Ocupações) número 2263-05, mas ainda em processo de regulamentação. Temos a União Brasileira das Associações de Musicoterapia (UBAM) na busca pela difusão, regulamentação, orientação para os profissionais e toda a população. Alguns avanços estão acontecendo nesse processo e hoje a musicoterapia é uma das 19 práticas institucionalizadas pela Política Nacional de Práticas Integrativas e Complementares para o SUS como exemplo de ampliação do seu acesso.

Agora, você talvez esteja se perguntando por que em um livro sobre diagnóstico de autismo tem um capítulo sobre musicoterapia. Quando falamos no TEA, condição do neurodesenvolvimento, temos um mundo de possibilidades para auxílio. Comecei o texto falando justamente da evolução da música na saúde até chegar na musicoterapia; e mesmo sem ler a palavra autismo lá em cima, já se percebe o quanto a relação da terapia com a condição pode ser benéfica.

O TEA é uma condição que tem diferentes tipos de níveis de suporte, falando em necessidade de apoio para o desenvolvimento da vida. Por isso, é muito importante refletir o quão único o acompanhamento deve ser, além do diagnóstico precoce ser determinante para os resultados. O médico é o profissional responsável pelo diagnóstico e por determinar quais são as principais necessidades da pessoa autista. Existem critérios específicos para se fechar o diagnóstico, mas algumas características já são notáveis e marcantes desde antes dos três anos, como as dificuldades na linguagem, comunicação, interação social e rotina de interesses.

Se fôssemos falar apenas desses quatro exemplos, já teríamos inúmeras metas possíveis pelo viés da musicoterapia. Como indivíduos com TEA podem ter dificuldade comunicativa e as possibilidades de expressão nessa terapia vão muito além de palavras, torna-se até "inclusiva" sua intervenção, já que som/silêncio estão presentes desde a formação do bebê no útero.

Tenho um relato pessoal que me fez acreditar ainda mais na musicoterapia. Há quase cinco anos, quando eu já era concluinte do curso de Musicoterapia, fui acometida pela síndrome de Guillain-Barré, doença no sistema nervoso periférico. Como eu tive sintomas extremamente graves, fiquei totalmente paralisada do pescoço para baixo e sem a visão. É claro que todo o suporte medicamentoso e dos profissionais da saúde fizeram muito a diferença, mas na época a previsão de recuperação era de muitos meses ou anos para ser completa. A motivação e positividade existentes em mim naquele momento me faz hoje acreditar o quão determinante o estado psíquico pode ser em uma recuperação. Quem estava lá o tempo todo era a música, mesmo no silêncio que fazia até ouvir meus próprios desejos, sentimentos e angústias. A música que eu cantava mentalmente auxiliava ali para sentir menos dor ou aceitar melhor o tratamento. Eu trouxe esse relato aqui, pois nada como uma pessoa paralisada, sem cantar, sem tocar, usufruindo da música no contexto da saúde para exemplificar a sua grandiosa possibilidade de inclusão. Entendi o quanto fazia a diferença um diagnóstico precoce, um tratamento eficaz e uma equipe humana lá naquela experiência.

Em uma das minhas primeiras consultas como musicoterapeuta, uma mãe falou: "Você entende o quão desesperador é não ter respostas, não ter pessoas nos tratando como pessoas e não como simples paciente, e principalmente a diferença de encontrar profissional que se dedica a estudar seu caso". As palavras daquela mãe que cuidava do seu filho sem diagnóstico e uma comunicação efetiva eram de desespero por alguém que a orientasse e ajudasse a entendê-lo. Busquei estudar o caso e o nosso vínculo terapêutico foi estabelecido, trazendo consigo resultados nas dificuldades e, em seguida, o diagnóstico de TEA foi dado pelo médico. Desse momento em diante, o autismo foi cada vez mais ganhando o meu foco de estudos, até chegar a ser temática e motivação para o doutorado. É por isso que falar da musicoterapia em um livro de diagnóstico do autismo é tão inovador para muitos, mas para mim é um cotidiano. Nós, musicoterapeutas, assim como outros profissionais, não damos diagnósticos, mas percebemos características que podem ser determinantes.

No campo da musicoterapia, têm estudos que relatam uma distinção entre o processamento dos sons da fala e o processamento dos sons na música (OLIVEIRA *et al.* 2022). Este é um conhecimento bem específico dos musicoterapeutas, também incluindo o domínio do uso de técnicas musicoterapêuticas, além das etapas clínicas de atendimento. Na musicoterapia para a criança com TEA, é necessário um plano de intervenção estabelecido geralmente após Avaliação Inicial e Ficha Musicoterapêutica, coletando as informações acerca da história de vida, história clínica e história sonoro-musical do paciente.

Sabe aquela característica marcante que algumas crianças com TEA apresentam: o hiperfoco? Ele pode ser um forte aliado justamente naquela conquista do paciente para a interação. Isso é pensar na condição do neurodesenvolvimento, lembrando do que realmente ela tem: o processamento atípico. Essa atipicidade na fala, nos interesses, no contato visual, pode ser contemplada em todas as atividades dentro da musicoterapia.

Independentemente da reação do ser humano com a música, é necessário possibilitar as experiências musicais. Sem falar uma palavra sequer, por exemplo, em uma intervenção na musicoterapia, podemos perceber contato visual, interação social, o manejo com as mãos, postura, marcha e reações com os sons. A música está totalmente presente na humanidade e é um caminho para cada um fazer sua autorreflexão, pois traz associações com a vida, memórias, elementos da própria estrutura, como distinção dos sons, timbres, intensidade, volume, métrica e pulsação, além da sucessão e junção de notas, que podem ser impactantes. Contudo, já percebemos o quão próximo do ser humano a música está, porque tudo o que hoje entendemos sobre ela está muito associado a elementos do nosso corpo. Aquele tempo forte e fraco percebido nos instrumentos de percussão, por exemplo, é inspirado no som das batidas do nosso coração. Então, a música está dentro de nós biologicamente falando, e totalmente presente nas relações afetivas e de criação de vínculos.

A seguir, ilustrarei, em forma de exemplos e dicas, como o musicoterapeuta pode trazer uma visão que vai além do tratamento para benefícios da criança autista.

- Orientações sobre o uso da música contemplando potencialidades no dia a dia: só um musicoterapeuta, ao longo do conhecer da história do paciente, do seu primeiro contato com a criança e nas avaliações musicoterapêuticas, consegue criar um panorama da relação música/paciente. A Escala Music in Everyday Life (MEL) avalia o uso diário da música no contexto das crianças com autismo. É aplicada com questões simples a serem respondidas por pais e/ou responsáveis (ZMITROWICZ; MOURA, 2018). Este é apenas um exemplo de estratégia complementar com participação da família que utilizo e tem dado certo na prática musicoterapêutica de crianças com TEA. Idealizei a Rotina Orientada como forma de organizar as orientações para os pais. Trago sugestões para o uso da música, sobre o cantar mais durante o dia para o filho, substituindo o uso de um aplicativo no celular. Não existe voz "desafinada" de mãe e pai, pois na verdade a criança quer é atenção.
- O potencial musicoterapêutico no acompanhamento multidisciplinar do autismo: já falamos aqui da relevância da musicoterapia, então reconhecê-la como tal privilegia especialmente o paciente. O musicoterapeuta, no uso das suas observações e registros, pode, na maioria das vezes, ter informações cruciais sobre o sensorial da criança. Além de frequências e timbres variáveis, temos texturas, sensações, características físicas, formatos e cheiros distintos. A lista de instrumentos é quase que infinita, fora o mundo de possibilidades de exploração só com sons do corpo e principalmente da voz. Ter um controle para manipular e assim alcançar seu objetivo da sessão com o paciente é realmente uma habilidade incrível do musicoterapeuta. Nossa terapia envolve muitos aspectos que, na criança autista, podem atrapalhar. Então, é preciso grande cuidado; quando somos assertivos, o resultado é realmente surpreendente.

Eu poderia ficar aqui enumerando diversos pontos já percebidos na prática e nos estudos. Em um capítulo, não conseguimos relatar tudo, mas, se você chegou até aqui sentindo a mesma certeza que eu tenho sobre os impactos gigantescos da musicoterapia e autismo, alcancei um dos meus objetivos. Se você aí sentiu o quanto tenho aprendido com cada atendimento, realmente entendeu minhas palavras. Este capítulo que comecei falando sobre a construção da história da musicoterapia, finalizo falando sobre um resultado incrível de vida transformada a partir da existência dela.

Uma família me procurou e o paciente tinha a suspeita diagnóstica de TEA com indicativo de várias terapias, menos a musicoterapia. Os pais relataram que acreditavam no potencial da música e a queixa era falta de interação e da fala, pois ele não produzia nenhum som. Iniciamos as sessões com este paciente quando ele tinha dois anos, e foram mais de nove sessões sem o interesse, chorando para não interagir. De repente, um dia improvisei colocando vários elementos na música e consegui a sua atenção total. Eu fazia perguntas e respostas na própria improvisação. Em um momento, eu disse na canção: "E a vaca faz..." deixando um som bem marcante e ele completou "mó", alongando bem a sua voz. Comemoramos juntos.

Logo depois, com o meu relatório, os pais levaram os das outras profissionais ao neuropediatra e assim foi dado o diagnóstico de TEA. No entanto, não foi indicada no relatório médico a musicoterapia como parte do acompanhamento multidisciplinar. Quando os pais chegaram na sessão comigo, a primeira coisa que falaram foi sobre a continuidade nos atendimentos. E seguimos até o fim do ano de 2023 com um resultado incrível, quando recebi o novo relatório médico indicando duas sessões semanais de musicoterapia.

Hoje, cantamos no microfone e ele diz: "Tia Geisi, você toca piano e eu, violão". E fazemos duetos, bandas, uma verdadeira dupla com grande variedade sonora. A criança que não conseguia interagir agora não quer ir embora e diz: "Eu gosto muito de você, tia Geisi".

Termino este texto com lágrimas nos olhos, porque agora percebo ter escrito apenas aquilo que eu vivo diariamente. A musicoterapia para o autismo vai muito além de um tratamento. Na verdade, é uma organização e valorização de potencialidades que geram, por fim, a qualidade de vida.

Referências

BARCELLOS, L. R. M. *Quaternos de musicoterapia e coda.* Barcelona Publishers, 2016.

OLIVEIRA, G. *et al. Música e autismo:* ideias em contraponto. Belo Horizonte: UFMG, 2022.

ZMITROWICZ, J.; MOURA, R. Instrumentos de avaliação em musicoterapia: uma revisão. *Revista Brasileira de Musicoterapia*, ano XX, n. 24, p. 114-135, 2018.

15

A ESCOLHIDA

Neste capítulo, encontraremos uma palavra de refrigério para o coração daquelas que foram escolhidas por Deus para amar, cuidar e ser a voz daqueles que não a têm. Você foi escolhida, sim, pelo Pai, para uma missão extraordinária, em que o comandante será o Senhor se assim você permitir. Vamos, juntas, ouvir o que ele tem como instrução para nos curar e sarar nossas famílias?

HÉRICA TEXEIRA

Hérica Texeira

Pedagoga graduada pela Funeso (2012), com pós-graduação em Educação Especial, pela Funeso; psicopedagoga clínica e institucional pela Uninter, terapeuta ABA, professora alfabetizadora braillista pelo Instituto Benjamin Constant, fundadora do Projeto Igreja Também é Lugar de Inclusão e do Instituto A Escolhida. Palestrante e professora universitária. Mãe do jovem Micaio, autista de 19 anos, e de Débora, de 25 anos, com TDAH. O maior diferencial de seu trabalho é cuidar de crianças e famílias com muito acolhimento, orientação e amor.

Contatos
hericapsicopedagoga@gmail.com
institutoaescolhida@gmail.com
Instagram: @herica.texeira
@institutoaescolhida
81 98855 4740

Você é a escolhida de Deus

Ilustração: Micaio Henrique Texeira da Silva.

Hoje nos deparamos com um cenário muito triste e preocupante, em que famílias inteiras estão pedindo socorro por consequência do alto número de pessoas com autismo sem assistência alguma, ou assistência com serviços precários. No entanto, em meio a essa situação, encontramos um cenário de famílias adoecidas sem terem a quem recorrer, especialmente as mães que, na sua maioria, são mães solo ou mães que são obrigadas a abraçar para si esta causa com lutas, dores, humilhações e, muitas vezes, discriminações. Constantemente, ou quase sempre, deixamos de viver nossas vidas para viver a dos nossos filhos ao acompanhá-los nas terapias, consultas médicas e nas atividades de vida diária que, em alguns casos, só concluímos quando nossos filhos dormem no cair da noite ou na madrugada.

Porém, hoje quero lhe trazer uma palavra de conforto e de refrigério, pois por mais doloroso que seja aceitar e entender, você, ou melhor, nós, não fomos escolhidas aleatoriamente. Existe um plano maior que excede todo o nosso entendimento, no qual, assim como aconteceu com Maria, mãe de Jesus, que foi escolhida entre todas as mulheres, também aconteceu com cada uma de nós. Deus nos escolheu para esse grande propósito que é cuidar, amar e dar voz a quem não a tem.

O porquê de tantas dores sem respostas

É difícil de compreender muitas coisas que acontecem em nossas vidas. Nos desesperamos em meio à dor, nos questionamos e, buscando resposta para tantas perguntas, no desespero, atiramos para todos os lados querendo encontrar um culpado. Muitas vezes, nos perguntamos: por que, Deus? Por que justo com meu filho? O que eu fiz para merecer tudo isso?

Então, buscamos resposta na ciência, porém hoje só temos hipóteses científicas, nada de concreto, cientificamente falando. Entretanto, temos respostas na palavra do Senhor, no livro de João 9:2-3, que diz: “Perguntaram-lhe os seus discípulos: Mestre, quem pecou? Este ou seus pais para que nascesse cego? Respondeu Jesus: Nem ele, nem seus pais; mas foi para que se manifestem nele as obras de Deus”.

Depois que descobri o diagnóstico do meu filho, tudo mudou em minha vida. Na faculdade, sempre quis trabalhar com inclusão, mas não conhecia o autismo. Primeiro, fiz libras; depois, braille, e um dia Deus colocou uma menina em meu caminho: Kewiny, e tudo mudou. Era Deus me preparando para o diagnóstico do meu filho e para o cumprimento do seu propósito. Deus me mostrou que o diagnóstico não é uma sentença de morte, porém veio para me mostrar que muitas mães precisavam de ajuda. Mas para ajudar, eu precisava ser tratada.

Deus quer nos curar para cuidarmos de nossas famílias, porque quando o diagnóstico vem, toda a família é afetada. Por isso, é necessário estarmos curadas para nossas famílias serem saradas, e não é fácil lidar com tudo isso; mas, acredite, Deus nos instituiu como coluna para o nosso lar e, por mais difícil que seja, há esperança até para a árvore cortada (Jô 14:7). Nada está perdido, precisamos ser tratadas, saradas de traumas, dores e culpas, pois só assim estaremos libertas para também libertar. Sei o quanto é difícil lidar com tantas dores, frustrações, medos, perdas, descrença e angústias diariamente. Às vezes me pegava pensando em como fazer para melhor acolher e ser acolhida nesse mundo de dor, mas hoje eu tenho um ajudador que me diz: "Filha, eu estou aqui. Quando ninguém te compreender, eu estou aqui. Quando ninguém quiser te ouvir, eu estou aqui. Quando tudo parecer não ter mais jeito, eu estou aqui". É por causa dele, Jesus, que eu, Hérica, mãe de Micaio e Débora, esposa de Roberto e filha do Rei, que hoje estou aqui.

É assim que tenho aprendido a cada dia com meu pai. Todas as vezes que o busco, sempre sou acolhida, amada, ouvida e amparada por ele, porque só ele nos conhece a fundo. Ele quem nos criou, ele é o grande "Eu Sou". Ele nos chamou pelo nome e disse: "Não temas, eu estarei contigo por onde quer que andares" (Josué 1:9), e, se crer e confiar nele, Ele te ajudará e guiará seus passos. Não desista. Persista. Eu sou a prova viva porque venci e continuo vencendo todos os dias os desafios diários. E com a presença dele, os meus fardos têm se tornado mais leves, já que quando estou muito cansada, clamo e logo sinto uma força, um refrigério que vem do grande EU SOU, do nosso criador.

Chame Deus para o barco de sua vida

Vivemos um turbilhão de emoções todos os dias. Na escola, na igreja, na espera dos atendimentos para os nossos filhos, em lugares variados onde muitas vezes sugam de nós a força, esperança e alegria. São tempos difíceis, que nos desafiam todos os dias.

São muitos dias de luta e de pequenas glórias, dias em que somos privadas até mesmo do lazer em detrimento dos comportamentos dos nossos filhos. São situações que nos deixam sem chão, mas assim como aprendi, também quero te ensinar. Quero sugerir algo: que tal chamar Jesus para o seu barco? Cristo é o meu ajudar, pois foi por meio dele que tudo mudou. Ele trouxe significado para minha vida e trará para a sua também. Mas, para isso acontecer, é necessário que você se aproxime do Senhor. Que o busque, que o convide, porque ele não é mal-educado, e só entra no barco de sua vida se você o convidar.

Algumas mulheres o convidaram. Tiveram Cristo em suas vidas e nunca mais quiseram ficar distante dele. Eu sou uma delas, mas não vou falar sobre mim. Quero trazer a "mulher cananeia", que era mãe como eu e você e sentiu na pele a dor do desespero de não ter a quem recorrer, mas viu em Cristo a solução; e, por meio de uma atitude de fé, tudo mudou.

Ao ver Cristo, ela não pensou duas vezes em lhe pedir ajuda. Mesmo não sendo digna aos olhos dos discípulos, ela não desistiu. Era uma mãe desesperada que viu sua filha possuída por espíritos maus sem ter a quem recorrer. Então, quando viu Cristo, gritou, insistiu, persistiu, e viu o milagre acontecer. Jesus não só curou sua filha, ele também a curou. Curou sua dor, trouxe esperança e toda a sua história mudou. Por meio dessa história, Cristo nos provou que ele não faz acepção de pessoas, pois ele não veio para os sãos, mas para os doentes e perdidos. Ele é realmente o Salvador (Mateus15: 21-28). Se Deus mudou a história dessa mulher improvável, imagine a sua, a quem chamou.

O poder da oração

Hoje quero falar para você do poder da oração. Principalmente quando se tem filhos atípicos e não se sabe o que fazer. O segredo é orar e pedir sabedoria a Deus, pois só ele pode atender. Ele é especialista em questões excepcionais. Ele é ciência pura, é o mestre dos mestres em tudo que faz. Sua especialidade é o impossível, mas para acessar ao nosso Pai devemos orar. E digo mais: "Quando pedir algo, que peça em nome de Jesus, pois ele o fará para que o pai seja glorificado no filho" (João14: 13), porque foi assim que ele nos ensinou.

Devemos lembrar que só a oração de coração é capaz de transformar vidas e, principalmente, as dos filhos quando se tem uma mãe intercessora, pois a mãe tem autoridade para abençoar ou amaldiçoar por meio do falar. Temos muitos exemplos de mulheres de oração na Bíblia, como Maria, mãe de Jesus; Agar, mãe de Ismael; e outras mães, como Susana Wesley, que era a mãe de John Wesley, teólogo que revolucionou todo um período. Susana, sua mãe, é lembrada até hoje por ser uma mulher de oração. Mulher que, mesmo tendo muitos filhos, nunca abriu mão do seu momento de comunhão com Deus.

Assim como essas mulheres, também tenho meu momento com Deus. Faço minhas orações no silêncio do meu quarto ou pela madrugada enquanto todo mundo dorme, porque são momentos de intimidades entre mim e a trindade (Pai, Filho e Espírito Santo) e sei que sou ouvida, mas também escuto Deus falar. E você? Como costuma fazer? Você tem momentos de orações? Se não faz, procure ter esse hábito, é fundamental para sua vida espiritual.

Afinal, quantas vezes estive desesperada sem ter a quem recorrer? Nessa época, ainda não tinha toda essa intimidade com Cristo, mas mesmo sem entender eu o buscava e via algo sobrenatural acontecer. Sempre que o procurava, a paz que eu tanto queria invadia meu ser e, a partir dessas experiências, passei a buscá-lo com mais frequências e vivi muitas experiências lindas e extraordinárias por meio de oração e comunhão. E é isso que quero ensinar para você.

Se você não sabe orar, Cristo nos ensinou. "Mas tu, quando orardes, entra no teu quarto e, fechando a porta, ora a teu pai, que vê em secreto, e te recompensará." (Mateus 6:6) Não precisa de muita coisa para nos conectarmos com nosso Pai. Basta se entregar. E ainda que não saia nenhuma palavra de sua boca, não se preocupe, porque temos um ajudador: o Espírito Santo. Ele intercede por nós, ajuda em nossas fraquezas e ainda que não saiba como pedir, ele intercede com gemidos inexprimíveis. Além disso, aquele que examina o coração, sabe a intenção do Espírito; porque é ele, segundo Deus, que intercede pelos santos.

Em minha jornada com Cristo, conheci um livro que não posso deixar de citar, o qual tenho usado para ensinar o que a oração e o jejum são capazes de fazer na vida dos nossos filhos. As mães que colocaram em prática o jejum e a oração viram filhos começarem a falar por meio das instruções de Deus, que trouxe ensinamentos que só ele pode dar. O livro é *O poder secreto da oração e do jejum*. Vale a pena ler e meditar.

Entretanto, não esqueça que sempre depois de orar, peça ao Espírito Santo para guiá-lo e fique com os ouvidos atentos, porque Deus falará. Quando ele falar, esteja pronta a obedecer e tenha a certeza de que tudo mudará. Por isso ore, chore, busque e se derrame na presença daquele que o criou e que tem planos lindos para você.

Transforme sua dor em força e superação

Venho de uma família muito humilde. Meu pai espancava minha mãe sempre que bebia. Convivi com brigas quase que diárias. Dores, frustrações, rejeições e aquele que era para me amar, me rejeitou. No lugar que era para ter paz, tinha espancamentos, gritos e desamor. Cresci em um lar de pais separados. Sofri discriminação (eu e meus irmãos), passamos por necessidades, nos separamos, vivemos tempos difíceis, mas superamos. As dores eram muitas. Depressão na adolescência, vontade de tirar a própria vida, mas ouvi uma voz que me acolheu e me amou, a qual me amou primeiro e disse: "As minhas ovelhas ouvem a minha voz, e eu as conheço e elas me seguem" (João 10: 27).

Daí, você pode me perguntar: "Como conseguiu superar?". Superei porque tenho Deus, que acreditou em mim ainda no ventre de minha mãe. Que tinha planos e propósitos determinados para minha vida e me fez chegar até aqui. Eu cri que nada estava perdido, que poderia fazer tudo diferente do que vivi. Usei a dor para ser meu combustível no caminho do crescimento e, por meio de Deus, vi na vida acadêmica uma luz para superar todo aquele sofrimento. Por outro lado, passei por muitas coisas. Engravidei, casei-me, parei de estudar, mas, na hora certa, o Senhor me fez voltar e transformei toda dor em superação. Fácil não foi, mas como diz Tiago Brunet: "Depois de passar por uma dor, ninguém continua o mesmo". (BRUNET, 2018, p. 134)

Vivi momentos de angústia, ansiedade e medo, Porém, o Senhor nos adverte que: "Neste mundo tereis aflições; mas tem bom ânimo! Eu venci o mundo" (João 16: 33). Com essa fala, o Senhor nos ensina que, ao passar pela dor, temos duas opções: crescer ou paralisar no sofrimento. Eu resolvi crescer. Aprendi com as experiências vividas, busquei força no Senhor, acreditei que seria possível viver e ser melhor do que tudo que vivi e, por isso, estou aqui.

Então, hoje quero te encorajar a fazer diferente de tudo que já fez. Sei e conheço um pouco da sua dor de mãe atípica porque também sou. Mas fiz do limão uma limonada, transformei minha dor em conhecimento e hoje sou curada. Se eu consegui, você consegue. Peça ajuda ao Pai, porque Ele nunca te rejeitou. Ele é especialista em realizar sonhos e projetos, e tratar de filhos é muito pequeno para quem ressuscitou.

Vivi momentos de luta e de muito amor. Trabalhei minhas emoções e todas as vezes que os pensamentos negativos vinham, eu pensava em quem queria ser; aos poucos, tudo mudou. Hoje ainda continuo buscando em quem quero me tornar, porque a vida não para e meu propósito alcançarei.

Não se entregue. Busque o Salvador. Ele pode todas as coisas, assim como ele fez comigo, fará com quem o buscar e crer em seu amor. Finalizo esta obra com o coração grato ao Senhor por todo seu cuidado e amor. Este trabalho é apenas a ponta do iceberg de um projeto lindo que o senhor me confiou. A Escolhida é para todas as mães atípicas que o Senhor chamou.

Referências

BÍBLIA. *Bíblia de estudo da mulher sábia*. São Paulo: Várzea Paulista, 2017.

BRUNET, T. *Emoções inteligentes*. Barueri: Novo Século, 2018.

16

E O AUTISTA QUE NÃO É MAIS CRIANÇA? QUAIS SÃO SEUS DESAFIOS?

O autismo é um transtorno do neurodesenvolvimento com causas multifatoriais, caracterizado por déficits persistentes, comprometimentos na interação social, comunicação, com apresentação de comportamentos estereotipados, restritivos e repetitivos. Sintomas que são apresentados durante toda a vida. O objetivo deste capítulo é chamar a atenção para os desafios apresentados pelos autistas adultos.

JAQUELINE KRÜGER

Jaqueline Krüger

Meu nome é Jaqueline da Silva Krüger, sou formada em Pedagogia/UFPR; em Psicologia/PUC-PR (CRP 08/14047), especialista em terapia cognitivo-comportamental, em terapia do esquema/IPTC e tenho MBA em Gestão de Talentos e Comportamento Humano/UFPR. Atualmente, meu trabalho é direcionado à psicologia clínica com adolescentes e adultos; meus atendimentos e estudos estão voltados para as neurodivergências, traumas, transtornos de humor/personalidade, dificuldades de relacionamentos, autodesenvolvimento pessoal/profissional e, principalmente, o desenvolvimento de habilidades sociais e treinamento para a vida. Meu propósito é colaborar para que as pessoas desenvolvam sua melhor versão, atendam às suas necessidades, se conheçam, se entendam; ressignifiquem medos/traumas, atinjam o máximo do seu autoconhecimento, alcancem seus objetivos e sejam felizes nesse caminho.

Contatos
psicologajaquelinekruger.com.br
psicologa.jaquelinekruger@gmail.com
Instagram: @psicologa_jaquelinekruger
41 99720 0992

Na linha do tempo do autismo, olhando para trás, percebe-se uma enorme evolução; e olhando para frente, entende-se que ainda existe muito para evoluir, em estudos para entender a heterogeneidade e a evolução do transtorno do espectro autista (TEA), principalmente a inclusão.

Há uma diferença enorme no conhecimento desde 1911, quando citavam o autismo como parte da esquizofrenia, até o que se tem hoje cientificamente aceito, um transtorno do neurodesenvolvimento.

O TEA é um transtorno do neurodesenvolvimento, isto é, uma desordem de base biológica do desenvolvimento neurológico, com causas multifatoriais, caracterizadas por déficits persistentes que levam a comprometimentos na interação social, comunicação, com comportamentos restritivos e repetitivos (balançar o corpo para a frente e para trás, girar objetos, sacudir repetidamente as mãos, tapar os ouvidos com as mãos, pular, mexer os dedos na frente do rosto). Esses comportamentos são chamados de estereotipias. Muitos autistas fazem quando estão felizes ou, ao contrário, quando estão ansiosos, com o objetivo de se autorregular.

O transtorno do neurodesenvolvimento é uma alteração que ocorre dentro do cérebro e modifica as conexões entre os neurônios, fazendo com que a pessoa apresente as dificuldades citadas acima e interaja com outras pessoas de uma forma não muito proveitosa.

O espectro do autismo é muito amplo, e as habilidades de pensamento, aprendizado e resolução de problemas podem variar desde altas habilidades e superdotação até severamente comprometidas. É importante ressaltar que, atualmente, o diagnóstico de TEA é dividido em níveis: nível 1 (necessita de pouco suporte); nível 2 (necessita de suporte moderado); e nível 3 (necessita de muito suporte), neste nível requerem cuidados intensivos e podem apresentar deficiências cognitivas/intelectuais significativas e, no nível 1, são autônomos e independentes.

Os seres humanos são constituídos por um arcabouço genético somado aos estímulos do ambiente onde estão inseridos. O neurodesenvolvimento começa intraútero, continua após o nascimento e faz com que o cérebro atue de uma forma muito específica e habilidosa, proporcionando uma interação com o ambiente, para que os comportamentos sociais sejam assertivos. No TEA, isso é diferente e impacta nas interações sociais, causando os comportamentos restritos e estereotipados que não são assertivos socialmente.

A genética do TEA é heterogênea, seus genes estão distribuídos em diferentes cromossomos e geram alterações. Isso significa que existe enorme variabilidade genética em cada TEA. Vale lembrar que o ser humano é a mistura da genética com o ambiente e, nessa interação, há uma infinidade de possibilidades.

Segundo o psicólogo Mayck Hartwig, existe um autismo para cada pessoa autista que mostra a heterogeneidade de características dentro do espectro. Apesar dessas diferenças, é possível pensar em alguns aspectos comuns que demonstram o que significa estar no espectro autista.

Diagnóstico tardio

Não é raro o relato de adultos que se descobrem autistas após o diagnóstico dos filhos. Isso traz uma grande questão à tona, a invisibilidade do autista adulto, que chega à vida adulta sem qualquer tipo de suporte. É necessário fortalecer a conscientização sobre o autismo e expandir o debate para além da infância, porque as crianças crescem e não deixam de ser autistas, são adolescentes autistas, adultos e idosos autistas. É preciso dar visibilidade ao autismo e aos desafios de cada fase da vida.

Muitos chegam à vida adulta sem diagnóstico e, normalmente, buscam atendimentos em função das comorbidades, ou quando percebem que suas limitações tornam tudo mais difícil na vida adulta. Isso é mais comum no TEA N1, em que privados do diagnóstico, de suporte especializado, desenvolveram ao longo da vida estratégias para lidar com suas limitações.

Maiores desafios das pessoas autistas

Prejuízos na interação social

A principal característica da dificuldade na interação social é a falta da compreensão intuitiva das regras que a norteiam, o que ocasiona um isolamento social e, consequentemente, um desinteresse em iniciar ou manter conversas, motivo pelo qual pessoas autistas podem ser consideradas excêntricas e autocentradas.

Apresentam dificuldade em avaliar o contexto das situações sociais, dificuldade de empatia, não reconhecem intenções, os sentimentos e as atitudes de outras pessoas se elas não forem ditas de maneira clara, têm dificuldade na teoria da mente, capacidade que os seres humanos têm de perceber que outras pessoas possuem outras mentes, que pensam coisas diferentes, que não têm os mesmos conhecimentos, que uma mesma situação pode ser percebida de modo diferente por cada pessoa.

Prejuízos na comunicação

Apresentam um déficit acentuado na percepção, implementação e na interpretação da comunicação não verbal, normalmente moduladas e orientadas ao contexto das situações, tais como: expressão facial, prosódia, gestos, postura corporal etc. Têm dificuldade no contato visual, que pode ser evasivo ou fixo, e o olhar não é utilizado para fins comunicativos.

Embora muitos apresentem habilidades gramaticais e vocabulário altamente complexos e desenvolvidos, têm dificuldade para entender indiretas, pistas sociais, solicitações implícitas, ironias, metáforas e a comunicação tende a ser mais direta, formal, por vezes interpretada como grosseira e hostil.

Interesses limitados e padrões de comportamentos repetitivos

Os interesses limitados podem ser em coletar/catalogar coisas, em sistemas e estruturas de regras, ou em um assunto específico. Apresentam rigidez cognitiva, o que os leva para uma dedicação incomum à ordem, rotina, cronograma, listas, aos rituais na vida cotidiana que precisam ser rigidamente respeitados e provocam ansiedade e/ou crises quando são interrompidos.

Esses três blocos de dificuldades têm grande impacto ao longo da vida, interferem em relacionamentos (amigos e pares românticos), na carreira/trabalho e na socialização de modo geral, trazem muitos prejuízos e sofrimento e impactam outras áreas importantes.

Relacionamentos e sexualidade

A sexualidade é muito complexa, porque estão envolvidos vários sistemas: psíquico (aspectos emocionais e cognitivos), biológico, de desenvolvimento e social. Nos autistas, a atividade sexual ativa está relacio-

nada ao nível de suporte do transtorno e se existe deficiência intelectual associada ou não.

A sexualidade envolve três outros grandes sistemas: 1) corporal, que tem como objetivo a adaptação do indivíduo às mudanças internas e externas, buscando sempre um equilíbrio; 2) sensorial, que envolve cheiros, toques, sabores, posturas, tom de voz, trocas químicas, expressões faciais, linguagem corporal e contato visual; 3) emocional-cognitivo (subjetividade e motivação). É importante olhar para o tema do ponto de vista de indivíduos rígidos cognitivamente, que seguem regras e manuais ao pé da letra, e com dificuldade para entender sinais, insinuações, sedução, percepção do interesse do outro etc., o que é essencial para desenvolver intimidade e, consequentemente, se relacionar sexualmente com outra pessoa.

Sobre sexualidade e autismo, Baron-Cohen alerta a respeito de como a intimidade é intrinsecamente ligada à habilidade de conseguir perceber o que a outra pessoa pensa. E intimidade é muito além do sexo, é a possibilidade de compartilhar desejos, vontades, segredos; acontece quando se percebem as intenções, a subjetividade do outro, o que é extremamente difícil para os autistas. Isso os coloca em um lugar de "isso é muito difícil para mim, não entendo", e surgem sentimentos de incapacidade, inabilidade. São os prejuízos cognitivo e sensorial que dificultam o estabelecimento da intimidade e, consequentemente, da sexualidade em pessoas autistas.

Carreira e trabalho

Carreira e trabalho são pilares importantes que possibilitam a construção da identidade profissional e pessoal, é um meio de pertencimento, reconhecimento e valorização social.

Considerando a amplitude das características e heterogeneidade do TEA, o grande desafio é entender as necessidades de suporte, a fim de promover acessibilidade para um grupo tão diverso. Aqui a falta de conhecimento nas empresas é uma das maiores dificuldades para identificar e lidar com as barreiras para a inclusão. Desde a seleção de novos funcionários (descrição da vaga, dinâmicas de grupo que forçam as pessoas a interagir, socializar, olhar nos olhos) até a retenção de talentos (nas avaliações de desempenho não adaptadas, cobranças por interações, *happy hour*, *feedbacks* ambíguos, regras implícitas etc.). É preciso conhecimento para conseguir agir de maneira inclusiva.

Simplesmente aceitar o diferente não é promover acessibilidade. É preciso oferecer o suporte adequado, equidade para que desempenhem, na melhor forma possível, suas funções e se desenvolvam. É preciso entender as características gerais do autismo e as individualidades, que as dificuldades dos autistas não são visíveis, que eles têm déficits na comunicação, na socialização, na interação social e que precisam de instruções claras, por vezes literais, que não entendem ironias e sarcasmo. Saber que podem apresentar sensibilidades sensoriais, que luzes, barulhos, toques, muitos estímulos podem desencadear crises, ou fazer que a pessoa perca o foco da tarefa que precisa executar. Nesse sentido, o ambiente precisa ser adaptado às necessidades de cada pessoa. Tornar o ambiente menos hostil é uma forma de inclusão. Permitir que usem seus objetos sensoriais, cubo mágico, *spinners*, *pop it*, *stim toys* (brinquedos, objetos que ajudam a lidar com a ansiedade e estresse), fones de ouvido ou *ear plugs* e que possam organizar seu espaço de trabalho.

As empresas precisam desenvolver mecanismos para evitar bullying e discriminação, criar espaços com mínimos estímulos sensoriais, espaço de fuga, em que a pessoa possa se autorregular, com o objetivo de prevenir sobrecargas e evitar crises. Orientar colegas de trabalho para não tocar, beijar, abraçar sem pedir permissão. Fornecer treinamentos para líderes, além de facilitar a implementação das acomodações necessárias.

Por outro lado, o profissional autista pode contribuir compartilhando com a empresa informações sobre seu perfil sensorial e suas necessidades de acomodação, quais são suas maiores dificuldades, que meio de comunicação ele prefere usar; esse autoconhecimento (na maioria das vezes adquirido em terapias) é necessário e contribui muito para a inclusão.

A terapia da pessoa autista

O objetivo geral da terapia com autistas adultos deve ser ajudar na percepção de pensamentos e sentimentos, ajustar comportamentos a partir dessas percepções, para criar ciclos mais positivos e ajustados socialmente, evitando ciclos retroalimentados de maneira negativa e com prejuízos (em que a pessoa tem uma dificuldade social, não entende o porquê e desenvolve pensamentos de autocrítica, se sente inadequada, incapaz, incompetente; e esses sentimentos alimentam comportamentos desfavoráveis ao social, reforçando as dificuldades em vez de amenizá-las). Em terapia, o objetivo é quebrar esses ciclos disfuncionais e criar ciclos mais saudáveis e funcionais.

Aqui, o diagnóstico tem um papel fundamental e ajuda a pessoa a entender que ela não é inadequada, só funciona de um jeito diferente. A psicoeducação em terapia permite entender o seu jeito de funcionar, reorganizar seus pensamentos, entender os sentimentos e, consequentemente, desenvolver novos comportamentos que supram suas necessidades.

De modo geral, a terapia deve proporcionar: reconhecer e entender pensamentos e sentimentos, regular emoções, identificar gatilhos, controlar a ansiedade, reduzir a impulsividade e melhorar o comportamento social (aprender a não focar nas regras e crenças, e sim nas contingências), principalmente desenvolver habilidades e diminuir rigidez cognitiva.

Na vida adulta, as consequências dos déficits de habilidades sociais podem trazer muito prejuízo e sofrimento; é comum que tenham subempregos, déficits salariais, não trabalhem na área de formação; apesar de muito capacitados, não são aprovados em processos seletivos, apresentam níveis baixos de escolaridade, não por dificuldades cognitivas, mas por dificuldade de frequentar o ambiente escolar, que é pouco inclusivo. Normalmente, têm poucos amigos. As mulheres são mais vulneráveis a sofrer abusos físicos, sexuais e psicológicos, não só de parceiros amorosos, mas também de amigos, e fazem mais isolamento social.

Na terapia, a pessoa aprende a se conhecer, entender limites, aprender como se comportar em situações sociais, em entrevistas de emprego, recusar ou aceitar convites, aprender a se relacionar de maneira romântica, como demonstrar interesse sexual etc.

O objetivo da terapia, além de atender às demandas individuais, é ajudar a pessoa a se conhecer, se perceber, se entender, entender seus limites, necessidades e saber comunicá-los de maneira adequada.

Referências

AUTISM SCIENCE FOUNDATION. *Entering adulthood.* Disponível em: https://autismsciencefoundation.org/what-is-autism/autism-diagnosis/. Acesso em: 10 abr. 2024.

AUTISM SPEAKS. *Early signs of autism.* Disponível em: https://www.autismspeaks.org/signs-autism. Acesso em: 10 abr. 2024.

BARON-COHEN, S. *Mindblindness:* an essay on autism and theory of mind. Cambridge: MIT, 1995.

GRANDIN, T.; PANEK, R. *O cérebro autista:* pensando através do espectro. São Paulo: Record, 2015.

LEOPOLDINO, C. B. Inclusão de autistas no mercado de trabalho: uma nova questão de pesquisa. *Revista Eletrônica Gestão & Sociedade*, v. 9, n. 22, p. 853-868, jan./abr. 2015.

NATIONAL AUTISTIC SOCIETY. *Employing autistic people:* a guide for employers. Disponível em: https://www.autism.org.uk/advice-and-guidance/topics/employment/employing-autistic-people/employers#H2_3. Acesso em: 10 abr. 2024.

SINGER, J. *Neurodiversity: the birth of an idea.* [S. l.]: Judy Singer, 2016. E–Book. Acesso em: 10 abr. 2024.

TALARICO, M. V. T. S. *et al.* A inclusão no mercado de trabalho de adultos com transtorno do espectro do autismo: uma revisão bibliográfica. *Revista Educação Especial*, v. 32, 2019. Disponível em: https://www.redalyc.org/journal/3131/313158902120/313158902120.pdf. Acesso em: 10 abr. 2024.

17

A DIFÍCIL MISSÃO DE DIAGNOSTICAR O NÃO AUTISMO

À medida que a informação sobre o transtorno do espectro autista se torna mais acessível, surge uma crescente preocupação ao identificar características autísticas em pessoas próximas. A busca urgente por um diagnóstico, muitas vezes sem uma análise clínica apropriada, pode resultar em efeitos prejudiciais, afetando não apenas o paciente, mas também sua família e relações pessoais. Profissionais de saúde desempenham um papel essencial na identificação do autismo, uma tarefa desafiadora que demanda sensibilidade e discernimento para distinguir entre características normais do desenvolvimento infantil e indicativos autísticos. Esse processo deve considerar não apenas sintomas isolados, mas a totalidade do quadro individual.

JOÃO VICTOR DE ALBUQUERQUE

João Victor de Albuquerque

Possui graduação em Medicina e Residência Médica em Pediatria pelo Centro Universitário de Caratinga, mestrado pela Universidade Federal de Ouro Preto e pós-graduação em neuropediatria. Atualmente, além das atividades médicas desenvolvidas, é professor concursado da Universidade Federal do Sul da Bahia, professor da Faculdade de Medicina da Rede Pitágoras de Ensino e professor da Faculdade UNESUL Bahia, todas na disciplina de Pediatria.

Contatos
jvalbu@gmail.com
WhatsApp: 73 98109 4703
73 3261 0435

Estamos vivendo uma epidemia de autismo? Não, não estamos. Ao longo dos anos, testemunhamos um notável aumento nos casos de autismo no Brasil, um fenômeno que reflete não apenas uma mudança nos números, mas também uma transformação na nossa compreensão e aceitação. À medida que a sociedade se torna mais aberta e acolhedora, as nuances do espectro autista vêm à luz, proporcionando um ambiente propício para a identificação e compreensão dessas características únicas (DAWSON *et al.*, 2019). A conscientização e a educação desempenham papéis importantes nesse panorama. Com uma disseminação mais ampla de informações sobre o autismo, as famílias se tornam mais aptas a reconhecerem os sinais precoces, buscando avaliações e suporte especializado. O aumento no número de diagnósticos, portanto, não apenas revela a presença constante do autismo em nossa sociedade, mas também reflete um esforço coletivo para abraçar a neurodiversidade. Além disso, avanços nos critérios de diagnóstico e uma abordagem mais sensível por parte dos profissionais de saúde têm contribuído para uma identificação mais precisa (ELIAS, 2022). Nesse contexto, ao promover a aceitação e o apoio, estamos construindo pontes para que cada pessoa no espectro possa florescer em um ambiente que valorize e celebre a diversidade de mentes.

À medida que há maior disponibilidade de informações sobre o transtorno do espectro autista, é natural que surjam sentimentos de apreensão e dúvida ao eventualmente identificarmos características autísticas em pessoas de nosso convívio, gerando uma grande demanda por respostas sobre o que é "normal, esperado" e o que é "transtorno". Essa necessidade imediata de um diagnóstico, desprovida da devida análise clínica, carrega consigo o potencial de gerar consequências nocivas, influenciando negativamente não apenas o paciente, mas reverberando em seu ambiente familiar e nas suas relações interpessoais (ZWAIGENBAUM *et al.*, 2015). Os profissionais de saúde desempenham um papel crucial na identificação dos sinais do autismo, uma jornada desafiadora que exige sensibilidade e compreensão. Na busca por pistas, deparamos com a delicada tarefa de discernir entre características típicas do desenvolvimento infantil e indicativos autísticos, considerando não apenas sintomas isolados, mas a totalidade do quadro individual.

O autismo é um transtorno do neurodesenvolvimento que afeta a comunicação, a interação social e o comportamento e, embora esses sinais clássicos do autismo sejam os mais facilmente reconhecidos, existem sintomas sutis que podem passar despercebidos ou ser confundidos com características típicas do desenvolvimento infantil (AMERICAN PSYCHIATRIC ASSOCIATION, 1994). Uma característica que comumente se observa nos pacientes que estão no espectro autista, mas que também pode ser inerente a alguns tipos de personalidade, ou ainda adquirida a partir do convívio com pessoas que apresentam esse perfil – ou seja, aprendida com o ambiente em que a criança típica está inserida – é a rigidez cognitiva. A rigidez cognitiva refere-se a uma inflexibilidade ou dificuldade em modificar padrões de pensamento, comportamento ou reação em resposta a mudanças nas situações, associada à capacidade limitada de transição suave entre diferentes tarefas ou contextos, bem como à resistência a alterações nas rotinas estabelecidas (SOUTH *et al.*, 2007). Exemplos de rigidez cognitiva no autismo podem incluir a insistência em manter rotinas diárias inalteradas, reações intensas a pequenas alterações no ambiente, dificuldade em lidar com surpresas ou imprevistos, a necessidade de seguir procedimentos específicos de maneira estrita e padrões de pensamento rígidos. Essa rigidez cognitiva pode impactar a adaptabilidade e a interação social, influenciando a capacidade de lidar eficazmente com mudanças no ambiente ou nas expectativas (SOUTH *et al.*, 2007). Contudo, torna-se fundamental aqui destacar a possibilidade de identificarmos processos de rigidez cognitiva em pessoas típicas, como uma característica individual de sua forma de expressar e processar informações e de enfrentar desafios. Ou seja, o contexto social, cultural e educacional pode amplificar ou mitigar essa rigidez (BAARS, 1986).

Outra condição que pode ser encontrada nos pacientes inseridos no espectro autista é a dificuldade na comunicação não verbal. Crianças autistas frequentemente enfrentam desafios na compreensão da linguagem não verbal, que inclui gestos, expressões faciais e posturas corporais. A capacidade de interpretar esses sinais é essencial para a comunicação eficaz e a compreensão das interações sociais (AMERICAN PSYCHIATRIC ASSOCIATION, 1994). A dificuldade em compreender a linguagem não verbal no autismo pode estar relacionada à atipicidade no processamento sensorial, à rigidez cognitiva e à menor capacidade de teoria da mente, que é a habilidade de compreender as emoções e perspectivas dos outros (ZELAZO *et al.*, 2002). É importante destacar que a compreensão da linguagem não verbal também pode variar significativamente entre indivíduos no espectro autista. Alguns podem desenvolver estratégias compensatórias ou habilidades específicas para lidar com esses desafios. Assim como na rigidez cognitiva, é capital reconhecer que a não compreensão da linguagem não verbal não é exclusiva do autismo (LAI *et al.*, 2012). Em diversas situações, pessoas típicas podem também enfrentar dificuldades na interpretação desses sinais, seja devido a diferenças culturais, contextos específicos ou até mesmo por variações individuais na capacidade de perceber e interpretar a comunicação não verbal. A conscientização sobre a importância da linguagem não verbal na comunicação vai além do autismo e destaca a necessidade de valorizar e promover essa forma de expressão em toda a sociedade, inclusive na educação formal, trabalhando as diferentes maneiras de se comunicar, procurando a empatia e a sensibilidade para lidar com a diversidade nas interações sociais. A variação no grau de compreensão da comunicação não verbal em pessoas típicas pode ser uma expressão genuína da diversidade humana. Algumas pessoas podem naturalmente apresentar um déficit aparente nessa forma de expressão, representando apenas uma característica intrínseca à sua personalidade e não um componente de um transtorno e/ou patologia. É essencial reconhecer que a comunicação não verbal não segue um padrão único e universal. Portanto, o que pode parecer um déficit em um contexto específico pode ser apenas uma manifestação autêntica de individualidade (SKWERER *et al.*, 2019).

Alterações sensoriais são outras características comuns em crianças que estão no espectro autista e referem-se a variações atípicas nas respostas sensoriais a estímulos do ambiente, envolvendo hipersensibilidade, hipoatividade ou desregulação sensorial (AMERICAN PSYCHIATRIC ASSOCIATION, 1994). No contexto do autismo, essas modificações sensoriais podem afetar diferentes modalidades, incluindo visão, audição, tato, olfato e paladar. Exemplos de alterações sensoriais no autismo durante atividades cotidianas incluem a hipersensibilidade tátil, resultando em desconforto ou aversão a sensações como o abraço, o toque, ou mesmo a água durante o banho, a hiper-reatividade auditiva provocando a aversão a sons altos, e a visual, demonstrada pelo desconforto em ambientes excessivamente luminosos ou movimentados, e até mesmo a manutenção do olhar *olho a olho* (MOMO; SILVESTRE, 2011). As alterações no processamento sensorial também podem influenciar a resposta a estímulos gustativos ou olfativos, levando a preferências alimentares específicas ou aversões a cheiros intensos. Aqui vale também ressaltar que, embora as alterações sensoriais sejam frequentemente associadas ao autismo, é importante reconhecer que essas características não são exclusivas desse espectro e que, sim, podem ser encontradas em crianças típicas. A variação na sensibilidade sensorial é uma faceta normal do desenvolvimento humano, manifestando-se de maneira única em cada indivíduo. Crianças típicas podem apresentar preferências ou aversões sensoriais em relação a determinados estímulos e não indicar necessariamente um transtorno (WATLING *et al.* 2001).

As repetições (ou estereotipias) de comportamento, motoras e/ou verbais, figuram como elementos distintivos no espectro do autismo (KENDON, 2000). Porém, ainda que sejam de central importância para o diagnóstico, é necessário destacar que tais condições podem manifestar-se em contextos diversos, sem necessariamente atrelarem-se a um transtorno do neurodesenvolvimento. De maneira ilustrativa, alguns exemplos de estereotipias que não devem ser consideradas uma alteração incluem a rotação de canetas, o balançar das pernas ou até mesmo certos padrões repetitivos de fala, quando em situações de nervosismo. Tais manifestações, embora envolvam repetições, podem ocorrer em indivíduos típicos em resposta a variadas circunstâncias do cotidiano, ou seja, as estereotipias, embora frequentemente associadas ao autismo, não devem ser encaradas como critério único para o diagnóstico.

Diante do desafio de diferenciar as manifestações típicas daquelas que são intrínsecas ao espectro autista, emerge uma linha tênue definida como espectro ampliado do autismo, o qual refere-se a crianças cujas manifestações comportamentais compartilham afinidades com o autismo, mas não se alinham rigidamente aos critérios diagnósticos estabelecidos (AUSTIN, 2005). Esta intrincada fronteira demanda uma abordagem técnica que conduza os profissionais e familiares a um entendimento abrangente das condições da criança. A avaliação clínica detalhada, realizada por uma equipe multidisciplinar, é essencial para decifrar a complexidade neurocomportamental dessas crianças e deve ser considerada para delinear nuances sutis que podem influenciar o desenvolvimento infantil e os diagnósticos. Reconhecer a singularidade de cada criança, considerar a perspectiva dos pais e cuidadores, e adotar uma linguagem acessível são elementos supremos para uma abordagem empática. À medida que exploramos o estreito limite entre o espectro autista e o espectro autista ampliado, é imperativo entender que o espectro ampliado não é uma mera zona intermediária, mas um território rico em diversidade neurocomportamental e que demanda intervenção, focada no suporte individualizado, visando maximizar o potencial de cada criança. Estratégias adaptativas, baseadas em evidências, moldam um caminho para um desenvolvimento holístico, que considere a singularidade presente nesse limiar entre o espectro autista e o espectro autista ampliado. Em vista disso, torna-se essencial afirmar que não há obrigatoriedade de se ter um diagnóstico firmado de autismo, ou de qualquer outra condição ligada ao neurodesenvolvimento, para começarmos a oferecer à criança o suporte e o apoio multidisciplinar necessário. Assim dizendo, ainda que não tenha sido possível definir um diagnóstico e/ou mesmo ele não acontecendo, as necessidades, dificuldades e as dores da criança e de suas famílias devem ser abordadas, sendo primordial o apoio de todos que estejam no entorno do paciente. Nessa jornada, valorizamos a importância de fornecer suporte e recursos que promovam o florescimento da criança, mesmo quando a certeza diagnóstica ainda não está plenamente estabelecida. Cada passo é uma oportunidade para aprender, crescer e adaptar-se ao ritmo único de cada criança, construindo um caminho de desenvolvimento com amor, compreensão e esperança.

Hoje, na era da acessibilidade tecnológica, em que respostas rápidas tornaram-se praticamente o padrão esperado, a complexidade do diagnóstico do autismo destaca-se ainda mais como um desafio, justamente por residir no equilíbrio entre a prontidão para atender às necessidades imediatas e a prudência de não banalizar os achados. É essencial entender a complexidade das manifestações do autismo e resistir à tentação de rotular precipitadamente, baseando-se apenas em sintomas superficiais. O espectro autista é vasto, abrange uma variedade de expressões e, por isso, a avaliação deve transcender a superficialidade, considerando cada indivíduo como um todo. A pressão por diagnósticos rápidos pode comprometer a profundidade necessária para a compreensão da singularidade de cada pessoa, com uma abordagem holística, na qual a paciência e a escuta atenta são aliadas fundamentais. Por fim, o cuidado com o diagnóstico do autismo se mostra como uma oportunidade para a promoção de níveis de comunicação eficaz com os pacientes e seus familiares, compreendendo que o tempo pode ser um aliado, não inimigo. O caminho em busca do diagnóstico pode ser um tempo de amadurecimento para a compreensão e a aceitação das diversas formas de ser e de se desenvolver apresentadas pelos seres humanos.

Referências

AMERICAN PSYCHIATRIC ASSOCIATION. *Manual diagnóstico e estatístico de transtornos mentais*: DMS-4. Porto Alegre: Artmed, 1994.

AUSTIN, E. J. Personality correlates of the broader autism phenotype as assessed by the Autism Spectrum Quotient (AQ). *Personality and Individual Differences*, v. 38, n. 2, p. 451-460, 2005.

BAARS, B. J. *The Cognitive Revolution in Psychology*. New York: Guilford, 1986.

DAWSON G. *et al.* Randomized, controlled trial of an intervention for toddlers with autism: The Early Start Denver Model. *Pediatrics*, v. 125, n. 1, p. 17-23, jan. 2010.

ELIAS, R.; LORD, C. Diagnostic stability in individuals with autism spectrum disorder: Insights from a longitudinal follow-up study. *Journal of Child Psychology and Psychiatry*, v. 63, p. 973-983, 2022.

KENDON, A. Language and gesture: unity or duality? *In*: MCNEILL, D. *Language and gesture*. Cambridge: Cambridge University Press, 2000, p. 47-63.

LAI, G. *et al.* Neural systems for speech and song in autism. *Brain*, v. 135, p. 961-975, 2012.

MOMO, A.; SILVESTRE, C. Integração sensorial nos transtornos do espectro do autismo. *In*: SCHWARTZMAN, J. S.; ARAÚJO, C. A. *Transtornos do Espectro do Autismo*. São Paulo: Memnon, 2011, p. 297-313.

SKWERER, D. P. *et al.* Prevalence and correlates of psychiatric symptoms in minimally verbal children and adolescents with ASD. *Front Psychiatry*, v. 10, n. 43, 2019.

SOUTH, M. *et al.* Cognitive Rigidity in Autism Spectrum Disorders: Is There a Trade-off between Flexibility and Processing Speed? *Journal of Autism and Developmental Disorders*, 2007.

WATLING, R. L. *et al.* Comparison of Sensory Profile scores of young children with and without autism spectrum disorders. *Am J Occup Ther*, v. 55, n. 4, p. 416-423, 2001.

ZELAZO, P. D. *et al.* The relation between theory of mind and rule use: Evidence from persons with autism-spectrum disorders. *Infant and Child Development*, v. 11, p. 171-195, 2002.

ZWAIGENBAUM, L. *et al.* Early Identification of Autism Spectrum Disorder: Recommendations for Practice and Research. *Pediatrics*, v. 136, n. Supplement_1, p. S10-S4, 2015.

18

OS SINAIS DE ALERTA PARA DISFUNÇÃO DE INTEGRAÇÃO SENSORIAL ANTES DO DIAGNÓSTICO DE TEA E OS IMPACTOS NO COTIDIANO

Neste capítulo, os pais encontrarão diversas informações sobre sinais de alerta para disfunção de integração sensorial, que podem ser indicativos de transtorno do espectro autista, além de encontrar caminhos para ajudar filhos que apresentem esses sinais.

JULIANA BESPALEC

Juliana Bespalec

Terapeuta ocupacional graduada pela Universidade de São Paulo (USP), em 2008, especialista em Saúde Mental (2009). Trajetória de trabalho na saúde pública (SUS) e rede particular. Certificação internacional em Integração Sensorial de Ayres CLASI CASI #948 (treinamento para uso da avaliação padrão ouro SIPT, SPM e EASI), 2020. Curso avançado sobre seletividade alimentar: "Recusa e Seletividade Alimentar na Criança: Introdução à Avaliação e Tratamento", 2020. Cursos avançados sobre práxis para crianças com transtorno do espectro autista (Teresa A. MayBenson), 2020. Atualmente, trabalha em CAPS infantojuvenil e consultório particular na cidade de Campinas/SP, atendendo população infantil e adultos.

Contatos
jubespalecto@gmail.com
Instagram: @jubespalec_to
Facebook: jubespalecTO
19 99265 1691

Você já ouviu falar que somos seres sensoriais?

As informações sensoriais nos chegam a todo instante, por meio dos receptores que temos pelo corpo todo. No cheiro do ambiente, nos barulhos e sons, no paladar e gostos dos alimentos que ingerimos, por meio do movimento do nosso corpo etc. A todo momento, estamos recebendo essas informações sensoriais que vão ser processadas em nosso cérebro e gerar ações.

Desde a gestação de um bebê, os sistemas sensoriais estão se formando e, na barriga, o bebê já pode ter algumas das sensações e seus sistemas sensoriais são aprimorados após seu nascimento.

É possível percebermos algum tipo de imaturidade ou disfunção no processamento sensorial, em muitos casos, desde bebês ou na primeira infância. Por exemplo: bebês que choram muito, bebês que não se acalmam com o contato físico, bebês que têm dificuldade para deitar para trocas de fralda, ou mesmo bebês que são muito quietinhos e pouco percebemos suas necessidades. Todos esses exemplos são sinais que devemos observar e que podem ser sinais precoces que indicam a existência de dificuldades sensoriais relacionadas ao transtorno do espectro autista (TEA).

Segundo dados do Ministério da Saúde, a partir de relato dos pais e análise sistemática, 75% a 88% dos casos de TEA já apresentavam sinais indicativos do transtorno antes dos dois anos e, entre 31% e 55%, antes de um ano.

Estima-se que 80% a 90% dos casos de TEA tenham algum tipo de disfunção de integração sensorial dos diversos tipos. Inclusive, um dos critérios diagnósticos para TEA são as disfunções de integração sensorial. Segundo o Manual Diagnóstico e Estatístico de Transtornos Mentais (DSM-V), um dos quatro critérios diagnósticos é: "Hiper ou hiporreatividade a estímulos sensoriais ou interesse incomum por aspectos sensoriais do ambiente (p. ex., indiferença aparente à dor/temperatura, reação contrária a sons ou texturas específicas, cheirar ou tocar objetos de forma excessiva, fascinação visual por luzes ou movimento)".

Todas as sensibilidades ou reatividades sensoriais aparecem no comportamento da criança, que muitas vezes não sabe nomear ou mesmo identificar seus incômodos, com tanta precisão, para nos comunicar. São alguns desses sinais:

- Tampar os ouvidos quando em ambientes barulhentos ou também com sons normais da casa, como o liquidificador ou aspirador de pó.
- Irritabilidade em diversos momentos sem uma causa específica.
- Apresentar movimentos repetitivos (estereotipias).
- Apresentar dificuldade de cortar as unhas ou cabelos.
- Apresentar dificuldade ou ter ânsia ao comer certas texturas de alimentos.
- Demonstrar incômodo com luz.
- Buscar muitos objetos e brinquedos luminosos.
- Apresentar dificuldades em pisar em grama, areia, superfícies molhadas ou grudentas.
- Incomodar-se com as roupas ou etiquetas de roupas.
- Não gostar de se sujar ou incomodar-se em estar com roupa molhada.
- Não perceber quando está com a roupa molhada ou está sujo.
- Dificuldade de colocar sapatos ou de manter-se com calçados.

Esses sinais são alguns exemplos que podem significar que a criança apresenta transtorno sensorial e que podem aparecer antes do diagnóstico de autismo. Alguns deles descrevem uma sensibilidade aumentada a estímulos sensoriais e outros, de uma sensibilidade diminuída.

Esses sinais que aparecem no comportamento representam incômodos, com reações de luta, fuga ou congelamento (uma aparente insensibilidade), ou podem significar uma tentativa da criança em se regular diante de situações aversivas. Podemos observá-los precocemente, o que pode contribuir para o diagnóstico do transtorno do espectro autista.

É muito importante reforçar que nem tudo que é sensorial é autismo. Uma dificuldade sensorial aqui ou outra ali todos nós podemos ter. Os sinais isolados não significam muito. Além disso, mesmo que a criança tenha uma disfunção de integração sensorial não necessariamente será autista.

Com crianças com disfunções sensoriais e TEA, as rotinas diárias muito comuns se tornam mais difíceis, muitas vezes devido à sensibilidade aumentada ou diminuída, como cortes de unha ou de cabelo, ou mesmo a refeição, a qual pode ser um momento bastante desafiador.

O que fazer quando notar esses sinais?

Deve-se buscar uma avaliação. Os profissionais de saúde preencherão protocolos com um questionário de identificação e rastreio de sinais de TEA. Geralmente, são os pediatras os profissionais que aplicam inicialmente esses testes de rastreio.

Para as disfunções sensoriais, o profissional habilitado a avaliar com profundidade e tratar é o terapeuta ocupacional, ainda que outros profissionais possam perceber as dificuldades com os sistemas sensoriais que a criança apresenta e já encaminhar ao terapeuta ocupacional para uma avaliação específica.

Uma das abordagens utilizadas na Terapia Ocupacional é a Integração Sensorial de Ayres®, abordagem que atualmente está crescendo cada vez mais. Ela foi elaborada por Jean Ayres nos anos de 1960. Hoje a Integração Sensorial de Ayres® é uma prática cientificamente comprovada para o tratamento de crianças, jovens e adultos com TEA, de acordo com estudos atuais de NCAEP (*The National Clearinghouse on Autism Evidence & Pratice*), nos Estados Unidos.

Vamos entender um pouco mais de integração sensorial:

> A integração sensorial é o processo (neurológico) pelo qual o cérebro organiza as informações, de modo a dar uma resposta adaptativa adequada, organizando, assim, as sensações do próprio corpo e do ambiente de forma a ser possível o uso eficiente dele no meio. (AYRES, 1972)

Para uma experimentação satisfatória do nosso corpo com o ambiente, as informações sensoriais recebidas precisam ser integradas em várias regiões do sistema nervoso. Comumente nós nos referimos a cinco sentidos do corpo. No entanto, na integração sensorial, consideramos nossos oito sistemas sensoriais, são eles: tátil, gustativo, visual, auditivo, olfativo, vestibular, interoceptivo e proprioceptivo.

Já que os três últimos são pouco conhecidos, vale uma explicação. O sistema vestibular tem seus receptores localizados no ouvido interno e são estimulados por movimento e gravidade. Esse sentido dá a noção de equilíbrio do corpo. O sistema proprioceptivo tem seus receptores localizados nos músculos, articulações e pele, os quais são estimulados no uso ativo dos músculos. Esse sistema nos ajuda a perceber onde o nosso corpo se localiza no espaço e na graduação de força que fazemos ao pegar objetos. Já o sistema sensorial interoceptivo é o sistema que regula as sensações dos órgãos internos, como fome, sede, taquicardia etc.

Procure a intervenção o quanto antes

Quanto antes procurar uma intervenção em saúde, mesmo que apenas para uma avaliação e descarte do diagnóstico de TEA, melhor.

Há alguns anos, víamos na prática clínica dos serviços de saúde que as crianças chegavam para tratamento com uma idade mais tardia, por exemplo entre cinco e oito anos; atualmente, vemos crianças chegando com sinais precoces aos dois, três anos. O que isso quer dizer? Quer dizer que as famílias, as escolas e todos que participam da vida das crianças têm mais informações e estão mais atentos aos sinais. Isso colabora significativamente com o desenvolvimento delas, à medida em que os responsáveis buscam por apoio e ajuda especializada.

Na terapia ocupacional, com a abordagem de Integração Sensorial de Ayres, é possível propor estratégias de acomodação sensorial que auxiliem a criança a se regular sensorialmente, fazer modificações ambientais que diminuam ou minimizem as dificuldades, além do tratamento que proporciona melhora da disfunção de integração sensorial e do processamento sensorial. Sempre conversem e peçam orientações ao terapeuta ocupacional para, juntos, construírem melhores maneiras de lidar com as dificuldades sensoriais dos seus filhos no cotidiano.

Com uma melhor integração sensorial, a criança poderá fazer melhor uso das informações que recebe do mundo, fazer melhor uso do seu corpo, planejar suas ações, contribuindo com a qualidade de vida e participação social em todas as áreas da vida ocupacional.

Para finalizar, gostaria de deixar uma mensagem às mães e pais de autistas, a partir da minha experiência clínica e vivência com diversas pessoas diagnosticadas com autismo. Lembre-se da subjetividade. Seu filho é único e não é o autismo que o define. Procure observar, aprender, esmiuçar a percepção sobre o que seu filho te traz. É a melhor forma de conhecê-lo e estar presente contribuindo com seu desenvolvimento no mundo.

Referências

AMERICAN PSYCHIATRIC ASSOCIATION. *Manual diagnóstico e estatístico de transtornos mentais*: DMS-5. Porto Alegre: Artmed, 2014.

AYRES, A. J. *Sensory Integration and Learning Disorders*. Los Angeles: WPS, 1972.

BRASIL. *Linha de cuidado para a atenção às pessoas com transtornos do espectro do autismo e suas famílias na Rede de Atenção Psicossocial do Sistema Único de Saúde*. Brasília: Ministério da Saúde, 2015.

LOSAPIO, M. F. *et al. Checklist modificado para autismo em crianças pequenas: versão revisada e consulta de seguimento (M-CHAT-R/F)*™. Disponível em: https://mchatscreen.com/wp-content/uploads/2020/09/M-CHAT-R_F_Brazilian_Portuguese_v2.pdf. Acesso em: 10 fev. 2024.

MACHADO, F. P. *et al.* Questionário de Indicadores Clínicos de Risco para o Desenvolvimento Infantil: avaliação da sensibilidade para transtornos do espectro do autismo. *Audiol Commun Res*, v. 19, n. 4, p. 345-351, 2014. Disponível em: https://doi.org/10.1590/S2317-64312014000300001392. Acesso em: 5 fev. 2024.

SCHAAF, R. C. *et al.* An Intervention for Sensory Difficulties in Children with Autism: A Randomized Trial. *J Autism Dev Disord*, v. 44, p. 1493-1506, 2014.

SCHAAF, R. C.; MILLER, L. J. Occupational therapy using a sensory integrative approach for children with developmental disabilities. *Ment Retard Dev Disabil Res Rev*, v. 11, n. 2, p. 143-148, 2005.

19

O PAPEL VITAL DA FAMÍLIA NA INTERVENÇÃO DO AUTISMO SOB A PERSPECTIVA DA ANÁLISE DO COMPORTAMENTO

O texto oferece uma visão abrangente e prática dos princípios da análise do comportamento aplicada (ABA) e suas aplicações na modificação do comportamento, incluindo intervenções para indivíduos com autismo. A autora destaca a importância do envolvimento da família no processo de intervenção, enfatizando a colaboração entre profissionais e pais para promover resultados significativos no desenvolvimento e na qualidade de vida das pessoas com autismo.

KAROLINE PONTES ALMEIDA

Karoline Pontes Almeida

Psicóloga, especialista em análise do comportamento aplicada, com mais de dez anos de experiência na área, e CEO da Clínica Base Intervenção Comportamental - Base IC.

Contatos
baseic.com.br
karoline.baseic@gmail.com
Instagram: @_karolameida
11 96888 1687
11 91650 4515

A influência transformadora da família na intervenção do autismo sob a óptica da análise do comportamento

A intervenção no autismo, fundamentada na análise do comportamento aplicada (ABA), reconhece a família como peça-chave para o sucesso do processo terapêutico. Neste capítulo, exploraremos como a participação ativa da família pode potencializar os resultados da intervenção, conforme discutido por Sarafino (1996) e outros autores.

A base da intervenção na análise do comportamento

A ABA é uma abordagem terapêutica baseada em evidências que se fundamenta na compreensão dos princípios do comportamento humano, incluindo os conceitos de reforço, modelagem e generalização. Essa abordagem busca modificar comportamentos problemáticos e promover habilidades adaptativas por meio de estratégias sistemáticas e individualizadas.

Envolvimento da família como parte integrante do processo

A família desempenha um papel central na intervenção do autismo sob a perspectiva da ABA. Trata-se de um papel crítico, pois é o contexto primário em que ocorrem as interações e aprendizagens do indivíduo autista. O envolvimento ativo da família no processo de intervenção é essencial para garantir a generalização e a sustentabilidade dos ganhos obtidos.

Treinamento e capacitação dos pais como agentes de mudança

O treinamento e a capacitação dos pais são componentes essenciais da intervenção baseada na ABA. Os profissionais fornecem orientação e suporte aos pais, ensinando-lhes estratégias eficazes de intervenção que podem ser implementadas em casa. Isso não apenas fortalece o vínculo entre pais e filhos, mas também aumenta a eficácia e a sustentabilidade da intervenção.

Colaboração entre profissionais e família

A colaboração entre profissionais e família é fundamental para o sucesso da intervenção. Os profissionais atuam como consultores e facilitadores, fornecendo orientação, suporte e *feedback* à família, ouvindo suas preocupações, compartilhando informações e desenvolvendo planos de intervenção individualizados que atendam às necessidades específicas da criança autista e de sua família.

Conclusão

Em conclusão, a participação ativa da família na intervenção do autismo, sob a óptica da análise do comportamento aplicada, é essencial para promover o desenvolvimento e o bem-estar da criança autista. Ao envolver os pais como parceiros colaborativos na intervenção, podemos maximizar os resultados terapêuticos e criar um ambiente de apoio e inclusão que beneficie toda a família e a comunidade em que está inserida.

Referência

BEARSS, K. *et al. Parent Training for Disruptive Behavior:* The RUBI Autism Network, Clinician Manual. Oxford: Oxford University Press, 2018.

20

TANTO FAZ... VINDO COM SAÚDE

Neste capítulo, quero dividir com vocês minha experiência de mãe, profissional da saúde, mulher atípica e que, mesmo tendo certa "vantagem" em relação a muitas outras mães que não possuem formação em universidade tradicional, mas estão cursando a UMAS – Universidade da Maternidade Atípica Solitária "somente", não quer dizer que os medos, incertezas, preconceitos, olhares condenativos sejam diferentes ou ausentes.

KELI RABELO

Keli Rabelo

Graduada em Psicologia pela Universidade Vale do Rio Verde - UNINCOR, pós-graduada *lato sensu* em Neuropsicologia, Psicologia Cognitiva Comportamental Infantil, Analista do Comportamento pela Universidade Federal de São Carlos/SP - UFSCar. Fundadora e idealizadora da Fazenda Terapêutica Keli Rabello, onde são atendidas mais de 100 famílias atípicas para tratamento com a ciência ABA - Análise do Comportamento Aplicada.

Contatos
fazendaterapeuticakelirabello.com
fazendaterapeuticakelirabello@gmail.com
Instagram: @kelirabello
35 98805 5534 / 35 99880 1006

"Tanto faz, vindo com saúde...", acredito que grande parte das pessoas já ouviram essa frase ao perguntar para uma mulher grávida qual sua preferência. Aqui, no interior de Minas, é muito comum ouvir essa frase, eu sempre a ouvi e, após engravidar, também a repeti. Quando estamos grávidas, é claro que temos nossas preferências sobre qual gênero queremos, menina ou menino, e, ao fazermos a ultrassonografia e verificarmos que não é a nossa preferência, esse termo fica ainda mais forte, ou seja, "eu queria uma menina, mas não veio, então que venha com saúde". Ao falarmos ou pensarmos assim, que é muito comum de qualquer mãe ou pai que deseja seus filhos saudáveis, "normais", para ser sincera odeio este termo NORMAIS e, infelizmente, é o que mais escutamos quando se trata de um autista suporte 1 – "Nossa, mas ele não tem cara de autista, ele é tão normal!"; eu odeio com todas as minhas forças, já parou para pensar no antônimo de NORMAL? Se não, o antônimo de normal é ANORMAL, meu filho não é anormal, eu não sou anormal, apenas funcionamos diferente.

Como estava dizendo, quando não ocorre de o bebê ser a nossa escolha, então, no mínimo, que venha com saúde; sendo assim, excluímos toda e qualquer "anormalidade"; e o autismo está impreterivelmente dentro dessa exigência; só que nem sempre a música toca da maneira que queremos ou planejamos. Mas antes de contar a vocês minha experiência pessoal e profissional tendo uma família atípica, é preciso que vocês conheçam um pouquinho sobre mim.

Sou Keli Rabelo, tenho TDAH – Transtorno de Déficit de Atenção e Hiperatividade do tipo combinado. Tenho dois filhos, Nayara e Raul José, com dupla excepcionalidade (TEA e altas habilidades). Nunca fui uma criança típica, sempre agitada, a mil por hora, aquele terror dos professores, a amiguinha que dificilmente era chamada para as festinhas dos coleguinhas e a filha que sempre dava trabalho.

Fui crescendo e sobrevivendo a muitas situações complexas e de difícil entendimento, até para mim mesma. Sempre me questionava: "Por que sou diferente?"; "Por que estão me xingando? Eu não fiz nada!"; "Eu juro que não fui eu!", entre muitas outras falas. Na escola, era muito difícil. Eu não conseguia me concentrar em um único assunto. Tudo sempre me chamava atenção e, ao mesmo tempo e velocidade, perdia o interesse. Nas provas avaliativas, era um caos; no ensino médio, o mesmo ocorria. Ah, na faculdade também, só que na faculdade não era pelos estudos, mas o convívio social.

Os adjetivos sempre taxativos a meu respeito eram: "preguiçosa"; "não leva nada a sério"; "não tem responsabilidade"; "não vai dar nada quando crescer"; "egoísta, só faz o que quer e o que é de seu interesse"; "não está nem aí com ninguém" etc. Enfim, tenho pós-doutorado em preconceito e bullying. Acredito que são nesses pontos que tenho mais vantagens em relação a algumas mães atípicas.

Quando Raul chegou, preconceito e bullying não eram novidades, certo? Você que é mãe ou pai sabe muito bem que dói todos esses sentimentos. Quando esses sentimentos são direcionados para nossos filhos, a dor é imensurável. Depois que nos tornamos mães e pais, descobrimos dentro de nós uma força que jamais poderíamos explicar e, quando somos mães atípicas, a coisa fica muito mais séria. Grande parte das mães atípicas nunca cursaram uma faculdade convencional, mas "são obrigadas a ter formação" em psicologia, fonoaudiologia, psicomotricidade, medicina, psicopedagogia, fisioterapia, artes marciais, em relaxamento etc.

Antes de nossos filhos virem ao mundo, é automático idealizarmos e escolhermos tudo; e comigo não foi diferente. No primeiro momento me desesperei, porque já tinha 38 anos quando engravidei de Raul, e Nayara, minha primogênita, estava com 17 anos. Meu Deus, e agora? O que vamos fazer? Quantas escolhas e decisões precisavam ser tomadas antes de o bebê chegar, qual nome daria? Roupinhas, berço, seus padrinhos. Pensava como seria depois que nascesse, já que trabalhava muito. Quantas coisas passavam em minha mente atordoada naquela época.

Quando contei para a família que Raul estava a caminho, foi uma loucura. Sua irmã que sempre pediu um irmãozinho quase pirou; Paulo, meu marido, começou a fazer mil planos, seu time de futebol já estava até escolhido. Enfim, os avós, tios, todos curiosos para saber se seria menina ou menino.

Eu sempre dizia: "Não me importo, vindo com saúde está ótimo!". Mas, enquanto todos pensavam em inúmeras coisas e planejamentos, meu coração parecia estranho, não entendia o que estava sentindo, estava tão feliz e, ao mesmo tempo, sentia uma angústia, um medo que não sabia de onde vinha. Tentava tirar os pensamentos estranhos de minha mente e pensava em como poderíamos brincar, ir ao parque, ir ao clube, viajar... Adoro praia, e tinha certeza de que sendo meu filho iria adorar também; pensava na época em que choraria por ter que me separar e deixá-lo na escola.

Então, o tempo passou e chegou o grande dia. Raul nasceu nesse mundão de meu Deus! Caraca, ainda dentro da minha barriga, eu já ouvia os gritos, porque choro não era daquele jeito, não... Fomos para casa e, como não era marinheira de primeira viagem, sabia que seriam algumas noites sem dormir, só não pensei que seriam tantas. Bom, sabe aquela angústia do período da gravidez que falei para vocês, estava prestes a entender.

Queria muito que Raul ficasse apenas amamentando no seio, mas não consegui por muito tempo. Então, a mamadeira entrou em ação. Logo no início, ele perdeu muito peso, olhava para ele e tinha tanto medo de perdê-lo, era tão fraquinho, frágil, rezava em silêncio para Deus me deixar cuidar dele. Quantas noites eu acordava e chegava pertinho para ver se Raul estava respirando, porque era raro ele dormir. Então, quando dormia um pouquinho a mais, eu me assustava. Isso só quem é mãe entende.

Graças a Deus, passaram os três meses iniciais, os mais difíceis, pensava eu. Raul foi crescendo e se desenvolvendo, mas sempre com a saúde mais frágil. Uma época difícil foi quando tive de voltar a trabalhar. Desde que ele nasceu, não entendia ainda por que ele não aceitava ninguém; quando eu falo ninguém, era ninguém mesmo. Para eu tomar banho, fazer o 1, 2, 3, 4 e outros números que possam ter ainda, ou o levava junto ou ele morria de tanto chorar, mas um choro enlouquecedor, que eu não conseguia entender.

Lá pelos seus 10, 11 meses de vida, começou a aceitar algumas pessoas específicas, o que me ajudava bastante. "Opa", pensei, "agora vai, agora já posso começar a aceitar os convites das festinhas que esperava tanto ir, me organizar para irmos ao parque e tantos outros lugares que planejei". Chegou o dia da primeira festinha de aniversário tão esperada e planejada, ou seja, enfim eu poderia me "sentir no grupo mãe". Estamos sendo convidados para a festa de aniversário de outra criança.

Arrumei-o tão bonitinho, comprei uma roupa e, quando coloquei uma peça nele, foi pouco para o mundo acabar: choro, mais choro, eu não entendia nada. A roupa parecia superconfortável (para mim), mas se eu quisesse levá-lo, teria de ser não da minha maneira, e sim da dele, com aquela roupa que, se tirar do seu corpo, ela anda sozinha, sem contar da sua botina bate-enxuga.

Chegamos à festinha, as outras crianças brincando, correndo e, antes que eu pudesse pensar, Raul se assustou não sei com o que, começou a chorar do nada e os gritos foram aumentando, aumentando, as pessoas me olhando, eu me sentindo mal. Entrei em desespero e falei para meu marido: "VAMOS EMBORA AGORA!". Ele, muito sem graça, disse: "Mas acabamos de chegar...". Olhei para ele fuzilante, não precisei dizer mais nada. Ou seja, a primeira festinha foi um fiasco.

O tempo passou e chegou o primeiro ano de vida. Fizemos uma comemoração íntima, só para os de casa, estava muito cansada e Raul vinha mostrando não gostar de muita gente por perto. Foi tranquilo, a não ser a hora dos parabéns – senhorrrrr, que chorooooo foi aquele.

Com o tempo fui observando coisas que não percebia em sua irmã na mesma idade, mas ninguém é igual a ninguém, então toca o baile. As diferenças foram crescendo e ficando mais claras, não entendia por que ele tinha crises de raiva por coisas tão pequenas, chorava de modo enlouquecedor, partia para cima sem medo de nada e de ninguém. Ficava desesperada porque não conseguia entender o que estava acontecendo para ajudá-lo. Como me sentia inútil!

E para piorar, percebia os olhares me julgando: "Isso que dá mimar demais...", "Viu, isso que dá ter filho nessa idade...", "Nossa, que criança mais mal-educada...", "Meu Deus, se não dá conta do próprio filho, dirá de seus pacientes...", e muitas outras coisas que é melhor nem mencionar. A escola, o lugar que pensei que me traria tristeza pelo fato do Raul preferir ficar lá e me trocar, na verdade, trouxe-me tristeza por ele ter tanta dificuldade em se adaptar.

Nada que fizessem o acalmava, chorava e não aceitava nada. Mas, com o tempo – um bom tempo –, foi aceitando. Graças a Deus, encontramos alguns anjos em forma de professoras. No entanto, mesmo com os anjos, mudamos várias vezes de escola. As festinhas, carnaval, festa junina, *halloween*, formaturas, de nada ele gostava nem participava, o que não é comum para uma criança típica. Mesmo todo ser humano sendo único e singular, precisei de um pedaço de papel para garantir a Raul o que é de direito de todos, um olhar empático diante de suas diversidades.

Eu sempre digo que o diagnóstico tem dois pesos e duas medidas: ele é LIBERTADOR e, ao mesmo tempo, LIMITADOR – as duas palavras não deixam de mencionar a DOR. LIMITADOR, para muitas famílias que não podem pagar por um tratamento adequado, apenas recebem um papel com um CID F84, sem esclarecimento algum ou suporte na maioria dos casos; limitador pela escassez de profissionais qualificados para abarcar a demanda existente. Hoje falamos de, em cada 36 nascidos, um ser autista, ou seja, em cada sala de aula pelo menos um aluno é autista. Ele é LIBERTADOR porque, principalmente em autistas suporte 1, as mães assim como eu, podem provar que não estão loucas, que não estão mimando seus filhos.

O dia mais esclarecedor para minha família e o mais doloroso foi quando pegamos o papel/laudo que dizia que Raul era AUTISTA. Juro, para mim foi libertador, mas ao mesmo tempo aterrorizante, por medo do que este mundo poderia fazer com meu menino, quando eu não estivesse mais ao seu lado para protegê-lo. LIBERTADOR porque eu, como neuropsicóloga e psicóloga infantil, sabia que Raul, mesmo não apresentando atrasos significativos nos marcos do desenvolvimento, não estava dentro do esperado, ele apresentava comportamentos restritos e repetitivos, déficits sensoriais que dificultavam sua dinâmica em todos os contextos, familiares, sociais e escolar. Libertador porque ninguém acreditava quando eu dizia que Raul apresentava necessidades diferentes, escutava da minha família que eu trabalhava tanto com crianças "diferentes" que via doença em Raul.

Até que um belo dia ele apresentou uma crise violenta no aniversário de minha mãe, em que todos estavam presentes e puderam entender o que eu vinha falando há tempos, sozinha e para as paredes. Hoje eles conseguem entender que autismo não é doença, que Raul, como todo ser humano, tem necessidades diferentes e como autista também, e eu aprendi diante de tantas incertezas em minha vida, uma certeza tenho, não consigo entender como Raul, tão pequeno ainda, pôde me ensinar a ser um ser humano melhor, como ele poderia ter tanta "sabedoria" para me mostrar o que é nas pequenas conquistas, como sua primeira palavrinha, ser mais importante que ir a uma festa de aniversário porque todo mundo faz isso.

Obrigada, meu filho, por me ensinar que um olhar, um abraço, um apontar; uma imitação é mais importante que qualquer sucesso que possa ter em minha vida ou em minha profissão. Obrigada por me ensinar que amor não é dito com palavras, e sim com ações, que o mundo é injusto, que muitas pessoas são más, mas que existem muitas outras que nos amam como somos, que nos entendem, que nos ensinam da maneira que precisamos para aprender. Obrigada, meu anjo, por me ensinar que gritos, choros e birras foram as formas que você encontrou de se comunicar comigo, enquanto eu ainda não era capaz de te compreender.

E a você, que está lendo este capítulo, obrigada pela oportunidade de dividir com você que, mesmo eu tendo toda formação e bagagem de quase 20 anos de profissão, dores, medos, angústias, solidão, desesperos, alegrias com pequenas conquistas, amor com pequena troca de olhar, mesmo que, por milésimos de segundos, são as mesmas e algumas vezes até mais pesadas, porque já há um bom tempo cuido de vários filhos autistas para que minhas alegrias e vitórias, que venho alcançando nesses 12 anos de vida de Raul, também sejam alcançadas pelos meus outros tantos filhos que são atendidos aqui na fazenda terapêutica.

21

A SELETIVIDADE ALIMENTAR NO AUTISMO

A seletividade alimentar consiste em aceitar pequena variedade de alimentos e/ou rejeitar grupos alimentares. A introdução de novos alimentos para crianças autistas com seletividade alimentar é um desafio adicional na criação desse indivíduo. Diante disso, o envolvimento da família – especialmente dos pais – é crucial para obter êxito nesse processo. O objetivo deste capítulo é relatar a experiência com meu filho Heitor.

LIDIANE PERES

Lidiane Peres

Graduada em Administração de Empresas e pós-graduada em Finanças. Casada com Eduardo e pais de Caio e Heitor – autista e possuidor do CID de transtorno de alimentação não especificado.

Contato
Instagram: @jornada_do_autismo

O Transtorno do espectro autista (TEA) é definido como uma desordem neurológica caracterizada por distúrbios do comportamento, como dificuldade na interação social, déficits na linguagem, comunicação e jogo imaginativo, bem como inclui padrões restritos, repetitivos e estereotipados de comportamentos (APA, 2014).

Crianças com TEA são mais resistentes à introdução de novos alimentos, criam barreiras para novas experiências alimentares e são mais propensas a terem problemas com a alimentação do que crianças no mesmo domínio do desenvolvimento. A seletividade alimentar atinge cerca de 40% a 80% das crianças com TEA (SUAREZ, 2013).

A literatura científica mostra que a seletividade alimentar está relacionada a três áreas: recusa alimentar, repertório alimentar limitado e alta frequência de consumo único com restrições à variedade alimentar. A maioria das crianças com TEA podem se limitar desde cinco até um alimento, o que resulta em um repertório pobre em nutrientes, podendo acarretar sobrepeso, obesidade, desnutrição, alterações cognitivas e comportamentais (ROCHA *et al.*, 2019).

As crianças com TEA apresentam padrões alimentares diferentes das crianças sem esse diagnóstico, apresentando agitação, choro e recusa alimentar na maior parte das refeições, resultando na incapacidade de ingerir todos os nutrientes essenciais devido à sua natureza seletiva. O estado nutricional de crianças com autismo depende da ingestão de alimentos, bem como de processos metabólicos e fisiológicos, como digestão e absorção (GOMES *et al.*, 2016).

Estratégias e medidas de intervenção dietética estão sendo estudadas no sentido de melhorar a qualidade de vida destas crianças. Dentre as medidas adotadas, destaca-se a dieta sem glúten e sem caseína, mas sem validação científica rigorosa, tendo em vista que nem todos os autistas são sensíveis ao glúten e à caseína. As crianças com TEA, quando submetidas a uma dieta restrita em caseína e glúten, apresentaram, posteriormente, uma diminuição das queixas gastrointestinais, o que também se reflete em melhorias nas habilidades comportamentais, cognitivas, sociais e de comunicação (BATISTA *et al.*, 2019).

Além disso, o nutricionista tem um papel fundamental na educação nutricional, promovendo saúde, desenvolvendo estratégias e compartilhando informações sobre intervenções dietéticas com famílias e cuidadores, os mesmos devem estar sempre atentos às recomendações dietéticas para fornecer alimentos mais saudáveis e evitar alimentos açucarados e altamente processados que estão associados à obesidade e outros problemas de saúde. É importante enfatizar que o estado nutricional de uma criança é compatível com a ingestão diária de alimentos, de modo que os processos fisiológicos e metabólicos, como digestão e absorção, funcionem em resposta aos alimentos (MENDES, 2020).

O que causa a seletividade alimentar infantil?

- **Causas orgânicas**: problemas gastrointestinais, alergias alimentares, esofagite eosinofílica, doença inflamatória intestinal, constipação ou diarreia, problemas no fígado, sistema cardiorrespiratório ou anormalidades de estrutura anatômicas.
- **Motores orais**: controle de postura; morder e mastigar; vedamento labial, respiração; deglutição; rigidez e flexibilidade (textura, tipo, marca e apresentação visual).
- **Sensoriais**: dificuldade com tarefas de cuidados pessoais (escovar os dentes, pentear o cabelo, cortar as unhas), textura de alimentos (crocante ou cremosa), sabores e cheiros, temperatura, não aceitam se sujar, etiquetas de roupas.
- **Comportamentais**: mesmo utensílio (copo, prato, talher); comida sempre da mesma forma ou marca; alimentos separados não podem tocar um no outro, come um alimento por vez, sai da mesa toda hora, cospe o alimento, segura o alimento na boca, traumas, engasgo, alimentação forçada.
- **Nutricionais**: monotonia alimentar, comidas liquidificadas, sabor, aparência, odor e temperatura do alimento desagradáveis.

A chegada do diagnóstico de autismo

Heitor nasceu em março de 2020, ano que foi instaurada a pandemia de covid-19 no Brasil. Era um período de muita tensão e por isso a amamentação exclusiva durou apenas dois meses, após esse período a alimentação se fez através da fórmula infantil.

Nos primeiros meses de vida percebemos que ele tinha muito mais incômodos para dormir do que nosso filho mais velho, até então tratados como cólicas.

Foi feita a introdução alimentar de forma satisfatória, porém, próximo do Heitor completar dois anos, percebemos o início da preferência por certos alimentos.

Ao fazer as fotos para o segundo ano de vida percebemos que ele não fazia mais contato visual com a fotógrafa. Ali estava caracterizado o autismo regressivo, onde há perda excessiva de neurônios e com eles habilidades já aprendidas pelo cérebro. Três meses depois recebemos o laudo de autista e logo depois o de transtorno alimentar. Um ano depois superamos o luto, porém, Heitor ainda continuava seletivo e com o leite animal em fórmula como a base principal da sua alimentação. Mesmo sabendo que esse alimento inicialmente supria todas as suas necessidades nutricionais, me incomodava saber que meu filho recusava grupos alimentares inteiros, então, a busca por informações não poderia parar. Heitor tinha distensão abdominal, o que lhe causava muitos gases e dores, frequentemente confundidas com "crises".

O início das terapias

Próximo de completar dois anos, em uma consulta de rotina, o pediatra disse: "Heitor, vamos brincar?". Ele nem sequer respondeu pelo chamado de maneira visual. Ali mesmo o médico já o direcionou para terapias, e neste momento eu percebi que meu filho não sabia dar função aos brinquedos e tinha hiperfoco em tela, era uma realidade totalmente diferente do que vivemos com nosso filho mais velho.

Dias depois, iniciamos a intervenção precoce através da psicologia Denver, fonoaudiologia, psicomotricidade e terapia ocupacional. Com a terapeuta ocupacional, aprendemos que o cérebro precisa percorrer a escalada do comer até que consiga inserir um novo alimento em sua rotina alimentar. Estudando sobre o processo chegamos então à Terapia Alimentar, aplicada por nutricionistas. Um ano e meio depois começamos a investigação das causas orgânicas da seletividade alimentar junto à medicina integrativa.

Terapia alimentar

A terapia alimentar usa comida como principal ferramenta no combate à seletividade alimentar. Trata-se de uma abordagem baseada na confiança que visa aproximar a criança dos alimentos.

São oferecidos estímulos sensoriais que trazem conforto para a criança ter interesse pela comida, aceitar novos alimentos e comer com prazer.

Existem alguns sinais que indicam a necessidade da terapia alimentar. Alguns deles são quando a criança tem menos de 20 alimentos no seu repertório alimentar, tem baixo peso e exclui um grupo alimentar inteiro, por exemplo, todos os vegetais ou carnes.

Após três meses de terapia alimentar eu percebi que existia um medo de experimentar os novos alimentos, Heitor ainda se alimentava basicamente do leite animal e alguns alimentos processados. Ficamos muito inseguros em retirar os poucos alimentos que ele comia, afinal, o que iria restar? Os exames de sangues básicos não demonstravam nenhuma deficiência nutricional. Nesta época ele não dormia mais de duas horas seguidas a cada noite, tinha algo que não estava bem, porém, pela ausência de comunicação não sabíamos o que ele sentia.

Próximo de o Heitor completar quatro anos, após consulta com pediatra integrativa, nos sentimos confiantes em fazer a transição do leite de origem animal para o vegetal. Meses depois conhecemos o dr. Aderbal Sabra, especialista em alergia alimentar em crianças autistas. Após testes, chegamos à lista de oito alimentos que o Heitor tem alergia, dentre eles, o leite animal e o glúten. O consumo desses oitos tipos de alimentos fez com que a sua microbiota fosse alterada, causando assim uma maior permeabilidade no intestino.

Pouco a pouco, com o apoio da nutricionista clínica especialista no assunto, estamos mitigando a inflamação intestinal e o Heitor voltou a aceitar alguns alimentos, fazer contato visual e desenvolveu a fala.

A importância da medicina funcional integrativa

Olhar toda a formação e contexto em que aquele indivíduo está inserido é um importante aliado no tratamento do autismo, por meio da medicina integrativa. A pessoa que está no espectro pode apresentar comorbidades que precisam ser tratadas, assim como os prejuízos causados pelo processamento cerebral. Por exemplo, a pessoa que apresenta disfunção gástrica imune metabólica pode apresentar sintomas após o contato com determinadas substâncias. Dependendo do que é ingerido ou sequer tenha contato, o organismo não está disposto a lidar e não consegue digerir, podendo causar prejuízos ao funcionamento daquele corpo.

Ele pode apresentar sintomas como diarreia, constipação, ficar muito agitado ou passivo. Pode também adoecer muito por conta do sistema imunológico mais frágil ou muito mais ágil e assim não consegue aproveitar todas as substâncias para seu desenvolvimento. É importante buscar o médico especialista, que em trabalho conjunto com o nutricionista, vai favorecer o organismo a funcionar bem para que essa pessoa possa desenvolver todo o potencial dela. Para uma criança que esteja enfrentando um problema de seletividade alimentar é preciso pesquisar o que faz com que ela sofra ou faça com que fique doente de maneira cíclica. É necessário também promover a saúde, estimular hábitos saudáveis, garantir que os tijolinhos sejam bem construídos: nutrição, comportamento, práticas de atividades físicas e sono de qualidade.

Por que suplementar?

O padrão alimentar seletivo e repetitivo de crianças com TEA tem relação direta com os aspectos nutricionais desses indivíduos, ocasionando em deficiência de macronutrientes e micronutrientes, como vitaminas e minerais. Grande parte das crianças com TEA apresentam diversas preferências alimentares e mantêm a seletividade ao longo do seu crescimento. Esse fato demonstra a importância da participação do profissional nutricionista ao longo do crescimento e desenvolvimento da criança com TEA, visando corrigir os desvios nutricionais e proporcionar um estado nutricional cada vez mais saudável.

A suplementação pode desempenhar um papel importante no tratamento do autismo, especialmente quando há deficiências nutricionais ou desequilíbrios no organismo que podem afetar o funcionamento do cérebro e do sistema nervoso. Alguns nutrientes têm sido estudados para ajudar a melhorar os sintomas do autismo.

Pesquisas mostram que o cérebro de algumas pessoas autistas possui claros sinais de inflamação, sugerindo uma relação entre a doença e a ativação do sistema imune.

Atualmente, além dos ganhos que tivemos com a inserção de novos alimentos, complementamos com o uso de suplementos. Desde então, conseguimos ver uma grande evolução no comportamento do Heitor.

A importância do equilíbrio espiritual

Muitas vezes a pessoa com autismo ou a família que recebeu o diagnóstico para sua criança pode se sentir abandonada, aquele famoso: “Por que comigo?”. Para aqueles que estão abertos, é uma maneira de encontrar-se com um Deus Acolhedor, que não castiga e, sim, proporciona força e coragem para o enfrentamento. Acreditamos que Deus está presente em nossas vidas e por meio da fé podemos encontrar consolo para lidar com os desafios diários.

Assim como este livro irá abrir a sua mente, a palavra de Deus trouxe à minha família o acalento que precisávamos a cada dia de dificuldade e traz todas as respostas para aquilo que buscamos.

Referências

AMERICAN PSYCHIATRIC ASSOCIATION. *Manual diagnóstico e estatístico de transtornos mentais:* DSM-5. Porto Alegre: Artmed, 2014.

BATISTA, A. R. *et al.* A influência da alimentação no transtorno do espectro autista. *Revista Conexão Eletrônica*, jan.-dez. 2019.

GOMES, V. T. S. *et al.* Nutrição e autismo: reflexões sobre a alimentação do autista. *Educação e Ciência:* para a cidadania global, São José dos Campos, p.1-6, 28 out. 2016.

MENDES, M. C. O. *Terapia nutricional e sua atuação em criança com transtorno do espectro autista*: revisão de literatura. Trabalho de Conclusão de Curso, 2020.

ROCHA, G. *et al. Análise da seletividade alimentar de crianças com transtorno do espectro autista*. Maranhão, p. 1-8, 2019.

SUAREZ, M. *Sensory Processing in Children with Autism Spectrum Disorders and Impact on Functioning*. Western Michigan University, p. 204-211, 2013.

22

ESTRATÉGIAS PARA ENRIQUECER A INTERAÇÃO COM A PESSOA NO TRANSTORNO DO ESPECTRO AUTISTA (TEA)

Neste capítulo, você verá que, quando o diagnóstico de transtorno do espectro autista (TEA) chega, é fundamental a compreensão de que seu objetivo é nortear as intervenções. Nesse sentido, expandir o repertório de estratégias para identificar e acolher as demandas específicas, proporcionando ambientes inclusivos, viabiliza interações mais prazerosas e respeitosas, além de aprendizados sólidos.

LUANA BARACHO ANDRADE

Luana Baracho Andrade

Educadora neurodivergente com mais de 15 anos de experiência na educação pública brasileira. Mestre em geografia, especialista em neurolinguística e em educação especial e inclusiva, neuropsicopedagogia clínica e institucional. Lecionou sob regime estatutário nas redes municipal e estadual do Rio de Janeiro e, atualmente, serve na Rede Federal de Educação e como professora itinerante de educação especial na prefeitura municipal de Nova Iguaçu. Coautoria: *Cicatrizes pandêmicas*; *Desenvolvendo pais, fortalecendo filhos* (Literare Books, 2022) e *Conto por conto: sentimento maternal*. Autoria: *Lugar sagrado e tolerância religiosa: interpretação da perspectiva evangélica pós-moderna*, além de artigos acadêmicos.

Contatos
perspectivaneurodivergente@gmail.com
luana.baracho.andrade@gmail.com
Instagram: @perspectiva neurodivergente
YouTube: Perspectiva neurodivergente
21 98107 7210

Quando o diagnóstico de transtorno do espectro autista (TEA) chega, resultado de uma busca por respostas e tratamentos, costuma provocar choque emocional e ruptura com as expectativas construídas até então. A gestação é um período de muitas alegrias, sonhos e esperanças não apenas para os pais, mas também para os familiares e amigos que acompanham de perto essa fase tão singular da vida do casal.

Em geral, as mães são as pessoas que recebem o maior impacto em relação aos desafios de cada criança. Enxergar nos filhos diversidades que podem repercutir em dificuldades na comunicação e nas interações sociais, hiper/hiporreatividade sensorial, além de comportamentos restritos e repetitivos, produz um misto de emoções intensas e profundas.

A expectativa inicial de perfeição é dilacerada e aponta para a necessidade de quebra de padrões. Toda a experiência e o conhecimento acumulados sobre a maternidade, a paternidade e a educação dos filhos é posta à prova diante de um conjunto de reações atípicas e desafios cotidianos singulares. A maternidade atípica é um desafio grande demais para ser enfrentado de modo solitário. Os primeiros passos para o amadurecimento nessa nova parentalidade englobam reconhecer as próprias limitações, estudar sobre o TEA e desenvolver a habilidade de pedir e receber ajuda. A adesão a grupos de apoio, além do auxílio de familiares e amigos e do acompanhamento psicoterápico, são um grande diferencial na superação dessa fase inicial.

O empoderamento acontece quando se adquire conhecimento sobre esse novo mundo que se descortina. A partir de então, é possível perceber que o diagnóstico serve como norteador, ajudando a entender o que antes era considerado peculiaridade, falta de jeito ou interesse, além de dar um senso de pertencimento a uma comunidade, jamais limitando o indivíduo. É imprescindível a compreensão de que o diagnóstico não define uma pessoa, apenas norteia as opções de intervenção terapêutica, medicamentosa, fonoaudiológica, psicopedagógica, dentre outras. Cada autista é único e a sensação de singularidade pode exercer um peso excessivo quando aliada à dificuldade de encontrar pares afins, gerando profunda solidão na criança ou adulto autista. Especialmente, se somadas às frustrações geradas pelas expectativas que são depositadas sobre ele.

Transtorno do processamento sensorial (TPS) e a interação com o ambiente

Em 2022, a Associação Americana de Psiquiatria (APA) lançou o DSM-5-TR, uma versão atualizada e revisada do DSM-5 (Manual Diagnóstico e Estatístico de Transtornos Mentais), de 2013. A partir dele, o autismo é classificado como um dos transtornos do neurodesenvolvimento e passa a ser chamado de transtorno do espectro autista, caracterizado pelas dificuldades de comunicação e interação social e pelos comportamentos restritos e repetitivos, incluindo a hiper/hiporreatividade sensorial. Esse conjunto de características produz prejuízos no funcionamento pessoal, social, acadêmico e/ou ocupacional. Já o termo "espectro" abrange uma variedade de sintomas e níveis de gravidade que formam um conjunto único de manifestações em cada indivíduo. Assim, estar no espectro autista significa apresentar os sintomas desse transtorno em diferentes níveis de gravidade, requerendo mais ou menos suporte ao longo da vida.

Atualmente, o transtorno de processamento sensorial (TPS) compõe a lista de critérios para o diagnóstico do autismo (DSM-5-TR), como hiper ou hiporreatividade a estímulos sensoriais ou interesse incomum em aspectos sensoriais do ambiente (p. ex., aparente indiferença à dor/temperatura, resposta adversa a sons e texturas específicas, cheiro ou toque excessivo de objetos, fascínio visual por luzes ou movimento). De modo geral, os comportamentos inadequados de pessoas com autismo são manifestações de algum desconforto ou modo diversificado de compreender as informações sociais e ambientais. Cada sentido processa uma nuance da informação de modo que a integração desses dados gera a informação completa. Se um dos sentidos reconhece os dados com uma calibragem inadequada, a informação pode resultar distorcida. Cada indivíduo processa os dados com os recursos que possui, em especial os sensoriais.

A pessoa com autismo está constantemente buscando se adaptar ao ambiente físico e social, potencializando muitos tipos de sofrimento. A psicóloga autista Temple Grandin (2015) enfatiza que "amígdalas [cerebrais] aumentadas também ocorrem frequentemente em pessoas com autismo. Como a amígdala tem tantas funções emocionais, o autista pode se sentir como se fosse um grande nervo exposto". E complementa: "Neste caso, você vive literalmente em uma realidade alternativa – uma realidade sensorialmente alternativa". Ademais, o TEA pode ocorrer com diversas comorbidades comportamentais, neurológicas e não neurológicas. Por isso, é fundamental que essas pessoas e seus cuidadores tenham conhecimento sobre a condição e as comorbidades para que os tratamentos sejam realizados adequadamente, situações de extremo desconforto sejam suavizadas e haja qualidade de vida.

Nesse contexto, um indivíduo autista que apresenta transtorno de processamento sensorial com hiper-resposta aos estímulos e rigidez cognitiva, por exemplo, precisa realizar intenso e contínuo esforço para tolerar e se adaptar às condições sociais e ambientais do seu entorno. Assim, podemos compreender que muitos autistas sofram sobrecargas sensoriais e manifestem estereotipia, colapso nervoso (*meltdown*) e/ou desligamento (*shutdown*), em situações desfavoráveis. Para que o ambiente seja acolhedor, ele deve ser o mais natural possível, isento de ruídos, odores, poluição visual, temperaturas extremas e excesso de estímulos, pois grande parte das pessoas no espectro autista tem forte relação com o meio bucólico e pode se sentir agredida pelos excessos artificiais. Em contrapartida, um autista com hiporreatividade pode apresentar dificuldades para absorver, processar e responder aos estímulos. O autismo tem um peso elevado quando as demandas sociais e ambientais extrapolam as capacidades do indivíduo, ou seja, a pobreza financeira, emocional e educacional intensifica o sofrimento do autista. Em um ambiente satisfatório e acolhedor, os efeitos do transtorno são amenizados porque o desconforto é mitigado e a qualidade de vida é elevada.

O desenvolvimento atípico pode gerar modos de pensar diferenciados e potenciais que devem ser estimulados e aperfeiçoados para que o indivíduo possa contribuir socialmente e construir uma autoestima positiva. De acordo com o Instituto Inclusão Brasil (2024), alguns dos pontos fortes e habilidades que podem estar diretamente relacionadas ao autismo são: memorizar e aprender informações rapidamente, ser preciso, detalhista, honesto e confiável, ter pensamento lógico, memória e senso de direção excelentes, valorizar rotinas, regras e pontualidade, ser capaz de se concentrar por longos períodos quando motivado, buscar perfeição e ordem, dentre outros. Estar no espectro autista interfere no funcionamento do indivíduo em tantos aspectos que se torna impossível ignorar essa faceta. Entretanto, ela não deve embasar a construção do autoconceito. A identidade deve ser construída em interação ao longo do processo de amadurecimento da pessoa, seja ela neurodivergente ou não.

Estratégias para acolhimento e interação social

Uma habilidade interpessoal importante durante interações sociais é a empatia. Procurar entender as razões que motivam os comportamentos de cada autista é imprescindível para estimular o desenvolvimento do seu potencial e evitar as sobrecargas sensoriais. O indivíduo em formação carece da orientação de seus cuidadores para reconhecer as nuances de sua própria identidade. Reforço positivo tem influência basilar na construção da identidade de todas as crianças, principalmente daquelas que estão mais expostas a rótulos e julgamentos sociais, como as crianças com TEA. Direcionar as ações da criança, elogiar seus acertos e oferecer segurança emocional para corrigir seus erros é um conjunto de atitudes preciosas a serem praticadas visando a um aprendizado mais leve e feliz.

As etapas do desenvolvimento infantil servem como parâmetros e norteiam a atuação médica, terapêutica e familiar. Portanto, atrasos no desenvolvimento devem ser identificados como sinais de alerta e necessidade de intervenção. Quanto mais precocemente for iniciada a intervenção, melhor é o desenvolvimento da criança, devido à neuroplasticidade.

No ambiente escolar, deve ser elaborado um plano de estudo individualizado (PEI), em parceria com a família e a equipe multidisciplinar que acompanha o estudante, para que suas necessidades educacionais específicas sejam atendidas e ele seja realmente incluído, aproveitando satisfatoriamente todas as oportunidades de aprendizagem e desenvolvimento pleno.

Os métodos mais utilizados nas terapias de autismo são Análise do Comportamento Aplicada (ABA), Sistema de Comunicação por Troca de Figuras (PECS), Tratamento e Educação para Crianças com Autismo e Transtornos relacionados à Comunicação (TEACCH) e o Modelo Denver para Intervenção Precoce (ESDM). Entretanto, para que os resultados sejam efetivos, é fundamental que as estimulações sejam realizadas nos ambientes da vida cotidiana, como em casa, na escola, nos parques, nos meios de transporte, praças, festas, igrejas, clubes etc. Indivíduos com TEA devem ser estimulados a frequentar os ambientes públicos, o que representa um desafio para famílias atípicas; por isso, é imprescindível que a sociedade como um todo seja mais empática, inclusiva e acolhedora. O aprendizado é imensamente enriquecido quando empregamos diversos sentidos na construção do conhecimento, em vez de apenas o estímulo visual, por meio de imagens e vídeos.

Tendo em vista que o desenvolvimento é potencializado por relacionamentos satisfatórios, devem ser observadas dez estratégias para enriquecer a interação com a pessoa no TEA:

1. Gerir o processo de comunicação, sendo responsável pelo controle emocional e a organização das informações.
2. Suprimir as próprias expectativas e buscar conhecer a pessoa em sua individualidade, acolhendo suas perspectivas.
3. Proporcionar ambientes diversificados e com estímulos suaves.
4. Criar e adaptar a rotina respeitando a relação diferenciada que a pessoa autista pode ter com o tempo e a previsibilidade.
5. Apontar e descrever os objetos/itens/situações num diálogo o mais natural possível, ainda que não haja resposta verbal.
6. Utilizar comandos simples e diretos, bem como evitar ironias e substituir metáforas por comparações claras.
7. Estimular gentilmente a apresentação de respostas (verbais e não verbais) como fundamental à compreensão e possível auxílio a ser oferecido.
8. Compreender que muitos autistas em fase não verbal têm um bloqueio na fala e, por vezes, podem acreditar que a dificuldade está no interlocutor em compreendê-lo, o que pode gerar irritação. O bloqueio pode ocorrer, inclusive, em autistas verbais, em situações de extrema sobrecarga.
9. Tolerar estereotipias não agressivas (autorregulação), como o desvio no olhar, quando fixá-lo for motivo de desconforto, e diminuição na capacidade de focar no diálogo.
10. Compreender que a rigidez cognitiva é uma característica que ultrapassa a capacidade de controle e a vontade racional, carecendo de tratamento gradual em terapias.

Podemos observar que o TEA produz modos de ver, sentir e pensar diversificados. Muitas terapias reforçam a necessidade de condicionamento aos costumes culturais/sociais; contudo, é essencial o desenvolvimento de uma perspectiva que considere a visão de mundo do indivíduo neurodivergente. Há características, como estereotipias não agressivas, que podem ser compreendidas e aceitas socialmente, assim que os padrões idealizados forem derrubados e as habilidades de acolher e incluir forem verdadeiramente desenvolvidas na sociedade.

Conclusão

Este capítulo teve por intuito estimular a empatia e a expansão do repertório diante dos desafios da comunicação entre pessoas típicas e atípicas. É preciso desconstruir padrões e construir novos olhares sobre as neurodiversidades, pois a expectativa de perfeição imposta socialmente é inalcançável. Conhecer e respeitar perspectivas neurodivergentes potencializa a identificação das demandas específicas e possibilita proporcionar ambientes acolhedores e inclusivos, viabilizando interações mais prazerosas, aprendizados sólidos e maior participação das famílias atípicas nos espaços sociais.

Referências

AMERICAN PSYCHIATRIC ASSOCIATION. *Manual diagnóstico e estatístico de transtornos mentais*: DMS-5-TR. Porto Alegre: Artmed, 2022.

GRANDIN, T. *O cérebro autista:* pensando através do espectro. Rio de Janeiro: Record, 2015.

INSTITUTO INCLUSÃO BRASIL. *DSM-5-TR e CID-11 – Diagnóstico de transtorno do espectro autista e potenciais das pessoas com autismo*. Disponível em: www.institutoinclusaobrasil.com.br. Acesso em: 7 abr. 2024.

23

QUEM SOU EU E POR QUE ESTOU AQUI

Neste capítulo, você encontrará relatos emocionantes sobre experiências, encontros e mudança de vida. Relatos das minhas vivências, pessoal e profissional, nesses quase 20 anos de caminhada na psicologia, nos meus quase 10 anos de experiência em atendimento de pessoas com autismo e transtornos do neurodesenvolvimento.

LUCIANA MOTA

Luciana Mota

Graduada em Psicologia pela Universidade de Cuiabá/2001, pós-graduada em Psicologia Sistêmica Familiar, Casal e Indivíduo – pelo CEFI. Pós-graduada em Análise do Comportamento Aplicada ao Transtorno do Espectro do Autismo – ABA, pela IEPISIS. Formação pelo Mind Institute Baseado no Modelo Precoce de Denver, Estratégias de Ensino Naturalistas e em Transtornos do Neurodesenvolvimento. Certificada internacionalmente nos Instrumentos ADI-R e ADOS-2, considerados Padrão Ouro para avaliação e diagnóstico de autismo pela Universitat de Barcelona e IGain Global Institute of Neurodevelopment Integrated Care. Formação e imersão internacional na Universidade de Évora no Modelo Centrado na família: Intervenção Precoce e Percursos Inclusivos. Em 2024, mais uma imersão Internacional de Serviço em clínicas de Avaliação e Intervenção para pessoas com autismo: com foco desde a intervenção precoce à vida adulta. Tem formação TND em Transtornos do Neurodesenvolvimento. Participação em cursos, formações, workshops, seminários mais respeitados nas áreas do autismo e, agora, coautora do livro *Autismo – Quando o diagnóstico chega. vol.2.*

Contatos
lucianamotapsi@gmail.com
Instagram: @lucianamota_psi
66 99988 0476
66 99930 0110

Eu sou Luciana, psicóloga, mãe de duas meninas. Estou aqui para compartilhar um pouco sobre a minha experiência com as famílias de pessoas com autismo e outros transtornos do neurodesenvolvimento. Também venho com o intuito de trazer as atualizações mais recentes sobre o autismo, avaliações Padrão Ouro, intervenção precoce, estratégias de ensino naturalistas, baseadas em evidências, de forma otimista e possível de implementar na prática no dia a dia. Demonstrando que evolução, independência e autonomia podem ser possíveis para muitos se estivermos no caminho certo. Para começarmos esta jornada, direi como cheguei até aqui.

Desde os sete anos, convivo com pessoas com algum tipo de necessidade especial, por ser o trabalho da minha família. Meus amigos da infância incluíam crianças com Síndrome de Down, sem perna, sem braço, autistas; para mim, essa era a minha realidade diária. Tenho certeza de que isso moldou profundamente meu caráter e me possibilitou um olhar mais empático e positivo, hoje consigo ver potenciais e não somente uma patologia ou deficiência.

O que me fez querer estar aqui compartilhando minhas experiências com vocês foram as transformações que presenciei por meio de vivências com as famílias e pequenos que acompanho ou acompanhei, e também por acreditar que posso fazer alguma diferença na vida dos que quiserem acompanhar as próximas páginas.

Experiência 1 – mãe de gêmeos com microcefalia relatou, entre muitas lágrimas, o choque de ver os filhos pela primeira vez: "Pareciam uns bonecos com defeito. As cabeças pequenas, corpo todo torto. Minha vontade era de jogar no lixo. Aqueles não eram os filhos com que sempre sonhei. O que eu iria fazer com aquilo? Como iria cuidar depois que saíssem do hospital se eles não conseguiam nem mamar direito. Eu não tinha ninguém que me entendesse e me ajudasse. Eu me sentia sozinha, sem chão".

O momento em que esta mãe me disse isso, foi como se virasse uma chave na minha mente e em meu coração. Refleti sobre qual meu papel neste mundo. Tentei pensar em palavras positivas que pudessem confortar tamanha dor. Me perguntei se eu deveria acolher aquela dor em sua plenitude ou se interromperia utilizando estratégias para que ela tentasse ressignificar aquela dor, vendo-a de outra forma naquele momento. Resolvi ouvir, acolher genuinamente pelo tempo que julgasse necessário, até que, em dado momento, entre muitas lágrimas ela me agradeceu, dizendo que nunca ninguém tinha ouvido, que todos a julgavam de tantas formas, dizendo que não poderia falar aquilo, que era um pecado, que deveria amar os filhos como eram e que ela deveria carregar sua cruz sem reclamar. Que falar de verdade sobre seus reais sentimentos, sem ouvir julgamentos, parecia ter retirado um peso imenso de seus ombros.

Esse caso foi muito lindo e emocionante, acompanhei essa família por 12 meses. No final desse período, essa mãe já tinha conseguido ressignificar e aceitar muita coisa em relação às emoções. Com muito trabalho, carinho e acolhimento, ela começou a cuidar dos filhos sem ajuda de terceiros, começou a fazer trancinhas e colocar laços no cabelo da menina. Ela passou a relatar que eles estavam ficando "maneiros" e engraçadinhos, passou a sair de casa, levá-los aos parques e, quando outras pessoas perguntavam o que eles tinham, ela falava do diagnóstico, agora sem sentir vergonha ou culpa.

Experiência 2 – pais vieram para avaliação de uma criança com suspeita de autismo, de três anos, com baixo contato visual, não verbal, com muitas estereotipias e agitação motora. O pai relatou que não sabia o que fazer, que a criança não parava um minuto sequer, que por vezes o filho batia a cabeça na parede ou começava a gritar, ninguém conseguia compreender ou acalmá-lo, que nesses momentos agarravam o filho devido ao desespero dele e choravam junto por não saberem o que fazer. O pai seguiu relatando: "Não sabemos o que fazer, vejo o meu filho como se fosse um animal ou um vegetal às vezes. Animal porque parece um bicho, reagindo, fugindo, mordendo, batendo cabeça, comendo tudo que vê pela frente, inseto, grama, pedaço de tijolo (...). Muitas vezes fico mais tempo trabalhando, pois não quero voltar para casa, para essa realidade".

Esse também foi um caso desafiador, me tirou noites de sono, porém fomos juntos, seguindo com treino de pais e pequenos objetivos com estratégias bem definidas desde pequenas coisas, a mãe era a AT (acompanhante terapêutica – Aplicadora ABA), pois a família não tinha muitos recursos financeiros. Celebrávamos cada conquista, revendo cada ponto que não evoluía conforme esperávamos, realinhávamos objetivos em casa e na escola. Os pais, exemplares, sempre participando do processo terapêutico e aplicando orientações em todos os ambientes de convívio da criança. Ele evoluiu muito positivamente, começou a falar com função, fazer pedidos funcionais após seis meses de tratamento intensivo de 35 horas semanais (20 horas na escola + duas horas pela manhã + uma hora no período da tarde após a escola).

O que estas histórias têm em comum? A dor, a necessidade de um espaço seguro no qual elas possam falar, se expressar abertamente e ressignificar essa dor. Também e sobretudo, ambas histórias necessitam de uma mudança radical de vida e propósito, com orientação e intervenção de profissionais experientes e uma família engajada, que pegue o leme das suas vidas, alinhe as velas, conduzindo-as para a direção certa, aproveitando o vento do conhecimento e das estratégias funcionais, que podem otimizar o processo de aprendizado da criança. Aumentando comportamentos desejados e diminuindo comportamentos disfuncionais. E para todos nós, terapeutas, gostaria de ressaltar o tamanho da nossa responsabilidade e missão, que possamos compreender que aquele cliente que nos chega tem uma alma que busca em nós muitas respostas.

Abaixo, frases que me inspiram, que funcionam como norte na minha vida profissional.

- "Conheça todas as teorias, domine todas as técnicas, mas ao tocar uma alma humana seja apenas outra alma humana." (Carl Gustav Jung)
- "Eu acredito que há um chamado em todos nós. Eu sei que todo ser humano tem um propósito. O trabalho de nossas vidas é se manter desperto e consciente para responder a este chamado." (Oprah Winfrey)

Busca pelo diagnóstico. Por onde começar?

Comece pelos primeiros sinais. Os pais começam a perceber pequenos sinais desde muito cedo. Alguns percebem diferente contato visual, baixa reciprocidade social, atraso no balbucio e primeiras palavrinhas, ausência ou pouco uso de gestos comunicativos, atraso no desenvolvimento motor, transtornos do sono, alterações sensoriais ou alimentares, perda de habilidades anteriormente adquiridas.

É nesse momento que se deve buscar os primeiros profissionais. Busque especialistas na área de autismo ou de intervenção precoce, pois terão maior chance de um diagnóstico confiável, mesmo antes dos 24 meses. O diagnóstico de autismo é clínico. Isso significa que não há, até o momento, exames laboratoriais que detectam o TEA.

O CDC – Centers for Disease Control and Prevention e outros órgãos respeitáveis orientam que a avaliação deverá conter: Testes de triagem para TEA, Avaliação do desenvolvimento Infantil para compreender quais habilidades e competências estão em atrasos no desenvolvimento (também possibilita a compreensão e estabelecimento de objetivos terapêuticos). Teste de inteligência (dependendo da idade) e funções executivas, para compreender o funcionamento geral daquele indivíduo.

Exemplo de alguns testes de triagem mais utilizados e confiáveis no momento: M-Chat, ASQ, CSBS, PROTEA-R, ABC ou ICA, entre outros. Ferramentas diagnósticas do TEA: ADI-R, ADOS-2, CARS, GARS-2.

É fundamental destacarmos que nenhum desses instrumentos deverão ser utilizados isoladamente, o profissional aplica uma bateria de instrumentos no qual um corrobora ou contrapõe o outro. Também cabe ressaltar que nenhum deles exclui a necessidade de um profissional experiente e treinado para aplicá-los, pois, como dito anteriormente, o diagnóstico é clínico, necessita do olhar calibrado e atento do profissional, os instrumentos são apenas ferramentas auxiliares.

Enfrentando o diagnóstico e investindo no tratamento de sucesso

Esse período de investigação e confirmação do diagnóstico é um momento muito delicado para as famílias, pais relatam que enfrentam uma montanha-russa de emoções antes, durante e após a confirmação do diagnóstico. O impacto do diagnóstico pode refletir de sobremaneira em todos os aspectos e de diferentes formas em cada membro da família. Precisamos destacar que, nesse momento, ocorre um processo de luto, no qual a família pode estar em etapas diferentes e que precisa de ajuda. Mas falaremos mais sobre isso em outro momento, pois desejo focar aqui nos primeiros passos que as famílias devem percorrer após a confirmação do diagnóstico.

Para um tratamento de sucesso, minha primeira dica é: foque em atividades possíveis e práticas. Comece a estudar sobre autismo. Invista tempo em livros e *sites* confiáveis que auxiliam a compreender melhor o autismo e traçar os primeiros roteiros de estimulação em casa. Estes ensinarão, entre outras coisas, como estimular seu filho ou filha no banho, alimentação, rotina do sono, como brincar. Depois que dominar isso, passe para tarefas mais complexas. Os meus *sites* preferidos no momento são: Autistólogos, Instituto Singular, dr. Thiago Castro – Simplificando o autismo, YouTube: Neurociência – Paulo Liberalesso, Luna ABA, Thiago Lopes Desenvolvimento Infantil / Autismo, AutisPods.

Livros:

- *Autismo – compreender e agir em família.* Sally Rogers, Geraldine Dawson, Laurie Vismara.
- *Cérebro singular – como estimular crianças no espectro autista ou com atrasos no desenvolvimento.* Mayra Gaiato.
- *Mundo singular – entenda o autismo.* Ana Beatriz B. Silva, Mayra Gaiato e Leandro T. Reveles.
- *SOS autismo: guia completo para entender o transtorno do espectro do autismo.* Mayra Gaiato.
- *Propósito azul – uma história sobre autismo.* André Lobo e Kaká K.B Lobo.

Importante também destacar que o tratamento adequado e intensivo tem o poder de mudar o cérebro física e quimicamente, aumentar comportamentos mais funcionais, ampliando habilidades, competências e, consequentemente, diminuindo comportamentos disfuncionais. Portanto, além de toda estimulação em casa e de escolher uma equipe competente e alinhada, estabeleçam juntos prioridades e, com certeza, terão ainda mais resultados de sucesso a partir dos pré-requisitos: intensidade, qualidade dos profissionais, trabalho integrado, precocidade, adaptação e envolvimento da escola, treinamento de pais.

As práticas centradas na família são um tipo de abordagem recomendada internacionalmente para intervenção precoce. Este modelo de intervenção atribui às famílias o papel de protagonistas por meio do seu envolvimento ativo, considerando suas necessidades e preocupações.

Referências

FRANCO, V.; APOLONIO, A. *Organização diagnóstica em intervenção precoce.* Évora: Portugal, 2010.

GAIATO, M. *Cérebro singular:* como estimular crianças no espectro autista ou com atrasos no desenvolvimento. São Paulo: nVersos, 2022.

GAIATO, M. *SOS autismo*: guia completo para entender o transtorno do espectro do autista. São Paulo: nVersos, 2018.

LOBE, A.; LOBE, K. *Propósito azul:* uma história sobre autismo. São Paulo: nVersos, 2020.

PRIZANT, B.; FIELDS-MEYER, T. *Humano à sua maneira:* um novo olhar sobre o autismo. São Paulo: Edipro, 2023.

24

MÉTODO JASPER
A UTILIZAÇÃO DO VÍNCULO TERAPÊUTICO COMO FACILITADOR DO TREINO DE HABILIDADES SOCIAIS

Este capítulo aborda a importância do vínculo terapêutico no contexto do autismo, destacando como a conexão genuína entre terapeutas e pacientes é fundamental para a intervenção terapêutica e o desenvolvimento emocional e social de crianças e adolescentes. Baseado no Método Jasper, que utiliza princípios da ciência ABA, são apresentadas estratégias para fortalecer os laços emocionais e promover um ambiente de aprendizado saudável. Além disso, destaca a relevância da tríade composta por família, clínica e escola no desenvolvimento e bem-estar das crianças autistas, promovendo uma abordagem integrada e centrada na criança. Também são discutidas estratégias para o treinamento de habilidades sociais, utilizando escalas de desenvolvimento humano do Método Jasper como ferramenta para uma intervenção personalizada e baseada em evidências. O texto enfatiza a importância do aprimoramento contínuo e da colaboração multiprofissional na busca por melhores resultados e maior qualidade de vida para as pessoas autistas.

MARJORIE JASPER DALL'ASTA

Marjorie Jasper Dall'Asta

Neuropsicóloga clínica, membro da FBTC e da APPAL. Autora do Método Jasper e especialista em avaliação psicológica. Trabalha com atendimento clínico adulto e infantil, realizando sessões de terapia ABA. Autora de livros e materiais para profissionais da área da saúde e educação. É CEO do Instituto Clínico e Educacional Humannity, com cinco unidades premiadas com Selo Platina em Santa Catarina. Leciona em cursos de pós-graduação, formação e atualização, com especialização em ABA, TEACCH, Peers, Jasper, Denver, entre outros métodos cientificamente comprovados. Também tem *expertise* em terapias integrativas, como acupuntura, Medicina Chinesa pela Shandong University of Traditional Chinese e homeopatia integrativa. É pós-graduada em neuropsicologia e terapia cognitivo-comportamental, com formação em Terapia do Esquema-Jefrey Young, com 16 anos de experiência em gestão de equipe multiprofissional e interdisciplinar no desenvolvimento infantil. Como autora e visionária, é a mente criativa por trás do inovador Método Jasper. Sua paixão pelo desenvolvimento de habilidades a destacou na criação de treinamentos que ultrapassam os limites convencionais. Seu trabalho inclui a concepção das cartas das emoções, jogo da vida, registro diário de emoções e outros materiais que oferecem uma abordagem única para o aprimoramento pessoal, ampliando os recursos terapêuticos. Continua a inspirar e capacitar indivíduos a alcançarem o potencial máximo por meio de suas contribuições.

Contatos

marjoriejasperd@gmail.com

Instagram: @marjorie_jasper
@metodojasper

Telefones: 49 3224 5065
49 99982 5496

No início, o Método Jasper foi elaborado para trabalhar com vínculos e acessar as emoções básicas. No entanto, como a utilização para pessoas com Transtorno do Espectro Autista apresentava excelentes resultados, com base em minhas especializações e formações voltadas para Neurociência e Terapia de Análise Aplicada do Comportamento (ABA / *Applied Behaviour Analysis*), senti a necessidade de ampliar as publicações e os materiais do método, incluindo o embasamento teórico/prático da ciência ABA, objetivando explicar a interação entre o ambiente, o comportamento e a aprendizagem.

Essa ciência entende como repertório que as respostas do indivíduo constroem o caminho para o desenvolvimento, por isso hoje todos os materiais do Método Jasper podem ser utilizados para estimulação de pessoas autistas. Assim, iniciaremos falando da importância do vínculo terapêutico e como ele deve ser estabelecido para que, em seguimento, seja realizado o treino de habilidades sociais.

É amplamente reconhecida a importância do vínculo nas interações humanas. Desde tempos antigos, somos seres sociáveis por essência e buscamos a convivência em grupos. Tal inclinação remonta aos nossos antepassados cujo comportamento coletivo era crucial para a sobrevivência da espécie. Nos dias atuais, essa propensão persiste, agora manifestada na cooperação mútua entre os semelhantes. A habilidade de estabelecer e manter vínculos é uma aptidão intrínseca, que pode ser cultivada e aprimorada tanto no seio familiar, ambiente clínico e no educacional.

Para alcançarmos sucesso, estabelecermos laços com nossos pacientes e, posteriormente, trabalharmos habilidades sociais, é essencial compreender os passos necessários e a importância dos vínculos em nossa jornada. A busca exige empenho e constância na construção desses laços. Nesse contexto, reconhecemos que a motivação e a criatividade do terapeuta desempenham papel fundamental e contínuo, sendo as emoções as principais indicativas do rumo a ser trilhado.

Neste capítulo, proponho a apresentação do Método Jasper como uma ferramenta para estruturar uma gama de opções destinadas a promover o vínculo. O método apresenta materiais voltados para terapeutas aplicarem com crianças e adolescentes, por meio de atividades que vão desde escalas de desenvolvimento humano até orientações específicas de como treinar habilidades sociais, fundamentadas principalmente na integração da teoria cognitivo-comportamental com a ciência ABA, com o objetivo de trazer aplicabilidade na rotina cotidiana.

Espero que esses recursos motivem os leitores a cultivarem vínculos, buscando relacionamentos que apresentam troca e são benéficos tanto na clínica onde as terapias são realizadas quanto nos ambientes escolares e familiares.

O Método Jasper

Em todos os momentos que revisitamos uma narrativa, inserimos novos elementos cognitivos, alterando a configuração. Com base nisso, podemos evidenciar a "teoria da mente", a maneira como se sente e se entende a mente dos outros, o autismo seria decorrente de um comprometimento cognitivo na capacidade de metarrepresentação. Essa capacidade é necessária para a criança atribuir estados mentais a si própria e aos outros, como suposições e pensamentos para predizer aquilo que ela e que o outro desejam. A metarrepresentação é necessária para as habilidades sociais e simbólicas (BARON-COHEN *et al.*, 1985; CAIXETA & CAIXETA, 2005; GRAEL, 2006).

Com base na literatura apresentada, é possível utilizar uma das ferramentas presentes no Método Jasper, o "Jogo da Minha Vida", concebido para orientar conversas sobre superação. Esse jogo pode ser adaptado de diversas maneiras para atender às necessidades de cada criança ou adolescente, abordando questões cotidianas de maneira positiva, incentivando a independência e a autonomia. Por meio desse processo, significativas mudanças de pensamento e comportamento podem ser promovidas, sempre com o objetivo de treinar habilidades sociais e estimular o pensamento crítico.

Assim, o método serve como base para futuras intervenções, conectando-as também com suas emoções básicas. Com esse propósito em mente para treinar habilidades sociais e valorização dos laços positivos utilizando estratégias contidas no Método Jasper, alguns pontos que envolvem pares, principalmente na escola e/ou ambiente clínico, podem ser úteis:

- Enfatizar, pelo menos, um aspecto positivo em situações difíceis.
- Cultivar senso de justiça entre crianças e adolescentes, incentivando discussões sobre diferentes perspectivas.
- Explorar diversas abordagens para resolver problemas cotidianos.
- Aceitar os próprios erros e conceder novas oportunidades aos outros.
- Praticar a gratidão diária, reconhecendo momentos simples e cotidianos.
- Estabelecer uma rotina que atenda às necessidades educacionais e pessoais, sem sobrecarregar com excesso de atividades.
- Encorajar a percepção de qualidades positivas nos colegas de classe.
- Promover comportamentos adequados, estabelecendo limites que demonstrem respeito mútuo.
- Fomentar um ambiente acolhedor e afetuoso, tanto por parte dos educadores/terapeutas quanto dos colegas.

Essas sugestões podem ser adaptadas e aplicadas conforme a necessidade de cada contexto, visando sempre fortalecer os laços emocionais e promover um ambiente de aprendizado saudável e positivo. Embora essas estratégias tenham sido desenvolvidas com foco em crianças e adolescentes autistas, acredita-se que adultos também possam se beneficiar delas. Durante todo o processo de mudança, a consciência continua sendo um componente essencial. Por exemplo, a consciência das emoções indica o progresso, ajudando a reduzir a pressão e a manter o foco nas conquistas.

Sentir-se amado transforma sentimentos negativos em positivos, aumenta a autoestima e encoraja a tomada de decisão. Falar sobre os sentimentos positivos deve iniciar pelos adultos, para que as crianças e adolescentes possam aprender e repetir o comportamento, fortalecendo a rede de apoio e a vinculação (DALL'ASTA, 2016).

A tríade

A tríade composta por família, clínica e escola desempenha papel crucial no desenvolvimento e bem-estar de crianças e adolescentes autistas.

Entre os profissionais da saúde e educação, é consenso que o envolvimento da família nas terapias e com a educação traz resultados benéficos para o desenvolvimento da criança e do adolescente. Entretanto, o que proponho aos profissionais que atuam com pessoas autistas vai ao encontro do conceito ampliado de intervenção, incluindo não apenas a participação ativa da família, como também uma abordagem que considera o ambiente social, emocional e educacional do indivíduo. Assim, a dita tríplice estará completamente integrada no processo de intervenção.

A família é a principal fonte de apoio e segurança para esses indivíduos. Os pais e familiares desempenham segurança proporcionando um ambiente acolhedor no qual a criança ou adolescente autista pode se sentir amado e aceito, essencial para seu desenvolvimento emocional e social.

As terapias e intervenções clínicas têm por responsabilidade fornecer avaliação, diagnóstico e o manejo das práticas terapêuticas especializadas para crianças e adolescentes autistas. Isso inclui terapias comportamentais e ocupacionais, fonoaudiólogos, nutricionistas, fisioterapeutas, pedagogos e outras formas de suporte médico e psicológico. Esses profissionais de saúde desempenham função vital no desenvolvimento de habilidades sociais, de comunicação e na gestão de comportamentos desafiadores associados ao transtorno.

Vamos entender por que a escola é importante na promoção da inclusão e no desenvolvimento acadêmico e social de crianças e adolescentes. Professores e educadores devem ser treinados para entender as necessidades específicas desses alunos e adaptar o ambiente de sala de aula e o currículo para atender suas necessidades. Por isso, contamos com treinamentos do Método Jasper para escolas, as quais apresentam excelentes resultados justamente por promover um ambiente de inclusão. Estratégias como salas de aula inclusivas, apoio individualizado e programas de intervenção comportamental podem ajudar a promover o sucesso acadêmico e social dos alunos autistas.

Quando a tríade família, clínica e escola trabalham em conjunto, cria-se um ambiente de apoio abrangente e integrado para crianças e adolescentes, sejam neurotípicos ou neuroatípicos. A comunicação e colaboração entre essas partes são essenciais para garantir que as necessidades de cada aluno sejam atendidas de maneira integrada. Ao promover uma abordagem centrada na criança e no adolescente autista, a tríade pode ajudar a maximizar seu potencial de desenvolvimento e promover melhor qualidade de vida.

O espaço físico

A neuroarquitetura é um campo de estudo que busca entender como o ambiente físico pode afetar o bem-estar e o funcionamento cognitivo das pessoas. Quando se trata de crianças com autismo, a importância do espaço físico se torna ainda mais evidente.

Para crianças com autismo, um ambiente bem projetado pode fazer toda a diferença em seu desenvolvimento e qualidade de vida. A sensibilidade sensorial é uma característica comum em muitas crianças autistas; e um espaço físico adequado pode ajudar a minimizar estímulos sensoriais excessivos que podem causar desconforto ou sobrecarga.

Por exemplo, cores suaves e iluminação adequada podem criar um ambiente mais calmo e acolhedor para crianças com autismo, enquanto espaços bem organizados e estruturados podem ajudar a reduzir a ansiedade e promover a concentração. Além disso, a inclusão de áreas de descanso e de estimulação sensorial controlada pode proporcionar às crianças com autismo oportunidades de se acalmarem ou se envolverem de acordo com as necessidades individuais.

Ao considerar a neuroarquitetura no projeto de espaços para crianças com autismo, os arquitetos e designers podem contribuir significativamente para o bem-estar e o desenvolvimento delas. Um espaço físico bem planejado e adaptado às necessidades específicas do autismo pode criar um ambiente propício para crescimento, aprendizado e interação social positiva. Em última análise, a neuroarquitetura pode ser primordial na promoção da inclusão e na melhoria da qualidade de vida das crianças com autismo.

Formação do vínculo terapêutico

Nos meandros da jornada do autismo, o vínculo terapêutico emerge como uma âncora vital, um farol de esperança que guia tanto os indivíduos autistas quanto aqueles que os acompanham em direção à luz da compreensão e do crescimento. Neste capítulo, embarcamos em uma jornada de entendimento do poder transformador da relação terapêutica no contexto do espectro autista.

Como nos ensina o poeta Khalil Gibran: "O amor só dá de si mesmo e nada recebe em troca. E, quando recebe algo, é apenas uma dádiva do próprio amor". Da mesma forma, o vínculo terapêutico, enraizado no amor e na empatia, floresce como uma dádiva mútua entre terapeutas e pacientes, criando um espaço em que confiança, criatividade, aprendizado e autenticidade florescem.

Ao mergulharmos nessa jornada, reconhecemos a singularidade de cada criança/adolescente autista, honrando a jornada única enquanto celebramos a beleza da diversidade humana. Com olhos abertos para a maravilha da conexão humana e corações abertos para a magia do autismo, convidamos você para se juntar a nós na exploração da importância vital do vínculo terapêutico no contexto do autismo e da incubação terapêutica como um farol de esperança e cura.

Klein (1955-1991b, p. 167) aborda a seguinte reflexão: "[...] descobri que as relações de objeto iniciam-se quase no nascimento e surgem com a primeira experiência de alimentação. Descobri, além disso, que todos os aspectos da vida mental estão intimamente ligados a relações de objeto".

No contexto do artigo, Klein utiliza o termo "relações de objetos" para descrever a conexão entre um bebê e sua mãe, que envolve sentimentos complexos como amor, ódio, fantasias, ansiedades e defesas desde os primeiros dias após o nascimento.

Durante a maior parte do primeiro ano de vida, o bebê ainda não é capaz de diferenciar eu/não-eu, mundo interno/mundo externo. A mãe e o corpo dela são inicialmente considerados pelo bebê uma parte, uma extensão do seu próprio corpo (WINNICOTT, 1975).

Ao discutirem as ideias de Bion (1966) sobre aspectos do relacionamento, Grinberg, Sor e Bianchedi (1973) comentam que a palavra vínculo descreve uma experiência emocional em que duas pessoas ou duas partes da mesma pessoa estão relacionadas umas com a outra. Amor, ódio e conhecimento são intrínsecos ao vínculo entre dois objetos, já que uma experiência emocional não pode ser concebida isoladamente de uma relação.

Zimerman (1999) introduz o vínculo do reconhecimento, que sempre está presente nas inter-relações pessoais. O reconhecimento alude a uma necessidade crucial de todo ser humano de sentir-se reconhecido e valorizado pelos demais, e de que ele realmente exista como individualidade.

À medida que chegamos ao final deste capítulo sobre a importância do vínculo terapêutico no contexto do autismo, fica clara a relevância na jornada de aprendizado e crescimento. É essencial lembrar que a conexão genuína e o apoio emocional são fundamentais para qualquer intervenção eficaz. Devemos comprometer-nos não apenas com a compreensão intelectual, mas também com a prática ativa de nutrir essas relações com empatia e dedicação.

Que este capítulo sirva de inspiração para continuarmos a buscar maneiras de fortalecer os laços terapêuticos, permitindo que nossos pacientes alcancem o potencial máximo, respeitando a individualidade e valorizando cada jornada.

A importância das habilidades sociais na infância e na adolescência

Nos últimos anos, têm aumentado os estudos sobre os aspectos positivos das emoções e do comportamento humano. Historicamente, a ciência psicológica tem dado maior ênfase a pesquisas em psicopatologia e aos aspectos menos saudáveis dos indivíduos. A psicologia clássica priorizou o patológico e, seguindo esse caminho, esqueceu-se de aspectos emocionais construtivistas como o bem-estar psicológico, a satisfação com a vida, a paz ou o prazer, ignorando os benefícios que eles proporcionam aos indivíduos (CSIKSZENTMIHALYI; SELIGMAN, 2001).

Dessa forma, podemos retomar o caminho da valorização dos aspectos emocionais, sendo que, com crianças e adolescentes, percebe-se a necessidade de estratégias para trabalhar com conflitos pertinentes às fases de desenvolvimento, e, com maior eficácia ao trabalhar esses conflitos, está o estímulo a um relacionamento forte a partir de vínculos. Sabe-se que essas fases são marcadas por transições que fazem que eles se percebam no mundo, distinguindo a realidade da imaginação, o certo do errado, para descobrir novas coisas como: a aquisição de habilidades, a aceitação pelos grupos e o aparecimento do senso crítico, despertando assim a consciência moral e ética (DALL'ASTA, 2015).

É nessa fase que muitas crianças e adolescentes autistas encontram dificuldade em expressar preocupações, já que nem sempre conseguem articular desejos e, especialmente, sentimentos. Por essa razão, a tríplice que envolve clínica, escola e família reúne condições para apoiar um processo de aprendizagem voltado para o estabelecimento de vínculos, servindo como uma abordagem inicial para lidar com emoções e sentimentos. Isso pode ser realizado por meio da aplicação dos princípios da Psicologia Positiva, que tem como objetivo principal o desenvolvimento da competência emocional.

Percebe-se que, quando trabalhamos com as emoções na infância, podemos evitar futuros traumas para a idade adulta, bem como desvios de comportamento na adolescência, até porque o *feedback* que a criança apresenta é, em vários casos, mais rápido que o do adulto (DALL'ASTA, 2015).

Alberts e Penoock (2016) descobriram que existem forças humanas, tais como coragem, esperança, otimismo e habilidades interpessoais que atuam como amortecedores para o não aparecimento de doenças mentais e promovem a autorregulação saudável.

Assim, o vínculo é entendido como uma construção a partir de um ambiente no qual a criança e/ou o adolescente é ouvido, se sente importante e se reconhece como parte daquele contexto, com respeito mútuo para criação de uma conexão. Em se tratando de pessoas autistas, existe a necessidade de treinar essas habilidades sociais por meio dos recursos que, com o uso da criatividade, o terapeuta adaptará para a fase de desenvolvimento humano de cada paciente.

Partir da utilização das escalas de desenvolvimento humano para o treino de habilidades sociais

Aplicar escalas de desenvolvimento humano é essencial para treinar habilidades sociais em pessoas autistas e traz diversos benefícios. Inicialmente, essas escalas ajudam a identificar as necessidades específicas de cada indivíduo, permitindo um treinamento personalizado adaptado às características únicas.

Além disso, as escalas oferecem uma maneira objetiva de avaliar o progresso ao longo do tempo, o que é crucial para monitorar o desenvolvimento das habilidades sociais e ajustar as estratégias de treinamento conforme necessário. Essa abordagem é respaldada por uma base sólida em pesquisas e evidências científicas, garantindo que os métodos utilizados sejam eficazes e comprovados.

Com base nos resultados das escalas, os profissionais podem criar planos de intervenção específicos, direcionados às áreas de habilidades sociais que necessitam de maior atenção. Essa personalização aumenta a eficácia do treinamento, tornando-o mais direcionado e satisfatório.

Assim, recentemente, implementei as escalas de desenvolvimento humano do Método Jasper, com o objetivo de verificar os marcos atingidos do desenvolvimento humano de 0 a 72 meses. Elas possuem critérios específicos e itens cuidadosamente selecionados para avaliar etapas importantes do desenvolvimento de cada faixa etária. A aplicação das escalas de desenvolvimento humano Método Jasper para treinar habilidades sociais em pessoas autistas é uma estratégia embasada em evidências que possibilita uma intervenção personalizada, monitoramento do progresso e colaboração entre profissionais.

É importante frisar que a colaboração multiprofissional é incentivada, já que diversos profissionais, como psicólogos, terapeutas ocupacionais, fonoaudiólogos, fisioterapeutas, nutricionistas e educadores, devem utilizar essas escalas. Essa abordagem integrativa e multiprofissional aproveita as habilidades e conhecimentos de diferentes áreas, enriquecendo o processo de treinamento para a vida. E, se utilizada de forma correta, iniciando pelo vínculo terapêutico, aplicação das escalas e desenvolvimento humano até chegar ao treino de habilidades sociais em que terá o aprendizado do reconhecimento das emoções básicas, certamente acontecerá o desenvolvimento das habilidades sociais e melhoria na qualidade de vida das pessoas autistas.

Melhoramento contínuo

Sempre me encantei com a perspectiva de que há oportunidade de recomeçar, nova maneira de perceber e vivenciar os eventos cotidianos. Acredito que cada momento é uma chance única e temos o poder de escolher como reagimos a eles. Essa mentalidade pode ser uma ferramenta valiosa na busca por um crescimento contínuo e uma sensação de plenitude duradoura.

Ao longo deste capítulo, selecionei algumas sugestões para integrar a tríplice que compõe o arcabouço de melhores resultados na utilização da ciência ABA, a clínica, escola e familiar, para interagir e fluir de forma orgânica e natural. Meu objetivo é capacitar as crianças e adolescentes da sociedade a desenvolverem habilidades sociais, pois a busca constante por melhorias leva não só a resultados positivos imediatos, como também à satisfação duradoura. Estou falando de uma abordagem para viver e se relacionar na qual todos saem ganhando e experimentam sensação de plenitude por verificarem a evolução de pacientes, alunos e/ou familiares.

Referências

ALBERTS, H.; PENOOCK, S. F. *Psicologia positiva aplicada*. Santa Catarina: Hy, 2016.

BARON-COHEN, S. *et al.* Does the autistic child have a "theory of mind"? *Cognition*, v. 21, n. 1, p. 37-46, 1985.

CAIXETA, M.; CAIXETA, L. *Teoria da mente:* aspectos psicológicos, neurológicos, neuropsicológicos e psiquiátricos. Campinas: Átomo, 2005.

CSIKSZENTMIHALYI, M.; SELIGMAN, M. Positive Psychology: An Introduction. *The American psychologist*, v. 55, n. 1, p. 5-14, jan. 2000.

DALL'ASTA, J. M. *Método Jasper:* desenvolvendo vínculo e trabalhando sentimentos básicos. Santa Catarina: Hy, 2015.

GRAEL, P. M. *Traços de personalidade em genitores masculinos com filho portador de autismo*. Dissertação de mestrado não publicada. Faculdade de Ciências Médicas, Universidade Estadual de Campinas, Campinas, 2006.

25

ALGUNS DESAFIOS DA MÃE APÓS O DIAGNÓSTICO DO TEA

UMA ABORDAGEM PESSOAL E CLÍNICA NO AUTISMO

A falta de informação intensifica emoções nos pais com crianças diagnosticadas com TEA, mas a intervenção precoce é crucial. O diagnóstico, embora facilite recursos, pode limitar oportunidades, exigindo equilíbrio. A dualidade entre a situação financeira *versus* a necessidade de um acompanhamento contínuo pode ser um desafio, mas a conscientização e o apoio são cruciais para garantir acesso à terapia.

MILENA SPINA

Milena Spina

Milena Spina é psicóloga graduada pelo Centro Universitário São Camilo, com pós-graduação em Neuropsicologia Aplicada ao Transtorno do Espectro Autista (TEA) pelo CBI of Miami, e em Análise do Comportamento Aplicada (ABA) pela Faveni. Obteve certificação pelo Instituto Singular no Curso de Formação em A.T. e Curso de Intervenções Baseadas no Modelo Denver. Além disso, Milena possui certificação no curso de Gestão de Comportamentos Inadequados pelo Instituto Farol, e diversos cursos no SerNeuroPsi. Como idealizadora da clínica Integrakids, Milena destaca-se por sua vasta experiência em tratamento do transtorno do espectro autista, orientação parental e por seu profundo entusiasmo pelo desenvolvimento infantil.

Contatos
clinicaintegrakids.com.br
milenaspinapsi@gmail.com
Instagram: @psimilenaspina
@espacointegrakids
11 99786 5491
51 8460 1188

Alguns desafios da mãe após o diagnóstico do TEA

Um dos momentos mais desafiadores da maternidade é receber um diagnóstico que aponta para a possibilidade de autismo em seu filho. Compreender o caminho que se desenha a partir desse momento é crucial, e é comum surgirem diversas dúvidas e inquietações. Sobretudo porque o diagnóstico de autismo impacta profundamente as dinâmicas familiares, especialmente quem assume o papel principal de cuidadora, gerando desafios emocionais e sobrecarga. A falta de informação sobre o transtorno intensifica sentimentos conturbados após o diagnóstico, sendo de extrema importância que toda a família tenha apoio psicológico para lidar com emoções, angústias e sobrecarga emocional (BASTOS *et al.*, 2019; CAPARROZ & SOLDERA, 2022).

A falta de apoio psicológico, somada com a falta de informação, acaba gerando o risco de rotular a criança puramente com base no diagnóstico, que pode impactar a percepção de seu potencial, limitando oportunidades educacionais e sociais. Portanto, há uma delicada balança entre utilizar o diagnóstico como uma ferramenta para acesso a recursos e cair na armadilha de subestimar as capacidades individuais da criança e evitar usar o diagnóstico como um "saco" que a criança levará nas costas para o resto da vida.

A comunicação sensível do diagnóstico e a participação ativa da família são fundamentais no tratamento e desenvolvimento da criança autista, enquanto o estresse familiar varia e está relacionado a fatores biopsicossociais. O suporte emocional é essencial para superar obstáculos e promover o desenvolvimento saudável da criança autista. Entretanto, existe um grande dualismo nessa realidade, uma vez que, por um lado, a identificação oficial do transtorno muitas vezes serve como um caminho para acessar recursos e psicoterapias, proporcionando uma oportunidade para um suporte mais direcionado. Contudo, essa mesma certificação pode criar uma narrativa que, por vezes, limita as expectativas e oportunidades da criança, gerando rótulos que podem influenciar as percepções e interações sociais.

Na clínica, muitos pais falam: "Não tenho o diagnóstico ainda, mas o médico já encaminhou para a terapia"; entretanto, quando o médico apresenta o diagnóstico de autismo para os pais, muitas emoções afloram. Portanto, vale salientar que cada criança é única, e um plano de intervenção individualizado leva em consideração suas características específicas. Realizando uma anamnese detalhada e avaliações específicas, é possível identificar os pontos de atraso no desenvolvimento e construir estratégias adaptadas às necessidades particulares da criança.

Lembre-se de que a trajetória pode ser desafiadora, mas é repleta de oportunidades para crescimento e superação. Ao entender o processo terapêutico, abraçar a intervenção precoce e colaborar ativamente, você estará fornecendo o suporte fundamental para o desenvolvimento saudável e pleno do seu filho. Nessa trajetória, o amor, a paciência e a compreensão serão os seus grandes aliados.

Observa-se que muitos pais também relatam: "O médico me deu este relatório falando que ele tem autismo e precisa de tantas horas de terapia. E agora". Diante disso, é comum sentir-se perdida, com dúvidas e preocupações. No entanto, é essencial compreender que o diagnóstico não é um fim, mas sim o início de uma jornada que pode proporcionar oportunidades significativas de desenvolvimento para a criança. E até mesmo antes de obter um diagnóstico formal, se for percebido qualquer sinal de atraso no desenvolvimento do seu filho, a intervenção precoce é crucial. Essa abordagem, especialmente eficaz entre um e cinco anos de idade, capitaliza a neuroplasticidade cerebral, possibilitando progressos significativos. Portanto, não hesite em buscar ajuda, mesmo que o diagnóstico final ainda não tenha sido estabelecido.

É crucial buscar um equilíbrio sensível entre o reconhecimento das necessidades específicas da criança e a promoção de um ambiente que estimule seu pleno desenvolvimento. O foco deve ser na capacidade única de cada criança, garantindo que o diagnóstico, longe de ser uma restrição, seja uma ferramenta para personalizar estratégias de apoio e proporcionar oportunidades inclusivas que respeitem e valorizem sua individualidade.

A Análise do Comportamento Aplicada (ABA) destaca-se significativamente devido à sua ênfase na meticulosa análise do comportamento, proporcionando uma compreensão aprofundada das habilidades e desafios específicos apresentados por cada criança autista. Por meio de uma observação cuidadosa e da coleta sistemática de dados, os profissionais podem identificar padrões comportamentais, fatores desencadeantes e reforçadores, servindo como base para o desenvolvimento de planos de intervenção individualizados.

Além disso, a ABA fundamenta-se em princípios científicos de aprendizagem, aplicando técnicas comprovadamente eficazes para instruir novas habilidades e reduzir comportamentos desafiadores. O uso de reforçadores positivos, modelagem, reforço diferencial e outras estratégias específicas contribui de maneira substancial para o progresso contínuo das habilidades da criança. Vale destacar que os programas são frequentemente estruturados em sessões intensivas e frequentes, proporcionando prática repetitiva e sistemática que facilita a consolidação das habilidades adquiridas. Essa consistência é considerada fundamental para o sucesso do tratamento, especialmente ao considerar as características únicas do espectro autista. Isso terá um impacto positivo nas habilidades comportamentais, cognitivas e papel significativo na melhoria das interações sociais.

O autismo é frequentemente associado a um recolhimento da criança para um "mundo próprio", é tradicionalmente abordado com ênfase em possíveis causas orgânicas. Mas, na clínica com ABA, podemos perceber a influência de repertórios comportamentais em detrimento de uma causa exclusivamente biológica. É necessário realizar intervenções comportamentais bem planejadas e programas educacionais relevantes para pessoas autistas, contrapondo a visão de uma condição imutável (GOULART; DE ASSIS, 2022).

Na Clínica IntegraKids, realizamos a aplicação do Modelo Denver (ROGERS *et al.*, 2015), empregando ferramentas e estratégias para integrar de maneira orgânica as interações diárias com as crianças em seu ambiente natural. Nosso foco está em abordar aspectos como atenção, intervenção precoce e a promoção do aprendizado por meio da imitação. Trabalhamos ativamente na criação de rotinas sociais sensoriais, incentivando a partilha de interesses com os outros, desenvolvendo empatia e explorando a expressão de sentimentos positivos, entre outros aspectos essenciais para o desenvolvimento infantil.

Uma variedade de estratégias e técnicas podem ser empregadas. Destacam-se aspectos relacionados ao treino de habilidades sociais, abrangendo áreas como comunicação, etiqueta, assertividade no enfrentamento de situações, empatia, competências no ambiente de trabalho e a expressão positiva de sentimentos, visando promover o desenvolvimento holístico, buscando aprimorar as interações sociais e o bem-estar emocional em diferentes situações (SELLE; RIBEIRO, 2018). Por exemplo, algumas atividades mais simples que podem ser utilizadas para fortalecer a interação e o vínculo com crianças seria envolver atividades de cócegas, buscando sensações agradáveis e integrando o contato visual, bem como sugere-se brincar com balões, estimulando atenção e discriminação auditiva por meio de comandos simples, além de trabalhar com bolhas de sabão, o que incentiva a observação, a imitação e a interação. Essas atividades proporcionam momentos enriquecedores para todas as crianças, favorecendo o engajamento social (GAIATO, 2020).

Entretanto, a utilização de Procedimentos Baseados em Evidências (PBEs) deve ser administrada por profissionais altamente capacitados e por analistas de comportamento qualificados, desempenhando papel essencial no atendimento às necessidades educacionais e comportamentais de indivíduos com transtorno do espectro autista. A integração de práticas empiricamente comprovadas com o discernimento profissional, fundamentado na revisão de dados objetivos específicos de cada criança, é crucial para auxiliar pessoas com TEA a alcançarem seu máximo potencial. Desde a década de 1960, pesquisadores e prestadores de serviços em ABA têm aplicado essa abordagem com resultados significativos para a maioria dos atendidos. Embora avanços recentes tenham facilitado a identificação e a divulgação de PBEs específicas, os profissionais ainda devem possuir uma compreensão sólida dos princípios fundamentais da ABA ao implementar e avaliar a eficácia das intervenções planejadas para cada indivíduo (GAIATO, 2020).

Na Clínica IntegraKids, são realizados Procedimentos Baseados em Evidências por meio da Análise do Comportamento Aplicada. Compreendemos as dificuldades enfrentadas pelas famílias e estamos comprometidos em oferecer um ambiente acolhedor e todas as técnicas necessárias para o desenvolvimento saudável de seus filhos. Aqui, buscamos proporcionar suporte terapêutico de alta qualidade. Se você é da região do Morumbi, sinta-se à vontade para nos procurar no bairro Vila Andrade. Estamos prontos para ajudar e fazer a diferença na vida de suas crianças.

Referências

BASTOS, S. F. *et al.* O sofrimento psicológico dos pais ou cuidadores de crianças com transtorno do espectro do autismo. *Diálogos Interdisciplinares,* v. 8, n. 1, p. 23-33, 2019.

CAPARROZ, J.; SOLDERA, P. E. S. Transtorno do espectro autista: impactos do diagnóstico e suas repercussões no contexto das relações familiares. *Open Minds International Journal,* v. 3, n. 1, p. 33-44, 2022.

GAIATO, M. Três brincadeiras para estimular a criança. *Youtube*, 10 nov. 2020. Disponível em: https://www.youtube.com/watch?v=sUPVOq6dkDk. Acesso em: 10 jan. 2024.

GOULART, P.; DE ASSIS, G. J. A. Estudos sobre autismo em análise do comportamento: aspectos metodológicos. *Revista Brasileira de Terapia Comportamental e Cognitiva,* v. 4, n. 2, p. 151-165, 2002.

ROGERS, S. J. *et al. Autismo:* compreender e agir em família. Portugal: Lidel, 2015.

SELLE, A. C.; RIBEIRO, D. M. *Análise do comportamento aplicada ao transtorno do espectro autista.* Curitiba: Appris, 2018.

26

QUEM CUIDA DE QUEM CUIDA?

ASPECTOS PSICOLÓGICOS DA PARENTALIDADE ATÍPICA

Neste capítulo, pais e mães atípicos encontrarão um suporte para lidar com o pós-diagnóstico da sua criança. Passos sobre o tratamento e o autocuidado.

MIRELLA BECHER TANAKA

Mirella Becher Tanaka

Psicóloga graduada pela IESSA (2014), doutoranda em Psicologia pela UFSCar e mestre profissional em Análise do Comportamento Aplicada pelo Instituto Paradigma (Instituto Par). É pós-graduada em Análise do Comportamento Aplicada ao Autismo, Atrasos no Desenvolvimento Intelectual e Linguagem (UFSCar). Certificada pela Universidade da Califórnia (UCLA) no Treinamento PEERS de crianças, adolescentes e adultos.

Contatos
psicologamirella@gmail.com
Instagram: @psicologamirellabecher
Facebook: Psicóloga Mirella Becher

Tuas forças naturais, as que estão dentro de ti, serão as que curarão tuas doenças.
HIPÓCRATES

Quando temos um filho, idealizamos sua vida da forma que nós gostaríamos que ele vivesse. Antes do nascimento, já escolhemos a cor, decoração do quarto e, ao longo da vida, vamos moldando aquele ser, acreditando que estamos fazendo o melhor para ele. Suas preferências e personalidade são constituídas de acordo com o ambiente em que ele vive. Claro, nunca podemos esquecer que a genética também tem um fator importante na formação do indivíduo. Além disso, é fundamental que levemos em consideração a cultura em que vivemos (SKINNER, 2003). E, assim, nós, pais, vamos quebrando paradigmas da educação, fazendo diferente, ou não, daquela educação que tivemos quando éramos crianças.

A construção ou ideação que fizemos daquele ser vai se desconstruindo ao longo da sua vida. Aquela criança começa a não apresentar comportamentos que fazem parte do desenvolvimento infantil. Sim, toda mãe/pai sabe que sua criança tem comportamentos diferentes daquelas crianças da sua idade. A comparação é inevitável. Então, inicia-se uma busca para saber o porquê.

Quando o diagnóstico vem...

O chão se abre. Dói. Uma dor que dilacera. É como se tudo o que já imaginamos estivesse se concretizando ali, naquele momento em que o diagnóstico vem. As palavras são duras, e o futuro que nos passam é limitante. Parece uma sentença? Às vezes, é essa sensação que pais atípicos têm. E ali mesmo começam inúmeras recomendações, siglas, CID-11, DSM-V, transtorno do espectro do autismo, transtorno do déficit de atenção e hiperatividade, deficiência intelectual, altas habilidades/

superdotação, distúrbios da aprendizagem, transtorno da comunicação, transtorno motor, transtorno de tique...

A partir disso, inicia-se uma busca incessante para o acompanhamento médico da criança, bem como as terapias especializadas. Geralmente com carga horária intensa de terapias, ocupando todos os horários e dias da semana. Tudo em função da criança. É possível uma mãe/pai conciliar o acompanhamento da sua criança nas terapias com sua jornada de trabalho? Com os cuidados da casa que, na maioria das vezes, é exclusiva da mulher? Com o cuidado da autoestima? E, principalmente, com o cuidado da saúde mental? Quem cuida de você, cuidador?

Algumas pesquisas (ALVES, 2022) vêm sendo realizadas sobre os aspectos psicológicos do cuidador da pessoa com transtorno. Nível de estresse, desenvolvimento de quadro depressivo, ansiedade e até mesmo suicídio têm sido assuntos pesquisados em relação à saúde mental dos pais.

Os níveis de estresse estudados por Tinoco *et al.* (2022) mostram uma prevalência de 86% das mães que estão neste quadro. Das 77 mães, 42% estão na fase da resistência e 31%, na fase da exaustão. Nessa fase, os sintomas precisam estar presentes por pelo menos três meses. Ou seja, essas mães apresentam sintomas de exaustão durante todo esse tempo, ou mais. É nessa fase que se pode desenvolver doenças graves.

Então, qual é o caminho?

Em primeiro momento, você precisa saber o passo a passo do tratamento para ajudar a sua criança. Isso facilitará o seu acompanhamento nas terapias, podendo diminuir fatores estressores e evitar os transtornos já citados.

1. É fundamental que a equipe que acompanhará vocês nessa trajetória seja composta por interdisciplinares. Isso significa que os profissionais precisam estar integrados nas intervenções, com um mesmo objetivo e, principalmente, realizando **reuniões entre equipe e orientações parentais**.
2. Busque por profissionais qualificados e capacitados. Infelizmente, o mundo atípico virou um grande comércio visando ao enriquecimento. Procure saber do histórico do profissional (onde trabalhou, quanto tempo, formação acadêmica sólida). Pergunte se o profissional realiza **estudos com periodicidade, supervisão técnica e pesquisa científica baseada em evidências** (os profissionais precisam deste tripé na formação/atuação). Outra recomendação: peça indicações para outras famílias atípicas. Último ponto, não menos importante e muito crucial: sua criança precisa confiar e gostar dos profissionais, ela precisa se divertir e entender que todas as

intervenções são apenas para o desenvolvimento dela. Toda criança deve consentir com as intervenções, mesmo aquelas que ainda não desenvolveram a comunicação. A criança comunica-se de diferentes formas: choro, recusa para entrar na terapia, regride em alguns comportamentos já aprendidos etc. Atente-se a essas mudanças de comportamento! Você também precisa sentir-se seguro(a) e amparado(a) nesse processo terapêutico. Participe das sessões, observe o atendimento em tempo real, assim você poderá entender melhor sobre as necessidades da sua criança e sobre o processo terapêutico.

3. Pesquise e estude sobre o assunto. Conhecimento é a luz do mundo. Quando você estuda e conhece sobre o assunto, poderá entender melhor a respeito das intervenções que são realizadas com a sua criança e discutir com os profissionais as melhores práticas de intervenção. Lembre-se de que **o tratamento deve ser focado e direcionado no desenvolvimento da qualidade de vida da sua criança e do seio familiar**.

4. **Entenda sobre as leis e direitos da sua criança**. Isso facilitará o seu dia a dia, evitando situações aversivas, se você souber dos direitos. Por exemplo: fila prioritária para pessoa autista. Principais documentos que você deve ler:

- Estatuto da Criança e do Adolescente (ECA) – Lei 8.069/90.
- Lei Berenice Piana – 12.764/12.
- Estatuto da Pessoa com Deficiência – 13.146/15.
- Lei Romeo Mion – 13.977.
- Redução da jornada de trabalho – Lei 13.370/2016.
- Lei Orgânica da Assistência Social (LOAS) – 8.742/93.
- Educação especial e atendimento educacional especializado – Lei 7.611/2011.
- Lei Cordão de Girassol – 14.624.
- Parecer do Conselho Nacional de Educação (CNE) – Relatório Técnico (MARÇAL *et al.*, 2023).

5. **Procure uma escola inclusiva**. A escola é um fator primordial para o desenvolvimento cognitivo, social e emocional da criança. Ela deve ser um ambiente seguro, acolhedor e transparente na relação família *versus* escola. Pergunte se os professores da sua criança têm experiência em educação especial; se a escola fornece treinamento e educação continuada para a equipe (não apenas para a equipe pedagógica – professores, mas para todos os colaboradores da instituição –, pois eles estarão em constante contato com a sua criança). **Saiba que a escola DEVE elaborar um Plano de Ensino Individualizado (PEI) para a sua criança. Também fornecer um profissional de apoio, professor de AEE (Apoio Educacional Especializado).**

Agora, e você? O que fazer?

É de suma importância que se lembre de que, antes de ser uma mãe/um pai atípica(o), você é um ser humano, em constante aprendizado e passível de falhas. Entenda e reconheça que você faz o seu melhor, dentro do que é possível nesse momento. Muitas vezes acabamos criando muitas expectativas, algumas possíveis de alcançar e outras inalcançáveis. É destas que você precisa se livrar, pois despenderá de uma energia que poderia ser canalizada para outra coisa.

Lembre-se de que manter a sua individualidade é um cuidado consigo mesmo e que se estenderá para sua criança. Reserve um tempo para você ler um livro, assistir a uma série, passear no parque e conversar com amigos.

Sabemos que a rotina das terapias às vezes não permite essa flexibilidade. Nessa hora, busque por uma rede de apoio. Não necessariamente esta rede serão seus familiares. Na verdade, nesse momento, provavelmente, sua maior rede de apoio será de outras mães/pais atípicos que vivenciam o que você está passando no momento, e sabem da sua dor e necessidade. Existem grupos de apoio nas redes sociais. Lá é um lugar em que todos oferecem uma escuta ativa.

Contudo, o mais importante: busque suporte psicológico com um profissional da psicologia. Este é o profissional capacitado para atender, ter uma escuta ativa, acolhedora e sem julgamentos, além do desenvolvimento técnico científico da profissão. O psicólogo é o profissional que cuida da saúde mental. Às vezes pode ser necessário um acompanhamento médico especializado (psiquiatra).

O acompanhamento psicológico pode ser encontrado nas faculdades, com baixíssimo custo, ou sem custo financeiro. Se na sua cidade não houver uma faculdade de psicologia, em alguns grupos das redes sociais os psicólogos fornecem atendimento on-line a custo social.

O governo brasileiro tem políticas públicas para o cuidado com a saúde mental da população, desde atenção primária à terciária. A Rede de Atenção Psicossocial (RAPS) acolhe a população, direcionando para o tratamento mais adequado, incluindo medicação, se necessário (BRASIL, 2024).

Procure o CAPS da sua cidade, ele pode ser iniciado por escolha própria e lá os profissionais fornecerão todo o cuidado necessário para você.

O Centro de Valorização à Vida (CVV) oferece apoio emocional e prevenção ao suicídio gratuitamente. Ligue 188.

Você é o amor da vida de alguém. Lembre-se disso!

O espectro é uma forma diferente de ver e pensar sobre o mundo. Não é a criança que precisa se adequar ao mundo, somos nós que precisamos nos remodelar para efetivar a inclusão social.

Referências

ALVES, J. S. *et al.* Estresse, depressão e ansiedade em mães de autistas. Revisão nacional. *Revista de Psicopedagogia,* v. 39, n. 120, p. 412-424, 2022.

BRASIL. Ministério da Saúde. *SUS e a saúde mental.* Disponível em: https://www.gov.br/saude/pt-br/assuntos/saude-de-a-a-z/s/saude-mental/sus-e-a-saude-mental. Acesso em: 30 abr. 2024.

MARÇAL, F. *et al. NORTEAR*: orientações para o atendimento educacional ao estudante com transtorno do espectro autista (TEA). 1. ed. Brasília: Conselho Nacional de Educação. Relatório Técnico, 2023.

SKINNER, B. F. *Ciência e comportamento humano.* São Paulo: Martins Fontes, 2003.

SMEHA, L. N.; CEZAR, P. K. A vivência da maternidade de mães de crianças com autismo. *Psicologia em estudo*, Maringá, v. 16, n. 1, p. 43-50, 2011.

TINOCO, V. C. *et al.* Estresse em Mães com Filhos Diagnosticados com Autismo. *Revista Psicologia e Saúde,* v. 14, n. 4, p. 35-42, 2022.

27

O USO DE RECURSOS TERAPÊUTICOS INDISPENSÁVEIS NO ATENDIMENTO ODONTOLÓGICO PARA PACIENTES COM TEA

"Odontologia sem medo" refere-se a práticas e abordagens na odontologia que visam reduzir ou eliminar o medo e a ansiedade que muitos pacientes sentem em relação a tratamentos dentários. Esse conceito abrange uma série de técnicas, estratégias e inovações destinadas a tornar a experiência odontológica mais confortável, tranquila e livre de estresse para os pacientes, principalmente pessoas com o transtorno do espectro autista.

MÔNICA VETSCH LICHOTE DE LIMA
SIRLEI LOPES POGGI DE ALMEIDA

Mônica Vetsch Lichote de Lima

Graduação em Odontologia (UNIG). Graduação em Fonoaudiologia (UVA). Curso de Extensão em Odontologia para Pacientes com Necessidades Especiais (UNIG). Atualização em Odontopediatria (Reorthokids). Cirurgia em Odontopediatra (DSPB). Curso de pós-graduação em Linguagem: Diagnóstico Precoce e Terapia com Bárbara Zollinger - Suíça. Curso de imersão em Motricidade e Fonoaudiologia (Universidade da Flórida). Curso de Cirurgia e Bucomaxilofacial (CRO-RJ). Curso de ABA, TEAACH, PECS, Comunicação Alternativa e ou Ampliada - Suíça. Palestrante sobre TEA: Brasil, Suíça e Portugal.

Contatos
monicavetsch@gmail.com
Instagram: @dra.monicavetschlichote

Sirlei Lopes Poggi de Almeida

Graduada em Odontologia (UNIG). Curso de extensão em Odontologia Para Pacientes Com Necessidades Especiais (UNIG). Habilitação em Sedação Consciente com Óxido Nitroso (FAÍPE). Sedação Consciente (Instituto Brasileiro de Sedação). Curso de Suporte Básico de Vida (RTI - Rescue Training International). Imersão em Terapia de ABA no TEA (Academia do Autismo). Laser na Odontologia LILO. Curso clínico em Sedação na Odontologia (Orthodontic). Curso de Cirurgia em Odontopediatria (DSPB).

Contatos
sirleipoggi@yahoo.com.br
Instagram: @dra.sirleipoggi

Os desafios do paciente com autismo

O autismo é uma desordem complexa do neurodesenvolvimento definida como uma síndrome comportamental, que consiste em interação social prejudicada, habilidades de comunicação prejudicadas (linguagem verbal e não verbal), déficits sensório-motores (reações imprevisíveis a estímulos ambientais) combinados com comportamentos estereotipados e restritos.

Pacientes autistas constituem uma pequena porcentagem da população infantil especial e requerem tratamento diferenciado devido às suas características comportamentais.

Atendimento odontológico para pessoas com TEA

Tratar pacientes com transtorno do espectro autista (TEA) na odontologia requer uma abordagem especializada, considerando suas necessidades únicas de comunicação, comportamento e sensoriais.

A adaptação das práticas de "odontologia sem medo" para pacientes com TEA envolve técnicas específicas para criar um ambiente acolhedor e seguro, reduzindo a ansiedade e o desconforto durante os procedimentos odontológicos.

A seguir, exemplificaremos algumas abordagens características do atendimento odontológico feito especialmente para pacientes com TEA.

Recursos como a comunicação alternativa e/ou complementar

Utilização de métodos de comunicação não verbais ou sistemas de comunicação por troca de imagens (PECS) para aqueles que têm dificuldade com a comunicação verbal.

É necessário explicar procedimentos usando recursos visuais, como cartões de imagem, para preparar o paciente para o que esperar, reduzindo a ansiedade causada pelo desconhecido.

Ambiente sensorialmente ajustado

Modificação do ambiente odontológico para minimizar estímulos sensoriais estressantes, como luzes fortes, ruídos de equipamentos odontológicos e odores intensos. Isso pode ser simplesmente proporcionado ao optar pelo uso de iluminação suave, fones de ouvido com música ou sons calmantes e aromaterapia. Algumas clínicas podem ter salas de tratamento especialmente projetadas com cores suaves e decoração minimalista e reconfortante.

Sedação personalizada

Em alguns casos, é preciso realizar uma avaliação cuidadosa para determinar o método de sedação mais apropriado, considerando as particularidades sensoriais e comportamentais do paciente com TEA.

Recursos como a sedação consciente com o uso do óxido nitroso, bem como a sedação medicamentosa, podem ser ferramentas eficientes no tratamento odontológico de pessoas autistas.

Técnicas minimamente invasivas e dessensibilização

Preferência por procedimentos que sejam menos invasivos e mais rápidos, para minimizar o desconforto e a necessidade de permanecer imóvel por períodos prolongados. Isso é possível ao fazer a seleção de tratamentos que requerem menos visitas ao dentista e utilização de instrumentais modernos, como lasers, que são menos barulhentos e intimidadores. Assim, também é possível iniciar um processo gradual de dessensibilização do paciente, que envolve visitas progressivas à clínica odontológica para acostumá-lo com o ambiente, a equipe e os procedimentos, sem gerar traumas. Aliás, começar com visitas curtas que não incluem tratamento, apenas para se familiarizar com o ambiente, e gradualmente introduzir pequenas partes do tratamento em visitas subsequentes, bem como permitir a presença de familiares ou objetos que acalmem o paciente são abordagens que levam ao sucesso do procedimento odontológico.

Benefícios do atendimento odontológico humanizado para pacientes com TEA

Adotar essas abordagens na odontologia para pacientes com TEA não apenas facilita o tratamento, mas também promove uma experiência positiva, incentivando a manutenção regular da saúde bucal e minimizando o medo e a ansiedade associados às visitas ao dentista.

O ponto de partida para um atendimento odontológico eficaz aos pacientes com TEA é uma compreensão aprofundada das nuances do transtorno. Isso abrange desde a hipersensibilidade a estímulos sensoriais até peculiaridades comportamentais, como a adesão a rotinas e desafios na comunicação verbal. Reconhecendo a singularidade de cada indivíduo com TEA, esses profissionais enfatizam a importância de personalizar o atendimento. Estratégias incluem a adaptação do ambiente clínico para criar um espaço sereno e acolhedor, com ajustes na iluminação e na sonoridade, visando minimizar o estresse e a ansiedade dos pacientes.

A aplicação de uma abordagem comportamental positiva, reforçando atitudes cooperativas e de tolerância durante o atendimento, contribui para uma experiência mais agradável para o paciente.

Conclusão

O manejo de pacientes autistas em consultórios odontológicos requer sensibilidade, compreensão e abordagens terapêuticas específicas. É fundamental que os dentistas e suas equipes estejam preparados para proporcionar cuidados odontológicos de alta qualidade.

A formação contínua da equipe odontológica em relação ao TEA e às técnicas específicas para o manejo de pacientes com o transtorno é essencial. Isso inclui o desenvolvimento da habilidade de identificar e responder adequadamente a sinais de ansiedade e estresse.

Por meio dessas iniciativas, os profissionais envolvidos na odontologia para pacientes com TEA continuam a aprimorar suas práticas, visando a uma experiência de atendimento que não apenas atende às necessidades dentárias, mas também respeita e apoia as necessidades emocionais e sensoriais de seus pacientes. Além disso, conscientizar outros profissionais da área odontológica e cuidadores de pessoas com transtorno do espectro autista (TEA) sobre as melhores práticas de atendimento e a importância da sedação consciente, quando necessário, pode contribuir para uma melhora significativa na qualidade de vida e saúde bucal da pessoas com TEA.

Referências

AMARAL, C. O. F. *et al.* Paciente autista: métodos e estratégias de condicionamento e adaptação para o atendimento odontológico. *Archives of Oral Research*, v. 8, n. 2, p. 51, 2012.

ANDRADE, A. P. P.; ELEUTÉIO, A. S. L. Pacientes portadores de necessidades especiais: abordagem odontológica e anestesia geral. *Revista Brasileira de Odontologia*, v. 72, n. 1-2, p. 66-69, 2012.

KATZ, C. R. T. *et al.* Abordagem psicológica do paciente autista durante o atendimento odontológico. *Odontol. Clín.-Cient*, v. 8, n. 2, p. 115-121, 2009.

28

O FILHO IDEALIZADO E O PROCESSO DE LUTO APÓS O DIAGNÓSTICO

A maternidade é um processo singular, vivenciado de maneiras diversas por cada família e, nesse processo, testemunhamos distintos desdobramentos para seus filhos. Enquanto, para alguns, o desenvolvimento segue padrões típicos, para outros, ele se desenvolve de forma atípica. Durante a espera pelo nascimento do filho, os pais concebem uma imagem idealizada dele em suas mentes, repleta de expectativas e depositando nele as aspirações de seus próprios ideais. Contudo, ao se confrontarem com o diagnóstico, ocorre uma espécie de morte simbólica dessa concepção imaginária do filho, o fim daquilo que foi criado na mente durante o processo de idealização.

MONIQUE MELO DOS SANTOS

Monique Melo dos Santos

Psicóloga e supervisora. Mestra em Psicologia do Desenvolvimento da Criança e do Adolescente. Doutoranda em Psicologia. Pós-graduanda em Neuropsicologia e Reabilitação Cognitiva pelo HC-FMUSP. Professora universitária.

Contatos
neuropsimonique@gmail.com
11 99388 2446

Processo da gestação e a idealização do filho

Durante o período gestacional, os pais idealizam uma representação mental do filho que está sendo gestado. Nesse contexto, delineiam atributos físicos como a coloração da pele, características faciais, incluindo nariz, cabelo e olhos, que, simbolicamente, se associam à transmissão de valores morais e à projeção do futuro da criança. Tais projeções e identificações com características específicas almejam estabelecer uma proximidade afetiva e uma familiaridade com o ser ainda por se revelar.

Antes mesmo de virem ao mundo, os filhos são concebidos como um sonho, meticulosamente delineado e imaginado pelos pais ao longo do processo gestacional. Os progenitores iniciam detalhadamente a preparação do ambiente para a chegada do novo membro da família, preparando detalhes como a paleta de cores do quarto, ponderando sobre o sexo da criança, investindo tanto recursos financeiros quanto emocionais nesse processo. Esse comprometimento reflete a confiança e as aspirações depositadas no futuro filho. Consequentemente, o nascimento de uma criança transcende a mera ocorrência biológica de caráter instintivo, trazendo consigo emoções e expectativas por parte dos pais.

E, desse modo, os pais prosseguem na persistente condução dessa projeção, estabelecendo metas e delineando planos para o futuro imediato e distante do seu destino. Esses planos não são apenas expectativas, mas são visões fantasiosas de um ideal que os pais sonharam e construíram para o destino de seu filho. Decidem por ele, desde a instituição de ensino a qual vai frequentar até as áreas de destaque acadêmico, projetando até mesmo a profissão que almejará. Nesse processo, depositam os seus sonhos moldando um futuro que reflita as aspirações que os pais idealizaram para si próprios.

Dessa maneira, o filho se torna um reflexo espelhado das imaginações parentais.

O nascimento de um filho e a morte do processo de idealização

O nascimento de um filho pode acarretar repercussões significativas na dinâmica de um casal, independentemente de ter sido planejado ou não. Essas repercussões reverberam em diversos aspectos de suas vidas, abrangendo desde o âmbito financeiro até o emocional, bem como influenciando suas rotinas cotidianas.

Tais transformações desencadeiam uma gama de sentimentos que incluem apreensão, medo, ansiedade, angústia e insegurança, pois a obrigação agora recai sobre si, e tais responsabilidades são fundamentais para um desenvolvimento saudável da criança, abrangendo áreas como educação, socialização e saúde.

O diagnóstico inesperado de uma criança modifica a dinâmica familiar, forçando a reavaliar suas premissas, modificar rotinas e aprofundar-se no entendimento do diagnóstico em questão. É possível exemplificar essa questão com o relato de Carla Bertin, mãe, advogada e defensora dos direitos dos autistas:

> Estudamos e dividimos aprendizado por um mês inteiro, mas ainda tínhamos muitas dúvidas. Aprendemos nos primeiros meses, graças a Deus, que nós, como família, não podíamos deixar tudo nas mãos dos terapeutas.

Tal processo impõe às famílias uma jornada de ressignificação em seu papel parental.

> Eu ficava de três a quatro horas todos os dias com o Gabriel nesse quartinho, brincando de forma dirigida e objetiva. Já sabíamos quais eram os objetivos do Gabriel, então o Zé separava as atividades, eu preparava o material e brincava com ele. O Caio, irmão dez anos mais velho que o Gabriel, brincava junto, para ser o modelo e ajudar no ensino. (CARLA BERTIN)

Os pais podem encontrar-se desprovidos da estrutura emocional necessária para enfrentar essa reorganização de suas rotinas, assim como as demandas sociais que evidenciam a discriminação e a ausência de suporte adequado para acolher a criança em questão.

Quando a criança idealizada não se enquadra mais nos padrões convencionais do que a sociedade considera como “normal”, manifestam-se experiências emocionais como desespero, angústia, tristeza e negação, caracterizando o processo de luto.

O processo de luto após o diagnóstico

Após o diagnóstico com a constatação da perda do filho idealizado, inevitavelmente surge um período intenso de sentimentos, acompanhados de receios em relação ao futuro, frustração e até mesmo vergonha. Torna-se inevitável passar pelo processo de luto pela criança que existia apenas no plano das idealizações, a fim de possibilitar o estabelecimento de um vínculo genuíno de amor e cuidado com o filho que veio ao mundo. Em muitos casos, indivíduos que enfrentam tais experiências encontram força interior e conferem um novo sentido à existência. Essa força é construída ao se passar pelas cinco fases do luto.

O processo de luto para mães atípicas é individualizado e pode exigir tempo, paciência e apoio contínuo. Os estágios podem variar de acordo com a situação emocional de cada indivíduo. O mais importante é que elas se permitam sentir e processar suas emoções, enquanto encontram maneiras saudáveis de lidar com sua perda e honrar suas experiências únicas.

A fase da negação é o contexto em que a família não aceita o diagnóstico. Tende a consultar mais de um profissional na busca por uma opinião divergente, recusando-se a aceitar que sua vida ou a vida de seu filho é diferente do que ela esperava.

> O momento do diagnóstico é único e o nosso não foi nada "fofo". Então, delicada como um hipopótamo, a médica continuou: "O Gabriel está no espectro autista". Após uma pequena explicação sobre o autismo, suas características, terapias, possibilidades, ela completou: "Ah, e não adianta vocês saírem daqui e passarem em outro médico para ouvir que seu filho não tem nada, porque ele tem e daqui a dois, três anos, vocês vão voltar dizendo que eu tinha razão e vocês já vão ter perdido esse tempo de desenvolvimento". (CARLA BERTIN)

No estágio da raiva, as mães sentem-se injustiçadas, com raiva do destino, pessoas e até raiva de si mesma por se sentirem culpadas pelo diagnóstico.

Na barganha ou negociação, a mãe atípica pode negociar com ela mesma ou até mesmo com uma força superior na tentativa de modificar a situação ou encontrar uma solução para os desafios que enfrenta.

> Como somos cristãos, assim que chegamos em casa, oramos e pedimos que Deus nos ajudasse como pais, porque não sabíamos o que fazer. (CARLA BERTIN)

Na fase da depressão, a mãe pode sentir-se abatida, triste e desesperada. Ela pode experimentar uma sensação de perda profunda e uma falta de esperança em relação ao futuro. Algumas podem experienciar a falta de vontade de viver, o isolamento social, perda dos companheiros, perda do emprego, aumento do peso e falta de crença.

A fase da aceitação é o reconhecimento da realidade a qual ela vive, encontrando maneiras de se restabelecer e lutar pelo seu filho. Hoje, somos melhores pessoas.

> Aprendemos muito sobre autismo, sobre a vida, sobre prioridades, sobre desenvolvimento, sobre empatia, sobre dificuldades, sobre lutas e claro, sobre superações e vitórias. [...] Por causa do Gabriel, criamos o Autismo Legal que é o maior projeto do mundo sobre direitos do autista, podendo ajudar milhares de outras famílias, assim como gostaríamos de ter sido ajudados. Sim, a médica estava certa: ele continua sendo o mesmo Gabriel que entrou com a gente naquele primeiro e inesquecível dois de abril. (CARLA BERTIN)

Ao criar uma rede de apoio sólida e adotar estratégias eficazes de enfrentamento, as mães atípicas podem aprender a lidar com o diagnóstico de forma saudável e construtiva.

Referências

CORRADINI, I. *Minha maternidade atípica.* São Paulo: Dialética Literária, 2023. E-book Kindle.

FONSECA, C. *Querida mãe atípica.* São Paulo: Uiclao, 2023.

GUTMAN, L. *A maternidade e o encontro com a própria sombra.* Santana do Parnaíba: Best Seller, 2016.

29

DANIEL BASTOS

O NASCIMENTO QUE TRANSFORMOU NOSSAS VIDAS E A NOSSA HISTÓRIA PARA SEMPRE

Neste capítulo, relato a história do nascimento do meu terceiro filho, Daniel, e de seu diagnóstico de síndrome de Down e, posteriormente, autismo. Compartilho os problemas de saúde enfrentados quando ele era recém-nascido e as batalhas em busca dos tratamentos iniciais adequados em meio à pandemia de covid-19. Como mãe atípica, orgulho-me em contar sobre meu desenvolvimento pessoal e profissional depois do nascimento do nosso "Dani", cuja existência impulsionou uma história familiar em prol da APAE de Itanhaém e da inclusão escolar no colégio que fundei em 2003.

PATRÍCIA CARAM COSTA BASTOS

Patrícia Caram Costa Bastos

É pedagoga pela Universidade Santa Cecília, neuropsicopedagoga clínica e institucional; especialista em educação especial e inclusiva. Pós-graduada em Análise do Comportamento Aplicada - Intervenção ABA Para Autismo e Deficiência Intelectual (CBI of Miami). Atualmente, é mestranda em Atenção Precoce. É diretora e fundadora do Colégio Albert Einstein e da clínica Núcleo Daniel Bastos, ambos de Itanhaém/SP, além de ser diretora na APAE de Itanhaém.

Contatos
colegioalberteinsteinitanhaem.com.br
nucleodanielbastos.com.br
patricia.bastos@nucleodanielbastos.com.br
Instagram: @profapatriciabastos

Daniel foi o nome que escolhemos para o nosso terceiro filho. Estávamos todos com uma grande expectativa pela chegada do Dani, afinal de contas, era o nosso primeiro menino. Já éramos pais da Letícia e da Larissa, e ele chegaria como um companheiro para o papai. Dani estava previsto para nascer no início de fevereiro de 2017, mas, no dia 25 de janeiro, à noite, senti as primeiras contrações. A partir de então, tudo aconteceu muito rápido. Às sete horas e treze minutos da manhã, eu já estava com Daniel no meu colo. Ele nasceu de parto normal, mas demorou um pouquinho para chorar, o que me deixou apreensiva. Eu via a equipe médica e o pai em cima dele no bercinho. Quando ele finalmente chorou, foi um alívio. Poder receber o seu bebê nos braços é a maior recompensa que uma mãe pode ter após a longa jornada da gestação.

A primeira coisa que eu vi Daniel fazer foi colocar a língua para fora da boca e repetir isso muitas vezes, o que chamou a minha atenção e não pude deixar de comentar: "Dani não para de colocar essa língua para fora, parece um lagartinho". Antes de sairmos da sala de parto, a neonatologista avisou a doutora que Dani tinha a nota da escala de Apgar 7/8.[1] Ouvi e achei-a baixa em relação às meninas, que tinham tido 9/10.

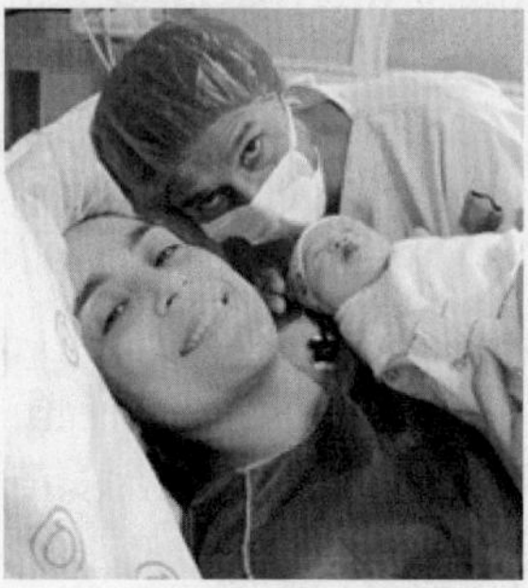

Foto: Patrícia, Tiago e Daniel na hora do nascimento.

1 Avaliação rápida do estado geral de saúde do recém-nascido logo após o parto.

Liberados, fomos para o quarto. Dani era um bebê muito tranquilo, mas confesso que alguma coisa me intrigava. Eu olhava para ele e o achava diferente das minhas meninas. Ele colocava a língua para fora da boca toda hora e aquilo me deixava curiosa. Ele também estava com dificuldade para mamar, mas como era o seu primeiro dia fora da barriga, pensei que logo ia passar.

No dia seguinte, pela manhã, ele foi para o berçário para passar com a pediatra. Aproveitei o momento, peguei meu celular e fui olhar as fotos da Larissa quando nasceu. De fato, ela e Dani eram muito parecidos, mas ele tinha os olhinhos diferentes, mais fechadinhos, o rosto redondinho e a língua para fora da boca o tempo todo. Nem vi a hora passar, até que bateram na porta do quarto, era a minha obstetra.

Agora, escrevendo, consigo lembrar exatamente o que ouvi e senti naquele dia. Não me sinto mais como naquela hora, pois o tempo suaviza a dor, mas ela não deixa de existir. A doutora começou: "Patrícia, a pediatra da maternidade me chamou para conversar pela manhã, queria saber como foi a sua gestação, e se eu tinha alguma informação importante para passar a ela, porque o Daniel tem características...". Nesse exato momento, a "ficha caiu". Pensei: "Agora sei exatamente o que meu filho tem, ele tem Down".

E assim foi, ela disse que Daniel preenchia as características para Síndrome de Down e que a pediatra viria nos orientar. Descobri também que Dani teria que fazer um exame de sangue chamado Cariótipo para comprovar a Trissomia 21. Foi um momento difícil, principalmente pelo desconhecimento do que meu filho precisava naquele momento e precisaria no futuro. A partir de então, passei a ser outra pessoa. Naquele 26 de janeiro de 2017, nasceu uma mãe atípica.

No segundo dia de vida, Dani precisou ser internado na UTI Neonatal devido a um desconforto gastrointestinal. Ele apresentava vômito e inchaço abdominal. Essa foi a primeira internação dele. Após cerca de dez dias, ele apresentou melhora no quadro geral e teve alta da UTI, para depois, finalmente, ir para casa. Desde que eu tive alta e fui embora e ele ficou internado, senti aquela dor da separação. Você deixar a maternidade sem o seu filho é uma dor terrível.

Em casa, nossa adaptação seguiu tranquilamente. Porém, em uma manhã, percebi a barriga do Dani inchada. A dificuldade para mamar e os mesmos sintomas da maternidade reapareceram. Passamos uma noite difícil; logo cedo, seguimos para o hospital.

A partir de então, Dani ficou internado até ser diagnosticado com megacólon congênito. Foram exatamente 55 dias nos quais Dani lutou pela vida, até finalmente ser operado e curado. Durante a internação, recebemos o resultado do exame genético que ele havia colhido na maternidade e que comprovou a Trissomia 21, do tipo livre. A equipe médica que cuidou do meu filho foi a melhor que poderíamos ter encontrado, a quem sou eternamente grata. Deus foi muito bom com a minha família e, após a alta médica, fomos para casa. Vida nova.

Após a primeira consulta do Daniel com a pediatra especialista em Síndrome de Down, saímos com as prescrições para diversos exames de rotina, pois os especialistas precisavam avaliá-lo para iniciar as terapias. O início deveria ser imediato, e eu pensava: "Como um bebê de três meses vai fazer terapia toda semana?". Mesmo confusa, fui atrás dos profissionais. Comecei procurando por clínicas que atendessem o nosso convênio médico e não encontramos nenhuma na cidade. Perguntei a pessoas conhecidas e, enfim, encontramos a fisioterapeuta e, posteriormente, a fonoaudióloga. Assim, Dani iniciou suas terapias em domicílio.

Então, chegou o momento de voltar ao trabalho. Sou formada em Pedagogia e diretora há 20 anos no Colégio Albert Einstein, de Itanhaém/SP, escola que fundei com meu marido. Fui retomando a rotina e seguindo em frente. Naqueles meses, aprendi muito sobre desenvolvimento infantil. A partir do nascimento do Daniel, eu comecei a me transformar. Possuía um sentimento de luta por meu filho e queria que seus direitos fossem respeitados.

Certo dia, encontrei no corredor da escola a mãe de uma aluna e ela disse que queria me fazer um convite: "Quero convidar você para conhecer a APAE de Itanhaém. Quem sabe você se torna uma voluntária?". E assim, meu marido e eu fomos pela primeira vez à APAE de Itanhaém. Chegando lá, me senti extremamente emocionada. Fomos recebidos pela coordenadora Cláudia, que foi muito acolhedora e atenciosa, nos mostrando o espaço, contando das suas necessidades e do grande trabalho que desempenhavam. Finalizamos combinando que eu voltaria mais vezes e me comprometeria como voluntária em ajudá-los. Na volta, compartilhei os desafios e necessidades da APAE com minha mãe e com o avô Marcos, meu padrasto, que ficaram sensibilizados e empenhados em colaborar com a instituição.

Ao passo em que Daniel seguia o seu tratamento e estava perto de completar o primeiro ano de vida, iniciei duas pós-graduações: uma em Neuropsicopedagogia e outra em Educação Especial e Inclusiva. Estava comprometida em aprender e poder me especializar em inclusão escolar, pois já notávamos um aumento de matrículas de alunos com autismo e outros transtornos. Isso me preocupava e, ao mesmo tempo, estimulava a me capacitar para preparar minha equipe para essa nova realidade.

Enquanto isso, o avô Marcos conheceu a APAE de Itanhaém e era um voluntário atuante. Com seus conhecimentos em gestão administrativa, ele colaborava com os projetos e a APAE seguia em uma fase promissora. Quando houve a eleição para escolha dos novos membros da diretoria da instituição, para surpresa de todos, o avô Marcos disse que iria se candidatar e que seria o novo presidente da APAE, e assim aconteceu. Ele foi eleito e passou os últimos anos se dedicando exclusivamente à causa.

Perto de completar dois anos de idade, durante as consultas do Daniel, a doutora apontou que alguns comportamentos dele estavam mais atrasados do que o esperado para um bebê com Síndrome de Down. Na visão da profissional, ele não estava respondendo bem à estimulação precoce e era necessário reavaliar as terapias. Tiago e eu ficamos muito preocupados. Por que o Dani não estava respondendo às terapias? Por isso, buscamos uma clínica especializada e lembramos da APAE de São Paulo. Agendei a avaliação dele e recebemos a devolutiva com as recomendações para o tratamento, que seguia com fisioterapia, fonoaudiologia e terapia ocupacional.

No decorrer do tratamento, o primeiro apontamento de que algo não ia conforme o esperado foi feito pela fonoaudióloga. Ela conversou conosco sobre um atraso na fala, pois Dani não pronunciava nada ainda e ele precisava de uma avaliação para "apraxia da fala". Eu não fazia ideia do que era isso, e achávamos que era coisa demais para o meu filho lidar. Durante muito tempo, eu não conseguia entender a importância das terapias e da carga horária.

Em seguida, foi a terapeuta ocupacional quem fez os seus apontamentos, indicando que Daniel era muito sensível a texturas, cheiros e barulhos e que precisaríamos avaliá-lo para fazer terapia com integração sensorial. Pensei inúmeras vezes que ele não faria mais nada de terapia, que ele ficaria em casa sem aquela rotina cansativa e que, depois que ele andasse, ele iria para a escola. Foi então que, no meio desses acontecimentos, descobri que estava grávida novamente, esperando meu quarto filho, o Titico. Comecei a me sentir muito mal nas viagens semanais e não seria mais possível continuar indo a São Paulo.

Recomeçamos a busca em Itanhaém por clínicas e profissionais para a continuidade do tratamento, o que foi bem difícil. Os dias iam passando e a minha preocupação crescia, afinal de contas, por mais que eu não compreendesse com clareza ainda as necessidades do meu filho, eu nunca deixei de buscar o tratamento prescrito.

Próximo ao fim do ano, tivemos a notícia da inauguração de uma clínica multidisciplinar em Itanhaém, portanto Dani poderia continuar seu tratamento lá. Pouco depois, meu caçula nasceu, as coisas se acalmaram e, enquanto a vida seguia, fomos surpreendidos pela pandemia de Covid-19. Dani havia feito só três meses de terapias e tivemos que migrar para a modalidade on-line.

Infelizmente, Dani teve uma regressão muito grande nesse período. Tornou-se nítido que os seus comportamentos estavam cada dia mais rígidos e as terapeutas afirmaram que ele precisava retornar para o atendimento presencial. Porém, eu não sentia segurança e tinha muito medo de ele pegar o vírus.

Por isso, agendamos uma consulta com a pediatra especialista e conversamos sobre o desenvolvimento dele: como ele havia regredido em alguns pontos e sobre as questões comportamentais evidentes – a rigidez do comportamento, a intolerância ao esperar, a falta de comunicação e as questões sensoriais. Ela recomendou, portanto, a consulta com a neuropediatra.

Confesso que o recado eu já tinha entendido: foi exatamente nessa consulta que eu soube que Daniel tinha autismo também, seu segundo diagnóstico. Naquele momento, Dani estava com três anos de idade. Novamente, eu não estava preparada. Aliás, mãe nenhuma está preparada para receber essa notícia.

Na escola, sempre tivemos alunos com autismo e estava há um tempo acompanhando o desenvolvimento infantil. Inclusive, montei um projeto com a coordenação pedagógica do Colégio, que chamamos de Núcleo de Apoio Escolar. Na época, eu fiz o convite para uma colega professora, especialista em atendimento educacional especializado (AEE), para me ajudar a montar esse projeto. Idealizei um espaço que fosse totalmente dedicado aos alunos e às famílias que necessitavam de apoio para a inclusão escolar. Inauguramos o Núcleo no início de 2018 e, depois de muitos ajustes e formações, hoje tenho um grande orgulho desse projeto. Um espaço que se dedica integralmente à inclusão escolar, promovendo ações como o acolhimento com as famílias, adaptações escolares, de materiais e de currículo, formulação dos planos educacionais individualizados (PEI) e formações com a equipe. Tudo que é feito no Núcleo é realizado com amor e dedicação, mas acima de tudo com muita responsabilidade, com práticas baseadas nas melhores evidências para a área educacional e seguindo a legislação vigente.

Depois da indicação médica, marcamos a consulta com uma especialista em autismo. Foi uma consulta cuidadosa e saímos com a prescrição do tratamento intensivo em análise do comportamento (ABA) e que Dani deveria retornar imediatamente para o atendimento presencial, porque estava tendo grande prejuízo no seu desenvolvimento. Entretanto, ela não deu o diagnóstico nessa consulta, pois disse que queria conhecer o Dani primeiro. Com o aumento da carga horária de tratamentos, ele reagia bem e apresentava progressos. Dani continuava na mesma clínica, porém começaram as trocas de terapeutas, o que é sempre uma notícia difícil, já que logo pensamos no vínculo formado, e eu não estava me sentindo confortável com aquela situação. Foram muitas trocas em pouco tempo, por isso decidimos sair e procurar outro estabelecimento. Fiquei pensativa por alguns dias, conversei com o meu marido sobre o que seria melhor fazer, quando decidi entrar em contato com a terapeuta ocupacional que o atendia. No dia seguinte, já estava tudo certo, conversamos e ela topou atendê-lo. Conversei também com a fonoaudióloga que o atendia; quando percebi, Dani estava iniciando seus atendimentos em uma sala de aula que estava desocupada no meu prédio escolar.

Com isso, iniciava-se um sonho, um novo propósito. Em maio de 2021, nasceu o Núcleo Daniel Bastos, a clínica multidisciplinar do meu filho. Atualmente, somos um espaço clínico e pedagógico que faz intervenção baseada em ABA para crianças com TEA e outros transtornos do neurodesenvolvimento.

Essa história que está sendo escrita agora é a mais linda que eu poderia imaginar. É a história que estou escrevendo com o meu filho e com a minha família. Um novo propósito que nasceu com o meu filho Daniel e que eu tenho um enorme orgulho por poder contar. Os desafios diários são inúmeros, pois muitas pedras aparecem em nosso caminho, mas eu nunca perco a fé e a esperança. Não deixo de acreditar e continuo sempre em frente, porque sei que dias melhores virão e que, por tudo que faço pelo bem do meu filho e das pessoas que eu acompanho, receberei bênçãos em dobro. Daniel, hoje, está com sete anos de idade e foi diagnosticado com autismo em 2022.

30

MOVIMENTOS QUE TRANSFORMAM

ATIVIDADE FÍSICA COMO FERRAMENTA PARA TRANSFORMAR HABILIDADE MOTORA E SOCIAL

Neste capítulo, pais e cuidadores terão a oportunidade de entender a eficácia da atividade física adaptada como uma estratégia de intervenção precoce para crianças afetadas com transtorno do espectro do autismo (TEA). Este capítulo avalia os benefícios dessa abordagem na melhoria do desenvolvimento motor, habilidades sociais, comportamentais e emocionais de crianças autistas.

PHELIPPE CALIRI ALMEIDA

Phelippe Caliri Almeida

Graduado em Educação física - bacharelado. Pós-graduando em psicomotricidade no autismo e outros transtornos do desenvolvimento.

Contatos
phelippecaliri@hotmail.com
47 98910 9608

Introdução

O TEA é uma condição neuropsiquiátrica complexa que afeta diferentes áreas de desenvolvimento do cérebro, como o desenvolvimento de habilidades sociais, comunicativas e comportamentais. Para crianças com TEA, a intervenção precoce desempenha papel crucial na melhoria de suas vidas. Uma área muitas vezes subestimada, mas de extrema importância, é a atividade física, cerca de 87% das crianças diagnosticadas com TEA correm risco de comprometimento motor 22,7 vezes maior, quando comparadas à população típica (BHAT, PHYSICAL THERAPY, 2020). Neste capítulo, exploraremos o impacto da atividade física e a necessidade de uma intervenção precoce para crianças no espectro do autismo.

Atividade física e desenvolvimento motor

O desenvolvimento motor infantil é um processo importante e complexo para as crianças. Trata-se de aprender e melhorar as aptidões motoras, desde os primeiros movimentos dos bebês até a coordenação avançada em crianças mais velhas. Segundo o dr. Paulo Liberalesso, cerca de 6% a 8% das crianças até três anos de idade apresentarão algum nível de atraso do desenvolvimento neuropsicomotor. Agindo por meio do movimento, como meio terapêutico, procura-se melhorar os processos de integração, elaboração e realização inerentes à realidade dialética da criança diante do seu desenvolvimento (FONSECA, 2008).

Este processo é influído por uma combinação de fatores genéticos e ambientais. Durante os primeiros anos de vida, as crianças passam por diversas etapas do desenvolvimento motor, como conseguir segurar a cabeça, rolar, sentar-se, engatinhar, andar e adquirir aptidões finas como segurar pequenos objetos e desenhar. Cada uma dessas etapas é vital para o desenvolvimento global de uma criança, afetando não apenas as suas capacidades físicas, mas também o seu desenvolvimento cognitivo e emocional. O ambiente em que a criança cresce tem um impacto significativo no desenvolvimento motor quando se incluem oportunidades para brincar, quando há estimulação sensorial e interação social. Os pais e cuidadores desempenham um papel fundamental ao proporcionar esse ambiente rico em experiências que estimulem o desenvolvimento motor saudável. Compreender esse processo de desenvolvimento é essencial para promover o bem-estar e o crescimento saudável das crianças.

Falando sobre TEA

O diagnóstico precoce do TEA é de extrema importância, e seu relacionamento com a atividade física desempenha um papel significativo no apoio às crianças. Aqui estão alguns pontos pelos quais o diagnóstico precoce e a atividade física estão interconectados.

1. Intervenção precoce e personalizada: quando o TEA é diagnosticado precocemente, os profissionais de saúde e terapeutas podem desenvolver planos de intervenção personalizados. Isso inclui a prescrição de atividades físicas específicas que atendam às necessidades individuais da criança, considerando suas habilidades e desafios. As intervenções devem auxiliar o indivíduo nas múltiplas ações de adaptação à vida corrente, gerando uma readaptação da criança à atividade mental que precede a elaboração do movimento, melhorando as estruturas psíquicas responsáveis pela transmissão, execução e controle do movimento por meio de um melhor reconhecimento espaço-temporal com base numa maior disponibilidade corporal, determinando sinergias e integração mental do movimento, educando o ato motor pelo pensamento. Quando essa intervenção é aplicada de maneira correta, algumas dificuldades psicomotoras encontradas, como instabilidade emocional, debilidade, emotividade, imaturidade, inibição e agressividade, podem proporcionar à criança a interação entre os problemas afetivos e motores, organizando as funções cognitivas.
2. Desenvolvimento motor e habilidades funcionais: crianças com TEA frequentemente enfrentam desafios no desenvolvimento motor e nas habilidades funcionais, como coordenação motora, equilíbrio e força. A atividade física adaptada e direcionada pode ajudar a melhorar essas habilidades, permitindo que a criança se torne mais independente em suas atividades diárias. O Corpo, na abordagem da terapia psicomotora, é um instrumento de ação sobre o mundo e de relação com o outro (WALLON, 1992). A intervenção precoce por meio da atividade física deve proporcionar à criança o conhecimento do próprio corpo, como: esquema corporal (consciência imediata do

corpo como entidade estática e dinâmica); imagem motora (consciência do esquema motor); esquema postural (estruturas sensório-motoras reflexas e automáticas); imagem de si (imagem representativa integral da consciência do corpo como um esquema integrado); esquema funcional (sentimento que se possui do nosso corpo). Essas são funções dos mecanismos fisiológicos que nos dão o sentimento correspondente à estrutura real do corpo. A noção de esquema corporal se traduz em um processo psicofisiológico que tem origem nos dados sensoriais, que são enviados e fornecidos pelas estruturas motoras, resultantes do movimento realizado pelo sujeito (SCHILDER, 1968). Essa noção do corpo se estrutura ao longo da infância e projeta-se ao longo de toda a existência do indivíduo. A integração de todos os dados sensíveis, sinestésicos, assegura a maturidade e o ajustamento das condutas motoras que passam a ser automatizadas, dando expressão à perfeição da função tônica e à capacidade de inibição na atividade motora voluntária; a edificação progressiva da imagem do corpo faz-se no mundo físico e social, história vivida do indivíduo.

3. Redução de comportamentos desafiadores: a prática regular de atividade física pode ajudar a reduzir a ansiedade, o estresse e comportamentos desafiadores frequentemente observados em crianças com TEA. Exercícios físicos podem ser uma válvula de escape para a expressão de emoções que promovem a regulação emocional por meio da liberação de endorfinas, neurotransmissores que ajudam a reduzir o estresse e a ansiedade, ajudando a regular o humor e melhorar a sensação de bem-estar. A atividade física pode oferecer uma maneira saudável de liberar energia e frustrações, reduzindo, assim, alguns comportamentos agressivos.

4. Integração social: isso é particularmente importante para crianças com TEA, que podem enfrentar desafios na comunicação e interação social. A participação em atividades físicas em grupo, como aulas de esportes adaptados, pode oferecer oportunidades valiosas ajudando a desenvolver habilidades sociais, assim promovendo um senso de pertencimento.

5. Saúde geral e bem-estar: a atividade física é essencial para a saúde geral e o bem-estar de qualquer indivíduo, incluindo aqueles com TEA. Ela contribui para a melhoria da saúde cardiovascular, fortalecimento muscular, equilíbrio, coordenação e qualidade de vida em geral.

6. Estratégia de autogerenciamento: a atividade física pode se tornar uma estratégia de autogerenciamento. Quando indivíduos com TEA aprendem a reconhecer que estão se sentindo sobrecarregados, podem usar o exercício físico como uma maneira de lidar com esses sentimentos, promovendo a autorregulação emocional.

7. A não exclusão e aceitação social: a promoção da atividade física adaptada em escolas e comunidades contribui para a não exclusão de indivíduos com TEA na sociedade. Isso ajuda a quebrar barreiras de estigma e promove a aceitação da diversidade. O exercício físico em grupo pode ser uma ótima oportunidade para crianças com autismo interagirem socialmente e desenvolverem habilidades sociais.

Benefícios da atividade física para indivíduos dentro do espectro autista

A atividade física oferece vários benefícios importantes para todas as pessoas, tanto física quanto emocionalmente. Aqui estão alguns dos benefícios mais significativos em crianças dentro do espectro autista: melhora da saúde física, aumento da força muscular e resistência, podendo ser uma parte importante do desenvolvimento físico e do bem-estar geral. No entanto, é importante abordar esse tópico com sensibilidade, uma vez que as necessidades e capacidades das crianças com autismo podem variar amplamente.

Cada criança com autismo é única em suas habilidades e preferências; portanto, um programa de exercícios personalizado é crucial, como em qualquer programa de condicionamento físico, principalmente para atender às suas necessidades específicas. Aumentar o repertório de movimentos e estimular o desenvolvimento global da criança ajuda-a a melhorar a força muscular, resistência, coordenação motora e equilíbrio, contribuindo para uma vida mais saudável e ativa. É essencial utilizar estratégias em conjunto com a equipe multidisciplinar. A adaptação das atividades, a diversificação dos estímulos apresentando diferentes materiais para a criança explorar, com estímulos sensoriais como brincar com a criança em diferentes ambientes, com diferentes texturas, tamanhos cores e pesos, ofertando dicas visuais que facilitem a compreensão podem fazer que a criança perceba que a atividade pode ser prazerosa e despertar nela o interesse natural para a demanda. É necessário sempre frisar que qualquer programa de exercícios deve ser supervisionado por um profissional de educação física, especialmente quando se trabalha com crianças com TEA, pois deve-se adaptar os exercícios de acordo com as necessidades da criança e garantir que sejam realizados de maneira correta e segura. Trabalhar com previsibilidade é mais um ponto essencial para muitas crianças com autismo. A comunicação pode, muitas vezes, ser um desafio; é importante que os cuidadores e professores usem estratégias eficazes de comunicação e estabeleçam uma rotina consistente durante as sessões de exercícios. Isso pode ajudar a criança a se sentir mais segura e preparada para a atividade física.

Ao planejar atividades de aumento de força e resistência, é importante levar em consideração que algumas crianças com autismo podem ser sensíveis a estímulos sensoriais, como luzes brilhantes, ruídos altos ou texturas desconfortáveis, podendo causar uma desregulação na criança.

Definir metas realistas e mensuráveis é fundamental. Isso ajuda a criança a ver seu progresso e a se sentir motivada para continuar com a atividade física.

Em resumo, o aumento da força muscular e resistência em crianças dentro do espectro autista pode ser benéfico, desde que seja abordado de maneira sensível e personalizado às necessidades de cada criança. Durante as primeiras aulas, de modo geral, o professor vai precisar ajustar a participação e interação com o aluno, usar um posicionamento adequado, observar a criança, adicionar simples palavras e efeitos sonoros, imitar e começar a ajudá-la a alcançar seus objetivos sem querer nada em troca por parte da criança (ROGERS; DAWSON, 2014). Volto a frisar que a abordagem deve ser adaptada às necessidades individuais de cada criança autista, levando em consideração suas preferências e níveis de habilidade.

Um programa de atividade física supervisionado por profissionais de educação física e terapeutas ocupacionais é a melhor maneira de alcançar resultados significativos na melhora da coordenação motora em crianças autistas. Outro benefício não menos importante é a melhora significativa na qualidade do sono, pois, ao longo da prática da atividade física, é liberada energia acumulada, o que reduz o estresse e promove uma sensação de bem-estar geral. Algumas atividades físicas, como natação, atletismo ou caminhadas ao ar livre, oferecem estímulos sensoriais que podem ser agradáveis e calmantes para crianças autistas. É importante notar que as preferências e necessidades individuais variam, nem todas as pessoas autistas responderão da mesma forma à atividade física. Portanto, é essencial adaptar as atividades às preferências e às habilidades específicas de cada indivíduo, ofertar suporte verbal, dicas visuais, suporte gestual, suporte físico parcial ou suporte físico total, considerando sempre a importância da orientação de profissionais de educação física e terapeutas para que a participação em atividades físicas seja realizada de maneira segura e supervisionada, especialmente quando se trata de crianças e jovens autistas.

Referências

PIAGET; VYGOTSKY; WALLON. *Teorias psicogenéticas em discussão.* São Paulo: Summus, 1992.

SCHILDER, P. *A imagem do corpo*: as energias construtivas da psique. São Paulo: Martins Fontes, 1999.

31

DIAGNÓSTICO NÃO É SENTENÇA, SÃO CAMINHOS

Neste capítulo, você entenderá que para todo diagnóstico há caminhos a serem seguidos e que, durante a jornada, haverá dias de luto, choros e lágrimas. Mas haverá também a possibilidade de seguir com o pós-diagnóstico e ter perspectiva de futuro na vida.

PRISCILA FABIANA AGOSTINHO USKI

Priscila Fabiana Agostinho Uski

Fonoaudióloga clínica infantil - Universidade Metodista De Piracicaba (UNIMEP). Pós-graduanda em Autismo - Fatec/Ivaiporã. Pós-graduada em Neuropsicopedagogia - Fatece. Pós-graduada em Educação Especial e Inclusão - Fatece. Aplicadora ABA - Academia do Autismo. Curso básico PECS (*Picture Exchange Communication System*) - Pyramid Educational Consultants.

Contatos
prisagos@yahoo.com.br
Instagram: @fonopriscilaagostinho

Você tem suspeitas, evidências, sinais, percepções de amigos e familiares que já tinham notado algo diferente. O diagnóstico: autismo. E agora, o que fazer? Viver o luto, a negação, a culpa, a raiva, o medo? Quais sentimentos vem à tona? Uma situação inesperada. Como a família vai reagir? E a sociedade?

Essas dúvidas e questionamentos passam na cabeça de pessoas iguais a você, todos os dias.

Joana (nome fictício), mãe de dois meninos de três anos de idade, fez o seguinte relato:

“Por mais que eu já esperasse pelo diagnóstico, quando recebi o laudo foi como se o mundo tivesse desabado, uma dor no peito, uma sensação de impotência. Foram duas semanas de choro, como se eu tivesse paralisada, fiquei perdida, sem saber por onde começar a agir. Foi num domingo que eu pensei ‘Senhor, eu preciso reagir e ajudar meu filho’. Daquele dia em diante, comecei a organizar a minha mente, ouvindo conselhos de médicos, por onde começar diante do diagnóstico e foi fluindo. Não tivemos negação.

“Algumas pessoas da família já suspeitavam, porque tinham observado algumas características, porém para os avós paternos foi um pouco mais difícil de entender que ele tinha autismo, pois eles não tinham o conhecimento sobre o assunto, mas não houve negação. Hoje busco entender melhor o autismo, estamos adaptando mudanças na rotina dele para que tenha uma melhor evolução”.

O relato a seguir é de Amanda (nome fictício), mãe de Gabriel, de seis anos:

“No dia fiquei muito triste, como se ele não fosse ter um futuro, mas com o passar dos dias, notei que com as terapias adequadas ele teria uma vida normal, e assim está sendo. Eu já tinha depressão, crise de ansiedade e síndrome do pânico, faço acompanhamento com psiquiatra, tomo medicação corretamente, porque só vou conseguir cuidar do meu filho se eu estiver bem cuidada".

É importante ressaltar que o autismo não define seu filho. Seu filho é muito mais do que um diagnóstico. É compreensível que o diagnóstico inicial possa trazer uma avalanche de emoções e preocupações. Pode ser complicado entender o que isso significa para o futuro do seu filho e como lidar com as adversidades que podem surgir. No entanto, é importante lembrar que cada criança com autismo é singular e tem seu próprio conjunto de habilidades e talentos. Com a abordagem certa, é possível orientá-la a crescer e se desenvolver no mundo social.

Assim que o laudo médico chega, é normal passar por um período de luto. Segundo a psicologia, o luto tem cinco fases: negação, raiva, negociação, depressão e aceitação. A maneira como cada pessoa lida com cada fase é única e depende da sua história pregressa. Algumas pessoas só chegam à aceitação com ajuda extra. E isso também é normal. Também é ser humano. A princípio vem uma dor, que com o tempo se transforma em amor, compreensão e luta pela causa.

Após o período de negação ao diagnóstico, é preciso encarar os fatos: o autismo não desaparecerá, tampouco haverá cura. O mais importante é ter em mente que o diagnóstico de autismo não é uma sentença, e sim o começo de uma caminhada. É importante que os familiares busquem apoio psicológico, procurem apoio em grupos de pais ou pessoas que passaram pela mesma situação para expressarem suas emoções e ter uma rede de apoio nessa jornada do conhecimento.

Quando o diagnóstico chegou na minha casa foi de uma forma leve, ainda que não tão tranquila, mesmo para mim que sou profissional da área da saúde. Além disso, houve situações que eu ainda não conhecia e que, no dia a dia, se mostraram desafiadoras. Tales tem 44 anos, é bancário e ator, com formação acadêmica em TI. Recebeu diagnóstico tardio, embora as características suspeitas sempre acompanhassem sua vida. Após meses de insegurança e negação, enfim decidiu se aprofundar na questão e buscar as respostas que sempre inquietaram sua mente. Deixo abaixo o seu relato:

"Eu sentia que era diferente. Quem nunca?

"No meu caso, eu sabia que meu comportamento, minha maneira de pensar e reagir em determinadas situações fugiam do estereótipo do 'normal'.

"Até pouco tempo atrás, eu acreditava que esse jeito diferente se aplicava apenas em determinadas situações e comportamentos. Nada mais errôneo.

"O pensamento de se sentir diferente sempre esteve presente em minha vida. E eu não escondia essa percepção das pessoas. Ao contrário, procurava deixar claro, logo que uma demanda se apresentava, que eu não reagiria àquela situação como as demais pessoas.

"Isso perdurou por todos os relacionamentos em que estive envolvido, sejam familiares, de amizade, de trabalho, escolares e, principalmente, os relacionamentos amorosos.

"Quando conheci minha esposa, deixei bem claras algumas particularidades minhas: meu jeito de pensar, de me vestir, meu histórico anterior. Isso de cara já chamou sua atenção.

"Sendo ela uma profissional da saúde, especialista em matéria de autismo, ela logo notou em meu comportamento (e até em meu modo de andar) alguns sinais.

"A princípio, ela creditava tais sinais à educação dada pelos meus pais. Meu pai tem origem oriental, então um comportamento mais retraído era até esperado. Com o tempo, ela notou em mim atitudes que observava em seus pacientes.

"Quando os sinais se tornaram, para ela, um conjunto de características que inevitavelmente levavam ao diagnóstico, veio a proposta: que tal procurar um médico especialista e confirmar nossas suspeitas?

"Posterguei por muito tempo até criar coragem de marcar consulta com um psiquiatra. Como o diagnóstico para adultos ainda é algo difícil, temi ser desencorajado, ou tratado como um impostor, alguém que estava apenas carente de atenção.

"No fim das contas, meu processo foi bem tranquilo. Os profissionais que me atenderam foram muito competentes em avaliar meu histórico, desde a infância até a vida adulta, e saí de lá 'laudado'.

"O que mudou? Depende da perspectiva.

"Como eu sou, como eu ajo e reajo, como me expresso, pouco ou nada mudou. Continuo sendo eu mesmo, o diagnóstico confirmado não muda ninguém.

"Por outro lado, como eu me sinto, tendo a consciência desse diagnóstico, como eu lido com o modo diferente de pensar, sentir e reagir ao mundo isso muda tudo.

"A ficha demorou a cair. Lidar com a perspectiva de ser neurodivergente é um processo diário. Às vezes difícil, outras vezes nem tanto. Passar a limpo tantas situações em que o autismo se manifestou, por toda a vida, é um aprendizado que não se esgota. Como dizem, 'tudo agora parece fazer sentido'.

"Ser um adulto tardiamente diagnosticado é passar a conviver com um pensamento que varia conforme a ocasião: diante de um determinado estímulo que resulta numa reação neurodivergente, quando o autista deve se policiar para evitar ou corrigir o comportamento, e quando deve apenas aceitar e seguir em frente?

"A resposta varia, e depende de fatores internos e externos. Tal reação prejudica o autista? Limita seu potencial? Causa algum sofrimento? Prejudica outras pessoas envolvidas? Se a resposta a alguma dessas perguntas for sim, é sinal de que o comportamento precisa de uma intervenção, na forma de tratamento com terapia ocupacional (TO), acompanhamento psicológico especializado ou, em casos específicos, ministrando medicamentos que ajudam no controle de determinadas reações.

"Se o diagnóstico tivesse sido feito na infância, como poderia ter sido no meu caso, minha vida seria diferente? Talvez. Melhor? Pior? Não há resposta simples, apenas dúvidas que jamais serão respondidas. Ficar ruminando isso pode até causar uma ansiedade sem propósito.

"Faço acompanhamento com psicoterapia há mais ou menos sete anos. Com isso, pude levar minha vida até o momento de maneira satisfatória. Mas a sensação de que 'poderia ter sido melhor' persiste. Muitas potencialidades poderiam ser mais bem exploradas, muitas dificuldades poderiam ser melhor enfrentadas.

"A quem possui uma suspeita de autismo, digo: não fique na dúvida. Pelo sim ou pelo não, investigue. A vida vai cobrar a conta, mais cedo ou mais tarde".

Outra experiência vivida por diagnóstico tardio. Lucas (nome fictício), 30 anos aproximadamente:

"Fui diagnosticado com nível 1 no começo de 2023 com quase 30 anos de idade. É difícil pois é como estar entrando num mundo novo, como meu nível de suporte é 1, meus pais me apoiam, mas às vezes dizem que eu não tenho 'quase nada'. Meus familiares pouco sabem do meu problema, ainda estou aprendendo a lidar com minhas dificuldades. No início tive medo, estranheza, mas agora que já passou um tempo e estou aprendendo mais sobre o diagnóstico, o meu sentimento é de libertação, de saber quem eu sou de verdade. Crises do passado passaram a fazer sentido. Atualmente faço acompanhamento com neurologista, arteterapeuta, tomo duas medicações e sigo a minha vida".

A palavra libertação é muito forte, livrar-se de algo que te impedia de enxergar a si mesmo. Entender sua trajetória de vida e saber que não era o esquisito da turma; você não tinha frescura para comer (era seletividade alimentar); sua sinceridade nas palavras não era falta de educação; que você não é obrigado a rir de uma piada que não entendeu o sentido.

A chegada do diagnóstico pode trazer dor, mas traz também um novo caminho de libertação e novas possibilidades.

O objetivo deste texto é encorajar e mostrar que existe uma saída.

Agora que você já entendeu isso, vamos falar sobre um ponto importante: você precisa procurar profissionais sérios, atualizados e ter uma equipe multidisciplinar conforme as suas necessidades. Isso é essencial para obter uma ótima evolução.

Não tenha medo daquilo que está à sua frente, transforme seus desafios em benefícios.

Diagnóstico não é sentença, são caminhos.

Quero que, por meio deste capítulo, você possa refletir e seguir seu caminho, seja com seu filho, com um familiar ou consigo mesmo.

O diagnóstico não pode paralisar quem sabe aonde quer chegar, o futuro está em nossa frente e você pode transformar toda dor, dificuldade e preconceito em amor e ação.

Referências

ALMEIDA, T. *Como apoiar alguém que recebeu um diagnóstico.* Disponível em: https://infinito.etc.br/. Acesso em: 3 nov. 2023.

AUTISMO não é sentença. *Autismo Conecta*, 2023. Disponível em: https://www.autismoconecta.com.br/. Acesso em: 15 nov. 2023.

GAIATO, M. *S.O.S. autismo:* guia completo para entender o transtorno espectro autista. São Paulo: Nversos, 2018.

SEGUNDO luto do autismo. *Instituto Lagarta vira Pupa*, 10 fev. 2016. Disponível em: https://www.lagartavirapupa.com.br/post/o-segundo-luto-do-autismo. Acesso em: 5 dez. 2023.

32

TREINAMENTO PARENTAL

PAIS COMO PILARES FUNDAMENTAIS PARA MAXIMIZAR O DESENVOLVIMENTO DA CRIANÇA NO ESPECTRO DO AUTISMO

Este capítulo mergulha na jornada do autismo, destacando a importância vital do treinamento parental como catalisador para o desenvolvimento da criança. Com uma abordagem objetiva, demonstro que, além das terapias convencionais, o treinamento parental é uma ferramenta indispensável para maximizar o progresso, reforçando a ideia de que os pais constituem um pilar central no tratamento do autismo.

RAFAELA DA SILVA VIEIRA DE MELLO

Rafaela da Silva Vieira de Mello

Graduada em Direito e em Enfermagem, com pós-graduação em Transtorno do Espectro do Autismo pelo Instituto Israelita de Ensino e Pesquisa Albert Einstein. Especialização em Transtornos do Neurodesenvolvimento, Análise do Comportamento Aplicada (ABA) e Treinamento Parental. Dedicou-se a intervenções comportamentais e ao treinamento parental, contribuindo significativamente para o desenvolvimento de crianças e adolescentes com TEA.

Contatos
rafaelavieirademello@yahoo.com.br
Instagram: @autismoorientado

Introdução

Após o diagnóstico de autismo, as famílias se veem diante de um turbilhão de emoções e decisões a serem tomadas. Nessa jornada, uma lição valiosa que se destaca é a importância fundamental do treinamento parental no desenvolvimento de crianças diagnosticadas com transtorno do espectro autista (TEA).

Esse treinamento não é meramente um adicional ao tratamento; ele é, de fato, um dos elementos mais críticos para o progresso da criança.

A realidade incontestável é que ninguém tem a capacidade de compreender e estimular seu filho tão profundamente quanto você. Mais do que um vínculo de amor, é a conexão profunda, o comprometimento ativo e o desejo constante de ver seu filho alcançar seu pleno potencial que verdadeiramente impulsionam o desenvolvimento.

Esse envolvimento vai além do afeto; é uma participação consciente e informada tanto no tratamento quanto no cotidiano da criança, moldando cada experiência como uma oportunidade de crescimento.

A história de sucesso no desenvolvimento de uma criança com autismo é invariavelmente marcada pelo envolvimento intenso e dedicado dos pais. Embora as terapias especializadas sejam indispensáveis, as ações e decisões tomadas em casa, sob a direção dos pais, são determinantes.

O treinamento parental estabelece uma ponte vital entre as sessões de terapia e a vida diária, assegurando que a criança receba estímulos adequados e consistentes.

O poder do treinamento parental

O treinamento parental transcende a simples compreensão do autismo. Envolve a aquisição de técnicas específicas, baseadas na Análise do Comportamento Aplicada (ABA), que podem ser incorporadas na rotina diária da família.

Desde a hora do jantar até os momentos de lazer e descanso, cada instante se transforma em uma chance de promover o aprendizado, adaptando as atividades cotidianas para se tornarem sessões de estímulo, interação e aquisição de habilidades.

A Análise do Comportamento Aplicada (ABA) representa uma das abordagens mais eficazes e cientificamente validadas para o tratamento de indivíduos com TEA. Essa metodologia não apenas se dedica a entender os mecanismos subjacentes ao comportamento humano, mas também se empenha em aplicar esse conhecimento para promover melhorias significativas na qualidade de vida desses indivíduos.

Uma das vertentes mais promissoras dentro da ABA é o treino parental, uma estratégia que capacita pais e cuidadores a se tornarem agentes ativos na intervenção comportamental de seus filhos, além de promover o desenvolvimento de habilidades essenciais.

Esse processo envolve ensinar aos pais como identificar, avaliar e responder de maneira funcional aos comportamentos, utilizando princípios da ABA para fomentar mudanças positivas.

A diversidade nas modalidades de treino parental reflete a compreensão de que cada família possui suas próprias necessidades, desafios e dinâmicas. Cada modalidade traz uma abordagem única, mas todas compartilham o objetivo comum de empoderar os pais por meio do conhecimento e das técnicas da ABA. Dentre as diversas modalidades de treino parental elencadas pela literatura, destacamos as seguintes:

- **Videomodelação**: técnica que utiliza vídeos instrucionais para demonstrar procedimentos de intervenção passo a passo. Por meio da observação de modelos comportamentais, os pais podem aprender e replicar técnicas eficazes em casa.
- **Treino pivotal**: focado em ensinar habilidades em contextos naturais, este método prioriza a motivação da criança e a generalização de habilidades, promovendo aprendizados que são fundamentais para o desenvolvimento da criança.
- **Treinamento didático e pyramidal**: um profissional treina um pai ou cuidador, que, por sua vez, compartilha o conhecimento adquirido com outros pais ou cuidadores. Este método promove uma rede de apoio e disseminação de técnicas eficazes de intervenção.

Independentemente da modalidade escolhida, um elemento central no treino parental é a compreensão dos princípios básicos da ABA. Esse conhecimento teórico é crucial para que os pais possam aplicar as intervenções de maneira informada e adaptada às necessidades específicas de seus filhos. Familiarizar-se com esses conceitos permite aos pais entender melhor o comportamento de seus filhos e aplicar estratégias que promovam o desenvolvimento de habilidades e a redução de comportamentos desafiadores.

O treino parental dentro do contexto da ABA oferece uma abordagem poderosa e transformadora para o tratamento do TEA. Ao capacitar os pais com conhecimento e técnicas baseadas em evidências, eles se tornam coterapeutas no ambiente mais influente para a criança: o lar. Esta parceria entre profissionais, pais e crianças não apenas maximiza o potencial de desenvolvimento, mas também fortalece os laços familiares, criando um ambiente de apoio, compreensão e crescimento contínuo.

Transformando desafios em oportunidades

Cada criança com TEA é única, com seus próprios desafios e pontos fortes. O treinamento parental ajuda a incentivar os desafios diários em oportunidades de crescimento e desenvolvimento.

Seja por meio da comunicação alternativa para uma criança não verbal, da introdução de rotinas para uma criança que luta contra mudanças ou do incentivo à interação social para uma criança que prefere brincar sozinha, os pais aprendem a navegar no mundo de seus filhos com confiança e criatividade.

O treinamento parental não beneficia apenas a criança; ele também oferece suporte aos pais. Ao entenderem melhor o TEA e como intervir efetivamente, os pais se sentem mais capacitados e menos isolados.

Esse conhecimento não apenas reduz o estresse e a ansiedade, mas também minimiza a sensação de impotência relatada por muitos pais e fortalece a unidade familiar, criando um ambiente de apoio mútuo e compreensão.

Treinamento parental: mais que um reforço

O conceito de treinamento parental transcende a ideia de ser apenas um complemento às intervenções tradicionais para o TEA. Ao considerá-lo meramente como um reforço, subestimamos profundamente seu impacto transformador no tratamento e no desenvolvimento da criança.

Este treinamento é, sem dúvida, um dos alicerces sobre os quais se constrói o sucesso terapêutico, estabelecendo uma base sólida para o crescimento e aprendizado contínuos. O treinamento parental amplia significativamente o escopo das intervenções terapêuticas. Ao aplicar as estratégias aprendidas no ambiente doméstico, os pais não apenas reforçam o que é ensinado nas sessões de terapia, mas também criam oportunidades de aprendizado que podem não ser possíveis em um ambiente clínico por meio, por exemplo, das AVDs (atividades de vida diária) como tornar o banho um momento de aprendizado.

Esta abordagem holística assegura que a criança esteja imersa em um ambiente de apoio contínuo, onde cada interação se torna uma chance de desenvolver habilidades sociais, de comunicação, comportamentais e acadêmicas.

Coterapeutas no lar

Quando os pais são capacitados por meio do treinamento parental, eles se tornam mais do que cuidadores; assumem o papel vital de coterapeutas no ambiente mais influente da criança: o lar.

Essa transição de papel permite que as estratégias terapêuticas sejam integradas na rotina diária, garantindo que a criança receba estímulos consistentes e direcionados, cruciais para seu desenvolvimento.

Os pais, munidos de técnicas e conhecimentos específicos, podem adaptar as intervenções para atender às necessidades únicas de seus filhos, promovendo um ambiente de aprendizado personalizado e receptivo.

A transformação dos pais em coterapeutas no conforto do lar marca um ponto de virada no tratamento do TEA, de modo que eles transcendem o papel tradicional de cuidadores para se tornarem agentes ativos e essenciais no processo terapêutico de seus filhos.

Tal mudança não apenas empodera as famílias, mas também estabelece o lar como um espaço de desenvolvimento contínuo, onde cada interação tem o potencial de ser terapêutica. A beleza do treinamento parental reside na sua capacidade de tecer as estratégias terapêuticas no dia a dia. Atividades rotineiras, como refeições, brincadeiras e até tarefas domésticas, se transformam em oportunidades de aprendizado e crescimento.

Esta abordagem assegura que a criança esteja constantemente envolvida em estímulos que são tanto naturais quanto benéficos para seu desenvolvimento, tornando o aprendizado uma parte integrante da sua vida, em vez de uma série de sessões isoladas.

Um dos maiores benefícios de ter pais como coterapeutas é a capacidade de personalizar as intervenções para atender às necessidades de cada criança.

Reconhecendo que cada criança com TEA é única, os pais podem ajustar as técnicas aprendidas para se alinharem com os interesses, desafios e pontos fortes de seus filhos.

A personalização não apenas aumenta a eficácia das intervenções, mas também promove um ambiente de aprendizado mais acolhedor e estimulante, onde a criança se sente compreendida e apoiada.

Estímulo consistente e direcionado

A presença constante dos pais na vida diária da criança permite uma aplicação consistente e direcionada das estratégias terapêuticas. Diferentemente das sessões terapêuticas programadas, que são limitadas por tempo e espaço, o lar oferece um campo ilimitado para a aplicação de intervenções.

Essa consistência não só reforça o aprendizado, mas também ajuda a criança a generalizar habilidades para diferentes contextos e situações, um aspecto crucial no tratamento do TEA. O treinamento parental fomenta uma colaboração mais profunda entre famílias e profissionais, estabelecendo uma parceria baseada na comunicação aberta e no compartilhamento de objetivos.

A sinergia entre casa e terapia assegura que todos os envolvidos estejam alinhados em suas abordagens e estratégias, maximizando o potencial de progresso da criança. Além disso, ao se envolverem ativamente no processo terapêutico, os pais ganham uma compreensão mais profunda do TEA e das capacidades de seus filhos, fortalecendo o vínculo familiar e promovendo uma atitude positiva em relação aos desafios.

O treinamento parental empodera as famílias, proporcionando-lhes ferramentas e confiança necessárias para tomar decisões aprendidas sobre o cuidado e a educação de seus filhos.

Esse empoderamento promove uma sensação de autonomia e controle, aspectos cruciais para a resiliência familiar diante dos desafios do TEA.

Conclusão

O treinamento parental não é uma alternativa às intervenções profissionais, ele constitui um dos pilares fundamentais do processo terapêutico.

Equipando os pais com as ferramentas e o conhecimento necessários, eles assumem o papel de coterapeutas e desempenham um papel crucial no desenvolvimento de seus filhos, expandindo o alcance da terapia para além das paredes da clínica e transformando o lar em um ambiente terapêutico dinâmico, onde o desenvolvimento da criança é continuamente nutrido.

Esse modelo colaborativo, que integra as estratégias terapêuticas na rotina diária e personaliza as intervenções para atender às necessidades únicas do indivíduo, não apenas beneficia a criança, mas também enriquece a família como um todo, criando um ciclo virtuoso de aprendizado, apoio e progresso contínuos.

Referências

AMERICAN PSYCHIATRIC ASSOCIATION. *Diagnostic and Statistical Manual of Mental Disorders* (5th ed.). Arlington, VA: American Psychiatric Publishing, 2013.

COOPER, J. O. *et al. Applied behavior analysis* (2nd ed.). Upper Saddle River, NJ: Pearson, 2007.

DAWSON, G. *et al.* Randomized, controlled trial of an intervention for toddlers with autism: The Early Start Denver Model. *Pediatrics*, v. 12, n. 1, p. 17-23, 2010.

LOPES, M. *et al.* Modalidades de treino parental em análise do comportamento aplicada: Uma revisão sistemática. *Journal of Autism and Developmental Disorders*, 2021.

33

ESTILO DE VIDA E AUTOCUIDADO COM ÓLEOS ESSENCIAIS
UMA EXPERIÊNCIA COM O AUTISMO

Neste capítulo, apresento uma reflexão sobre o transtorno do espectro autista a partir da minha experiência de cuidar do meu estilo de vida e do meu filho com o apoio dos óleos essenciais, que podem auxiliar na rotina de sono e de exercícios físicos, bem como no cuidado com o funcionamento do trato gastrointestinal e nas situações de estresse enfrentadas no dia a dia.

RAIMUNDA FORTES

Raimunda Fortes

Bióloga, aromaterapeuta, especialista em autismo e transtornos globais do desenvolvimento. Doutora em biotecnologia. Professora do Departamento de Biologia da Universidade Estadual do Maranhão.

Contatos
raimundafortes.com.br
raifortes@gmail.com
Instagram: @rai_fortes
Twitter/X: @rai_fortes
Facebook: Raimunda Fortes
Youtube: Raimunda Fortes
98 98144 2573

Introdução

O termo autismo não é uma condição singular! Existem múltiplas e complexas causas para o chamado transtorno do espectro autista (TEA), surgindo diferentes desafios, cuja percepção apresenta implicações em como se fornece apoio para uma pessoa "autista" (BERNIER *et al.*, 2021).

Cada pessoa com TEA experimenta desafios específicos para a realização de tarefas (próprias de cada fase de desenvolvimento), apresentando, muitas vezes, uma demanda aumentada por cuidados de familiares e educadores (SCHMIDT *et al.*, 2007). Nesse contexto, pesquisas mostram a existência de estresse agudo em muitas famílias que possuem um membro familiar com diagnóstico de autismo (PERRYET *et al.*, 1992).

Em determinados contextos sociais, alguns estudos apontam que as mães tendem a apresentar maior risco de crise e estresse parental do que os pais, em especial devido às questões específicas de cuidados maternos mais diretos (MILGRAM; ATZIL, 1988). Na minha rotina de cuidado (com meu filho) e de autocuidado (cuidar de mim mesma), compreendo que o uso dos óleos essenciais pode permitir a criação de oportunidades de crescimento e mudança para mim e para meu filho, impactando positivamente a todos aqueles que estejam interagindo conosco (familiares, observadores, educadores e cuidadores).

Os óleos essenciais podem ser conceituados como compostos naturais produzidos pelo metabolismo secundário vegetal (MACHADO; JUNIOR, 2011). Esses compostos são sintetizados e armazenados em tricomas glandulares de plantas aromáticas, voláteis e complexos (BIZZO *et al.*, 2009). Cada óleo essencial pode apresentar até 300 componentes bioativos diferentes, e essa constituição é uma das razões da sua grande abrangência terapêutica, visto que podem atuar em diversos sistemas no corpo, como também na psique humana (LOIZZO, 2008; WOLFFENBUTTEL, 2016).

Os aromas constituem uma das principais características dos óleos essenciais (BIZZO *et al.*, 2009). O sentido do olfato capta as informações a partir dos aromas, produzindo múltiplas sensações de bem-estar, estimulando memórias e emoções (BAUDOUX, 2018). O efeito psíquico dos óleos essenciais deve-se à sua ligação aos receptores olfatórios e ao sistema nervoso central (DAMIAN, 2018). Por meio da inalação dos óleos essenciais, é possível cuidar das emoções, bem como de múltiplas situações de saúde física e bem-estar (SCHNAUBELT, 2011). Nesse cenário, meu objetivo aqui é refletir sobre o TEA a partir da minha experiência de cuidar do meu estilo de vida e do meu filho (diagnosticado com TEA) com o apoio e benefícios dos óleos essenciais.

O transtorno do espectro autista e o estilo de vida

O termo autismo apresenta muitas conotações, sendo tradicionalmente entendido como um processo altamente complexo (GADIA *et al.*, 2004; GILLBERG, 1990). Os especialistas estimam que existam mais de mil genes e eventos genéticos (que não agem isoladamente e sempre interagem com seu ambiente) que desempenham um papel no desenvolvimento do "autismo", se combinam e "interagem com a história desenvolvimental, com a aprendizagem e com a personalidade", resultando em um "número praticamente infinito de diferentes comportamentos que podemos ver em crianças com o mesmo transtorno" (BERNIER *et al.*, 2021). Nesse contexto, reconhecer que "autismo" não é uma condição única é fundamental.

O autismo enquanto uma "entidade independente" foi incluído pela primeira vez em 1980 na terceira edição do *Manual diagnóstico e estatístico de transtornos mentais* (DSM-III), publicado pela American Psychiatric Association (APA), que é um guia mundial para diagnosticar uma variada "gama de condições que afetam a saúde mental e o desenvolvimento" (BERNIER *et al.*, 2021). Nesse período, a denominação indicada foi de "autismo infantil". Sete anos depois, em 1987, a APA publicou uma revisão no *DSM-III-R* indicando o termo transtorno autista; em 1994 (ano em que foi publicado o *DSM-IV)* o termo transtorno autista permaneceu, mas foi unido a condições associadas sob o termo transtornos invasivos do desenvolvimento – TID (que incluía transtorno autista, síndrome de Asperger, TID não especificado, síndrome de Rett e transtorno desintegrativo da infância). Em 2013, com a publicação do *DSM-5,* muitas mudanças foram feitas e foram eliminadas as subcategorias (tais como síndrome de Asperger *versus* transtorno autista) e foi criado um único transtorno do espectro autista, "ampliando os critérios para autismo e simplificando a tarefa diagnóstica do clínico" (BERNIER *et al.*, 2021). Os critérios mais recentes para o diagnóstico de TEA abrangem desafios que envolvem comunicação e interação social, comportamentos restritos e/ou repetitivos (APA, 2013).

O comprometimento da interação social é caracterizado por alterações qualitativas das interações sociais recíprocas, tais como: a) dificuldades na espontaneidade, na imitação e em jogos sociais; b) inabilidade em desenvolver amizades; c) comprometimento no uso de comportamentos verbais e não verbais; d) falta de reciprocidade social e emocional (RUTTER *et al.*, 1996). Já o comprometimento das modalidades de comunicação envolve atraso na aquisição da fala, uso estereotipado e repetitivo da linguagem, inabilidade em iniciar e manter uma conversação, inversão pronominal e ecolalia (BERNIER *et al.*, 2021). Os padrões restritos e repetitivos de comportamentos estão associados a interesses e atividades que podem ser manifestados por meio da adesão inflexível a rotinas e rituais específicos, não funcionais, e pela preocupação persistente com partes de objetos, assim como insistência na rotina e resistência diante de mudanças (APA, 2002). Minha experiência mostra que os desafios dessas três áreas do desenvolvimento causam estresse em diferentes níveis em toda a família, especialmente quando nos descuidamos de aspectos básicos ligados ao estilo de vida, envolvendo a rotina de sono, exercícios físicos e alimentação.

A Ciência tem mostrado que não devemos subestimar o papel do sono, da alimentação e do exercício físico no comportamento e na aprendizagem de pessoas com TEA. Bernier *et al.* (2021) mostram um histórico de pesquisas científicas que tem comprovado que um sono adequado e padrões de exercícios físicos podem preparar o cérebro para ser saudável e receptivo à aprendizagem sobre o mundo social, substituindo comportamentos desafiadores por estratégias novas e adaptativas; da mesma forma, uma dieta e nutrição adequadas precisam ser consideradas aspectos-chave no bem-estar, visto que são muitos os problemas gastrointestinais observados em pessoas com TEA. Atualmente, existem muitos estudos que apontam um "avanço na compreensão de como intestino e cérebro conversam", sendo necessário "assegurar uma dieta nutricionalmente apropriada, bem como caminhos a serem percorridos para tratar os problemas gastrintestinais comuns na comunidade autista" (BERNIER *et al.*, 2021).

O sono e os exercícios físicos afetam a saúde geral de qualquer pessoa. Algumas formas de exercícios físicos expandem as conexões cerebrais, o córtex frontal e substâncias químicas no cérebro (serotonina e dopamina), que apoiam a autorregulação e o funcionamento executivo (BERNIER *et al.*, 2021). Nesse contexto, ao cuidar desses aspectos na rotina do meu filho com os óleos essenciais, percebi mais qualidade de vida para nossa família, fornecendo também muitas estratégias para lidar com o estresse.

Estratégias para lidar com o estresse

Vários estudos indicam que são muitas as situações de estresse experimentadas pelos familiares que têm um filho (ou mais) no transtorno do espectro autista (BERNIER *et al.*, 2021). Nesse cenário, é importante considerar as formas utilizadas pelos familiares para lidar com o estresse. Essas formas de lidar com o estresse têm sido chamadas de estratégias de *"coping"*, que constitui um conjunto de medidas intencionais, cognitivas e comportamentais adotadas pelas pessoas para se adaptarem a diferentes circunstâncias estressantes ou ameaçadoras com o propósito de minimizar sua suscetibilidade e retornar ao seu estado homeostático (SANTEIRO *et al.*, 2016). As estratégias que buscam o uso ativo de ações e reavaliações cognitivas relacionadas ao enfrentamento de situações de estresse são nomeadas estratégias de controle; por outro lado, ações e posições cognitivas de conteúdo escapista e evitativo são chamadas de estratégias de esquiva (PINHEIRO *et al.*, 2003). Além disso, as estratégias utilizadas pelas pessoas para se adaptarem às circunstâncias estressantes podem ser de duas formas básicas: a) focalizada no problema, incluindo estratégias de definição do problema, geração de soluções alternativas, comparação em termos de custos e benefícios, seleção e implementação da alternativa escolhida; b) focalizada na emoção, que visa desenvolver ações para controlar o estado emocional, bem como impedir que as emoções negativas afetem o engajamento em ações para a solução de seus problemas (ANTONIAZZI *et al.*, 1998).

As estratégias assumidas diante de um determinado estressor podem resultar na adaptação do indivíduo e na manutenção de sua saúde mental ou, pelo contrário, no seu adoecimento (SANTEIRO *et al.*, 2016). Assim, é muito importante que mães, pais e familiares de uma pessoa com TEA fiquem atentos às próprias estratégias diante de situações de estresse.

Em determinados contextos, ao lidar com meu filho em situações de falta de reciprocidade social e emocional, com padrões restritos e repetitivos de comportamentos, adesão inflexível a rotinas e rituais específicos, insistência na rotina e resistência diante de mudanças, a minha estratégia quase sempre tem sido focalizada na emoção. Nesse contexto, aprendi com minha própria experiência que os óleos essenciais apresentam um papel poderoso para a transformação e melhoria da qualidade de vida do meu filho e da minha família.

Ao cuidar do meu filho com óleos essenciais, comecei a administrar melhor o estresse

O ato de inalar um óleo essencial caracteriza-se como uma ação poderosa, visto que os impulsos nervosos captados pelos nervos olfativos são enviados para o sistema límbico (amígdala, tálamo, hipotálamo, as glândulas pituitárias e a pineal e o hipocampo), onde se processam as emoções como prazer, dor, raiva, medo, tristeza, sentimentos sexuais e memória (LAVABRE, 2018). Logo que as moléculas odoríferas dos óleos essenciais são inaladas, produzem resultados antes mesmo da sua absorção, por meio dos neurônios olfativos que enviam sinais eletroquímicos para o sistema límbico, gerando respostas emocionais para o córtex cerebral e respostas diversas nos tecidos e órgãos (LAVABRE, 2018).

O processo de identificar exatamente as emoções que se está vivenciando em um dado momento pode ser desafiador, especialmente porque as emoções são vividas por meio do corpo inteiro (LAVABRE, 2018). O sistema límbico rege as respostas emocionais e envia diferentes mensagens químicas para as diferentes emoções que se está sentindo, sendo que o corpo vai apresentar reações físicas específicas para essas várias mensagens químicas (SCHNAUBELT, 2011). O caso específico do "estresse", por exemplo, caracteriza-se como um estado emocional que normalmente libera mais adrenalina e cortisol, desencadeando-se reações físicas, tais como aumento da frequência cardíaca, alterações na respiração, tremores, distúrbios digestivos, transpiração, entre outros (ARALDI-FAVASSA *et al.*, 2005). O estresse considerado "agudo", que dura alguns momentos, horas ou dias e depois se dissipa, normalmente prepara o organismo para a luta ou fuga, por meio da ativação do sistema endócrino; já o estresse "crônico" pode persistir por mais tempo, sem encontrar meios que o desativem eficientemente (FRANÇA; RODRIGUES, 1997).

Ao identificar algumas das reações físicas de aumento da frequência cardíaca, alterações na respiração, tremores, distúrbios digestivos, transpiração (ou uma combinação delas) em mim mesma ou no meu filho, percebo que estou sentindo "estresse". Uma situação de estresse exige um cuidado especial com o uso dos óleos essenciais. Nesses momentos, é importante contar com o apoio de um profissional que possa auxiliar na decodificação das emoções e dos indicadores físicos correspondentes, na indicação dos óleos essenciais (de pureza testada e garantida) e adequados para cada situação e que possa acompanhar uma rotina de bem-estar.

Existem muitos óleos essenciais que podem ajudar no trabalho emocional. Além disso, a associação de múltiplas abordagens pode amplificar a ação dos óleos essenciais na saúde física e emocional, tais como meditação, escrever um diário (com temas livres relacionados ao fluxo de consciência de cada dia, listar todas as situações pelas quais se sente gratidão na vida, entre outras possibilidades), ecoterapia (passar tempo ao ar livre, andar descalço na grama ou na areia, colocar as mãos em uma árvore, entre outras), praticar qualquer modalidade de arteterapia, dar-se uma nutrição saudável, exercícios físicos e sono de qualidade.

Referências

AMERICAN PSYCHIATRIC ASSOCIATION. *Manual diagnóstico e estatístico de transtornos mentais*. 4. ed. Porto Alegre: Artmed, 2002.

ARALDI-FAVASSA, C. T. *et al.* Aspectos fisiológicos e psicológicos do estresse. *Revista de psicologia da UnC*, v. 2, n. 2, p. 84-92, 2005.

BAUDOUX, D. *O grande manual da aromaterapia de Dominique Baudoux*. Belo Horizonte: Laszlo, 2018.

BERNIER, R. A. *et al. O que a ciência nos diz sobre o transtorno do espectro autista:* fazendo as escolhas certas para seu filho. Porto Alegre: Artmed, 2021.

BIZZO, H. R. *et al.* Óleos essenciais no Brasil: aspectos gerais, desenvolvimento e perspectivas. *Química Nova*, v. 32, p. 588-594, 2009.

DAMIAN, P. *Aromaterapia & psiquê:* o uso dos óleos essenciais para o bem estar psicológico e físico. Belo Horizonte: Laszlo, 2018.

GADIA, C. *et al.* Autismo e doenças invasivas do desenvolvimento. *Jornal de Pediatria*, v. 80, p. 583-594, 2004.

GILLBERG, C. Autism and pervasive developmental disorders. *Journal of Child Psychology and Psychiatry*, v. 31, p. 99-119, 1990.

LAVABRE, M. *Aromaterapia:* a cura pelos óleos essenciais. Belo Horizonte: Laszlo, 2018.

MILGRAM, N. A.; ATZIL, M. Parenting stress in raising autistic children. *Journal of Autism and Developmental Disorders*, v. 18, p. 415-424, 1988.

PERRY, A. *et al.* Stress and family functioning in parents of girls with Rett syndrome. *Journal of Autism and Developmental Disorders*, v. 22, p. 235-248, 1992.

SCHMIDT, C. *et al.* Estratégias de coping de mães de portadores de autismo: lidando com dificuldades e com a emoção. *Psicologia: reflexão e crítica*, v. 20, p. 124-131, 2007.

SCHNAUBELT, K. *A inteligência curativa dos óleos essenciais.* Rochester: Healing Arts Press, 2011.

WOLFFENBUTTEL, A. N. *Bases químicas dos óleos essenciais e aromaterapia:* abordagens técnica e científica. Belo Horizonte: Laszlo, 2016.

34

A JORNADA DO DIAGNÓSTICO NO TRANSTORNO DO ESPECTRO AUTISTA

Neste capítulo, pais, familiares e profissionais encontrarão orientações e direcionamentos que servirão como um guia para planejar o percurso desde a busca pelo diagnóstico do TEA, passando pela avaliação, até o tratamento. "Não temos tempo a perder!"

RANIELE EPISSARA

Raniele Epissara

Psicóloga com mestrado em Psicologia pela Universidade Federal do Rio Grande do Norte. Especialista em Neuropsicologia Clínica (UFRN). Especialista em Psicopedagogia Clínica e Institucional (Unifacex). Pós-graduada em Análise do Comportamento Aplicada ao Transtorno do Espectro Autista (Inesp). Especialização em Transtorno do Espectro Autista (PUC-PR). Psicóloga com láurea acadêmica. Professora universitária. Consultora educacional na perspectiva inclusiva. Diretora clínica na Prisma Desenvolvimento Humano. Atua com avaliação e intervenção com o público infantojuvenil e adulto. Seu diferencial é ser uma apaixonada pela neurodiversidade.

Contatos
ranielepsicologia@gmail.com
Instagram: @ranieleepissara_psi
@prisma_desenvolvimento
LinkedIn: Raniele Epissara de Souza

Eu sou diferente, não menos.
TEMPLE GRANDIN

Decidi iniciar este capítulo com uma das frases da admirável Temple Grandin (uma mulher com autismo, bacharel em Psicologia e Ph.D. em Zootecnia, citada pela revista Time como uma das 100 pessoas mais influentes do mundo, na categoria dos "Heróis"). Não por acaso, é desse lugar da neurodiversidade que convido as famílias de pessoas com autismo a se tecerem, ao passo que percorrem a jornada rumo ao diagnóstico.

No Brasil, inúmeras famílias enfrentam uma verdadeira saga para obter o diagnóstico, dentre os fatores que dificultam o acesso está a crença da excessiva preocupação materna que envolve mecanismos de superproteção, a falta de equipes capacitadas para detecção de sinais de alerta para TEA, além do pouco investimento governamental na oferta de serviços especializados e, consequente, indisponibilidade de escalas e instrumentos avaliativos na rede de saúde pública.

Paralelamente, ao perceberem as dificuldades e diferenças no desenvolvimento de sua criança, sentimentos de culpa, impotência e esvaziamento poderão acometer os pais. Segundo dados de um estudo recente conduzido pela Genial Care em parceria com a Tismoo, revelou-se que 47% das mães se sentem culpadas por filhos que têm o transtorno do espectro autista. Diante do determinismo genético do autismo, não há motivo para culpa, pois não há nada que se possa fazer para evitá-lo. Nessa travessia, é preciso abrir espaço para ressignificar, dar sentido às experiências e preparar o caminho para essa jornada. É pertinente aos pais uma reflexão: o que servirá como combustível para enfrentar os desafios do diagnóstico?

Importa considerar que o diagnóstico precoce possibilita o planejamento das intervenções, e favorece o prognóstico do desenvolvimento neurológico das crianças com TEA. Para tanto, torna-se essencial que as equipes multidisciplinares recebam treinamento para embasar a prática clínica e subsidiar diagnóstico diferencial, visto que as alterações encontradas nesse perfil estão para além dos déficits nos marcos do desenvolvimento.

A bem da verdade, essa etapa de busca pode levar tempo e a perda de um período precioso de oportunidades devido à plasticidade cerebral, atrasando, com isso, os encaminhamentos para intervenção. Daí a relevância de as famílias serem acolhidas e orientadas de forma colaborativa e assertiva para o exercício da parentalidade atípica, assim como para as escolhas terapêuticas que estarão por vir.

Acesso ao diagnóstico é o primeiro passo para um tratamento bem-sucedido. Entretanto, diante da precocidade e de especificidades dos sintomas que surgem na infância, não é preciso esperar o diagnóstico chegar para que, enquanto isso, ocorram as intervenções. Tudo começa na avaliação. Para cada queixa, há um direcionamento e, ao final, elabora-se um plano terapêutico. Tão importante quanto um diagnóstico assertivo é planejar as intervenções e a capacitação da rede de apoio, incluindo treinamento para compreender os comportamentos característicos do autismo, a implementação de técnicas de comunicação e interação social, o uso de estratégias de manejo de comportamento e a criação de um ambiente terapêutico em casa e na escola, estabelecendo rotinas e estruturas que promovam a aprendizagem e a participação ativa de toda a comunidade.

Para uma família atípica, a chegada do diagnóstico vem repleta de ansiedades, medos, estresses, preocupações e desafios, agravados pelo preconceito arraigado em nossa sociedade, o capacitismo – que consiste no ato de discriminar a pessoa com deficiência relacionando a sua existência à incapacidade e à inferioridade. O combate às atitudes capacitistas deve ser uma pauta de toda a sociedade. Oportunamente, cito aqui uma reflexão da jornalista e ativista pelos direitos das pessoas com deficiência, Mariana Rosa, em sua rede social @_marianarosa_01, dedicada à conscientização para o anticapacitismo, na qual ela se utiliza da expressão "aleijar" sob uma nova perspectiva na tentativa de construir novas mentalidades, tensionando conceitos e práticas dominantes no que diz respeito às pessoas com deficiência. Assim, ela explica: "Aleijar tem a ver com descolonizar, deformar e contundir o pensamento hegemônico sobre deficiência, acesso e inclusão, provocando-lhe fissuras". (Comitê Deficiência e Acessibilidade da Associação Brasileira de Antropologia) Tomadas por esses desejos de transformação social, nutrimos a esperança por uma sociedade verdadeiramente inclusiva.

Famílias com filhos neurodivergentes experimentam alto nível de estresse durante toda a vida, tornando-se mais propensas a sofrimento psicológico e adoecimento mental. Em meio a uma existência marcada por sobrecarga emocional e outras vulnerabilidades, como os pais podem dar conta das demandas de cuidado, rotina de terapias, e ainda por cima do autocuidado? Responder a essa pergunta não é uma tarefa fácil, tendo em vista que o neurodesenvolvimento da criança com TEA dependerá das experiências de afeto, vivências socioemocionais e estimulações oportunizadas pelos seus cuidadores.

Dentre os fatores que impactam o bem-estar das famílias atípicas, encontra-se a falta de suporte emocional e social. É comum que as demandas diárias levem ao distanciamento de pessoas. Por isso, o suporte emocional é um alicerce vital para a saúde emocional das famílias, para o processamento das emoções, orientação e recursos para enfrentar os desafios específicos do autismo.

No enfrentamento das situações que virão após diagnóstico, a compreensão do autismo em termos científicos, pelos pais, é um fator determinante, dada a complexidade e a variabilidade comportamental, cognitiva e emocional do espectro. Ou seja, quanto mais a família conhecer as características do TEA e como estas se apresentam na sua criança, maior será a sua capacidade de lidar com os percalços e, assim, tomar decisões mais conscientes. E com isso, amplia-se também a autoconfiança e o sentimento de autoeficácia dos pais ao saberem que conseguem por meio de seus esforços ofertar um cuidado efetivo que impacta diretamente a melhoria da qualidade de vida da família.

Sob esse prisma, pensar a pessoa com autismo é considerar as áreas de potencialidades, as fragilidades, as dificuldades, bem como as comorbidades associadas. Nessa direção, a Neuropsicologia – área que estuda as relações entre cérebro e comportamento humano – tem contribuído significativamente para o mapeamento do perfil do funcionamento neurocognitivo e demais habilidades.

O processo de avaliação neuropsicológica é flexível, levando em conta a necessidade de cada indivíduo. Tem-se como objetivo avaliar a capacidade de resolução de problemas e raciocínio lógico (inteligência), a atenção, o armazenamento da informação (memória), a linguagem, o pensamento, a organização, o planejamento (funções executivas), a cognição social e a teoria da mente, aspectos socioemocionais e o comportamento adaptativo. A partir dos resultados da avaliação neuropsicológica, será elaborado plano de tratamento personalizado, com estratégias, condutas terapêuticas e direcionamentos para equipe escolar e família, visando à melhora na funcionalidade do indivíduo (COSTA; ANTUNES, 2017).

Destarte, tem-se um longo caminho a ser percorrido no âmbito das intervenções, no qual cabe salientar a importância de se buscar práticas baseadas em evidências. Contudo, é preciso estar atento para não sucumbir às explorações mercadológicas do autismo. Sim, dito em outras palavras, em algumas realidades brasileiras o autismo virou um mercado lucrativo. É trágico e cruel o que se vê de falsas promessas que vão de resultados relâmpagos até a cura. Fica o alerta aos Conselhos de Classe para fiscalizar essas terapêuticas enganosas que representam sérios riscos à vida dessa população, não bastassem todas as intempéries enfrentadas pela família.

Em meio aos altos e baixos, e transformações nas percepções e vivências acerca da parentalidade atípica, pais de filhos no espectro são forjados em propósitos, seja no cuidado integral ao seu filho, na busca por direitos e equidade, por melhores terapêuticas, por justiça, seja por inclusão. Não raro, as batalhas travadas a cada dia podem enfraquecer as famílias, mas também servem como estímulo para torná-las resilientes na corrida contra o tempo para aproveitar as janelas de oportunidades.

Cabe-nos ainda falar do papel da escola inclusiva, um dos pilares fundamentais no prognóstico da criança com TEA. É no espaço-tempo desse ambiente, junto aos pares, com planejamento individualizado, apoio especializado, ensino colaborativo, e todas as estratégias disponíveis para assegurar uma aprendizagem significativa, que se torna possível programar as adaptações, flexibilizações curriculares necessárias para que o aprendiz se desenvolva (LOWENTHAL, 2021).

No contexto escolar diversas habilidades, para além da acadêmica, podem ser trabalhadas de maneira abrangente, tais como: comunicação, interação social, autocuidado, vocacionais, vida em comunidade, dentre outras. Não há melhor ambiente para aprender que uma escola inclusiva, aquela que promove sentimentos de pertencimento, aceitação das diferenças, compartilhamento das experiências e o protagonismo da pessoa com deficiência.

Por fim, se você ainda não teve contato com o autismo, é apenas uma questão de tempo; isso é um fato, não será uma escolha. Então, esteja disponível para essa conexão singular. Apesar das nuvens cinzas que o diagnóstico do TEA pode representar, encorajo as famílias e sociedade a buscarem construir novas mentalidades e estarem em movimento, lançando novos prismas para ampliar essa compreensão. Parafraseando aqui Carlos Drummond de Andrade: “Desejo que tenham desejos!”. Independentemente dos desafios, mantenham a chama dos seus desejos. A partir disso, há de se buscar melhores caminhos. Não se esqueçam do autocuidado, como ato de amor, coragem e resiliência. Afinal, é isso o que realmente importa. "Sempre em frente. Não temos tempo a perder."

Referências

JÚLIO-COSTA, A.; ANTUNES, A. M. *Transtorno do espectro autista na prática clínica.* São Paulo: Pearson Clinical Brasil, 2017.

LOWENTHAL, R. *Como lidar com o autismo:* guia prático para pacientes, familiares e profissionais da educação e da saúde. São Paulo: Hogrefe, 2021.

35

ABA E ISA

CONTRIBUIÇÕES PARA A PRÁTICA CLÍNICA DA TERAPIA OCUPACIONAL NO TEA

Mediante a disseminação das informações por meio de tantos canais de comunicação, muitas áreas, ciências e conhecimentos estão à disposição de profissionais, pais, professores e/ou cuidadores em geral! Neste capítulo, iremos pensar na interface desses conhecimentos na clínica terapêutica ocupacional no transtorno do espectro autista.

RENATA LACERDA

Renata Lacerda

Terapeuta ocupacional há 15 anos, com pós-graduação em Análise do Comportamento Aplicada (ABA) ao Autismo e formação em: ABA Avançado; Psiquiatria e Saúde Mental da Infância e Adolescência; Integração Sensorial de Ayres; Aperfeiçoamento em Neuroeducação e Distúrbios de Aprendizagem; Instrumentos Padronizados para Avaliação Cognitiva e Funcional; Seletividade Alimentar; Transtornos do Neurodesenvolvimento: instrumentos de avaliação; Transtorno do Espectro Autista: adolescência e vida adulta; dentre outros.

Contatos
renatalacerda.to@hotmail.com
Instagram: @renatalacerda.to
34 99974 3435

Renata Lacerda

Introdução

Nossa partilha tem por objetivo principal esclarecer questões acerca da terapia ocupacional e sua constante luta junto à "delimitação" de suas áreas e possibilidades de atuações práticas e clínicas. Para isso, serão abordados breves conteúdos (que poderão ser esmiuçados posteriormente) e que permearão a nossa problemática, demonstrando a interface que tais temas apresentam entre si, podendo agregar, beneficiar e/ou colaborar com a prática terapêutica ocupacional.

Enquanto terapeuta ocupacional, torna-se válido ressaltar que a formação do profissional, durante a sua graduação, se dá mediante intenso estudo, pesquisas e análises criteriosas acerca do desempenho ocupacional, das atividades/ocupação, da identidade e subjetividade envolvidas. Assim sendo, poderemos ter subsídios teóricos e práticos para a abordagem e discussão acerca dos benefícios e interfaces entre as ciências, e as contribuições tanto da integração sensorial (IS) quanto da análise do comportamento aplicada (ABA) para a prática clínica do profissional terapeuta ocupacional com a pessoa diagnosticada com o transtorno do espectro autista.

Muito embora, recentemente, a terapia ocupacional tenha alcançado maior visibilidade e notoriedade perante os demais nas equipes de trabalho, vê-se que os profissionais da área têm estado em uma espécie de "corrida de cavalos"! Estranho? Mas sim, é exatamente isso! Quem sai em primeiro lugar... Qual curso preciso fazer a mais; quem é mais especializado nisso ou naquilo...; dentre outros.

E, para iniciarmos a discussão, gostaria de lançar os seguintes questionamentos: "O que deve prevalecer na prática terapêutica ocupacional: a fundamentação teórica e prática da área; os conhecimentos levantados e trazidos com brilhantismo pela terapeuta ocupacional Anna Jean Ayres; ou a ciência tão comprovadamente eficiente da análise do comportamento aplicada (ABA) ao autismo?". Por onde devo começar a minha intervenção ou em que preciso me basear?

Fundamentos da terapia ocupacional

A utilização da terapia ocupacional oscila durante os acontecimentos tecnológicos da medicina. A profissão, como tal, surgiu primeiramente no Canadá e, em seguida, nos Estados Unidos, para atuar tanto no atendimento ao doente mental como em hospitais gerais (MEDEIROS, 2003).

Foi durante a Primeira Guerra Mundial que se preparou um contingente maior de pessoas para o tratamento de acidentados e neuróticos de guerra. Apareceram, a seguir, várias sistematizações metodológicas quanto à seleção e ao emprego das atividades de acordo com o grau de incapacidade do doente (MEDEIROS, 2003).

O terapeuta ocupacional é um agente político, pois sua prática tem penetração nas mais diferentes camadas da população, engendrando e transmitindo concepções e valores de seu objeto de trabalho – o homem e o trabalho (MEDEIROS, 2003). Por definição, podemos utilizar o conceito apresentado pela Associação Brasileira de Terapia Ocupacional:

> É um campo de conhecimento e de intervenção em saúde, educação e na esfera social, reunindo tecnologias orientadas para a emancipação e autonomia das pessoas que, por razões ligadas à problemática específica, físicas, sensoriais, mentais, psicológicas e/ou sociais, apresentam, temporária ou definitivamente, dificuldade na inserção e participação na vida social. As intervenções em Terapia Ocupacional dimensionam-se pelo uso da atividade, elemento centralizador e orientador, na construção complexa e contextualizada do processo terapêutico (ATO, 2003).

É válido ressaltar, ainda, que a terapia ocupacional, na busca por transpor seus conhecimentos científicos e colaborações práticas para as diversas e variadas populações que se beneficiarão com tais ações, parte sempre da premissa da "análise da atividade". Avaliar em terapia ocupacional significa, além de identificar habilidades, tarefas e atividades do indivíduo que são necessárias para a realização de suas rotinas diárias no ambiente, considerar também um conjunto de componentes que possam interferir no desempenho de seus papéis (COSTER, 1998).

Certa vez, participei de um evento no qual profissionais atuantes da ciência ABA narraram um fato que me levou a refletir bastante. Foi então apresentado o caso de um adulto autista, com nível de suporte III, a dificuldade e necessidade de "cortar o cabelo" – atividade esta que o sujeito se recusava a aceitar.

Inicialmente, foi levantada a possibilidade da "divisão" da atividade, treinando-o para cada etapa do processo; outra possibilidade foi a "dessensibilização" do indivíduo ao toque da tesoura no cabelo, "apresentando" a sensação gradativamente – por cinco segundos, após dez segundos, depois 20 segundos etc. – até que a atividade pudesse ser concluída; dentre outras alternativas.

Entretanto, não se trata apenas de "cortar" ou não o cabelo, ou de seguir essa ou outra abordagem, precisamos sim, analisar mais profundamente a situação trazida. Com o nível de suporte apresentado por esse indivíduo, qual seria a função de "dessensibilizá-lo" e/ou "familiarizá-lo" com um instrumento como uma tesoura? Qual seria a aplicabilidade deste aprendizado? Haverá generalização? O cliente não poderá "despertar" o interesse pela utilização do objeto em outras atividades e contextos? O mesmo não poderia se colocar em risco a fim de manuseá-la? Estes são questionamentos que precisam ser considerados para que a fundamentação das propostas terapêuticas seja bem realizada. E, para tal, o terapeuta ocupacional se utiliza de um dos principais instrumentos específicos da área, a "análise da atividade".

A análise da atividade não é a identificação somente das partes que compõem uma atividade, mas de quais efeitos são gerados no cliente ao desempenhar tal atividade. Não se analisa só a habilidade, mas também os hábitos, os papéis que ela ocupa, a motivação, a competência, o comportamento e a interação com o meio (SILVA, 2007).

Em suma, a análise da atividade é um processo longo, detalhado, vasto de informações tanto da necessidade apresentada pelo cliente quanto dos seus objetivos terapêuticos a curto, médio e longo prazo, podendo ser: focada na tarefa; focada na teoria; focada no cliente.

A terapia ocupacional e o transtorno do espectro do autismo (TEA)

O termo autismo passou por diversas alterações ao longo dos anos, e atualmente é definido pelo *Manual diagnóstico e estatístico de transtornos mentais* (*DSM-V*) como transtorno do espectro do autismo. Os sinais e características comumente surgem na infância, quando ocorrem prejuízos persistentes na comunicação e interação social, além de comportamentos que podem incluir interesses e padrões de atividades restritivos e repetitivos, o que limita ou prejudica o funcionamento diário do indivíduo. O comprometimento no TEA pode ocorrer em três níveis de gravidade e exige apoio no nível 1; no nível 2, ele exige apoio substancial; e no nível 3, exige muito apoio substancial (BARCELOS, 2020, p. 2).

O comprometimento que é levado para a vida adulta, causado pelos sintomas em casos mais graves, resulta na falta de autonomia e dependência de cuidados de terceiros, incapacidade de estabelecer relações afetivas ou constituir sua própria vida familiar. Durante a vida adulta, essas pessoas (com autismo) podem ter dificuldades em estabelecer independência por causa de sua contínua rigidez e dificuldade de lidar com coisas novas, de acordo com o *DSM-V* (SILVA, 2020, p. 15).

Como descrito, o TEA é um transtorno que acomete as diferentes áreas do desenvolvimento, em variados níveis de complexidade e gravidade. Assim sendo, cada caso requer uma programação detalhada e um planejamento terapêutico único para o ensino de diferentes habilidades/comportamentos que integram o desenvolvimento. É muito comum, ainda, indivíduos com TEA apresentarem alguma alteração relacionada aos aspectos sensoriais. Tais alterações podem interferir de maneira intensa, trazendo profundo impacto para a independência e autonomia dessa pessoa.

A terapia ocupacional, a análise do comportamento aplicada (ABA) ao autismo e a integração sensorial de Ayres

O conceito de espectro do autismo remete à ideia de um contínuo heterogêneo, alterações de maior ou menor grau, intensidades de leve à grave, numa série de aspectos e dimensões que vão remeter a variedades individuais de manifestações desses sintomas, níveis evolutivos, necessidades terapêuticas e educativas bastante diferentes (BARCELOS, 2020, p. 4).

O termo ABA, do inglês *Applied Behavior Analysis*, em português Análise do Comportamento Aplicada, se refere a uma das abordagens da Psicologia, tendo como principal referência teórica Burrhus Frederic Skinner (BARCELOS, 2020, p. 2). Características gerais de uma intervenção baseada na ABA tipicamente envolvem identificação de comportamentos e habilidades que precisam ser melhorados, seguidos por métodos sistemáticos de selecionar e escrever objetivos para, explicitamente, delinear uma intervenção envolvendo estratégias comportamentais exaustivamente estudadas e comprovadamente efetivas. Além disso, ABA é caracterizada pela coleta de dados antes, durante e depois da intervenção para analisar o progresso individual da criança e auxiliar na tomada de decisões em relação ao programa de intervenção e às estratégias que melhor promovem a aquisição de habilidades especificamente necessárias para cada criança (CAMARGO, 2013, p. 640 *apud* BAER *et al.*, 1968; HUNDERT, 2009).

Pode-se colocar, então, que a Análise do Comportamento é uma ciência complexa, composta por diversos princípios e conceitos. Inicialmente, a análise do comportamento aplicada pode ser definida como um sistema teórico para a explicação e modificação do comportamento humano baseado em evidência empírica (CAMARGO, 2013, p. 641 *apud* HEFLIN; ALAIMO, 2007). O comportamento é influenciado pelos estímulos ambientais que o antecedem (chamados de antecedentes), e são aprendidos em função de suas consequências (CAMARGO, 2013, p. 641).

Do ponto de vista técnico, o processo terapêutico se dá, a priori, em duas etapas, sendo estas a avaliação e a intervenção. Ambas apresentam importância no processo de estimulação, pois, no momento da avaliação, são colhidas todas as defasagens e dificuldades apresentadas para que, com base nisso, a intervenção e o plano terapêutico sejam traçados.

A característica final da ABA, descrita por Baer, Wolf, Risley (1968), é a generalidade. Intervenções comportamentais devem não somente produzir mudanças socialmente importantes no comportamento, mas essas mudanças devem persistir por meio do tempo, dos ambientes e pessoas diferentes daquelas inicialmente envolvidas na intervenção. (CAMARGO, 2013, p. 646 *apud* BAER *et al.*, 1968, p. 97)

Já a terapia de integração sensorial (IS) é um dos modelos de tratamento mais tradicionais e mais bem pesquisados dentro da terapia ocupacional. Essa abordagem de tratamento parte dos trabalhos de A. Jean Ayres, terapeuta ocupacional norte-americana que procurou examinar a relação entre as sensações corporais, mecanismos cerebrais e aprendizagem. Partindo dos conceitos neurobiológicos, mas acrescentando sua visão de prática de terapeuta ocupacional, Ayres define integração sensorial como a habilidade inata para organizar, interpretar sensações e responder apropriadamente ao ambiente. Integração sensorial é o processamento e organização de informações sensoriais para o uso funcional, nas atividades e ocupações desempenhadas diariamente (MAGALHÃES, 2007).

A integração sensorial trata-se de uma abordagem fundamentada em conceitos vastos e complexos, e em conhecimentos neurofisiológicos, abarcando no processamento sensorial: registro, modulação, discriminação, práxis e organização do comportamento. Portanto, com avaliações e instrumentos específicos cientificamente validados e voltados para a integração sensorial, o terapeuta ocupacional devidamente habilitado apresenta subsídios clínicos e teóricos que solidificam a área, a intervenção e a prática realizada.

É válido ressaltar que muitos estudos foram e são realizados visando à intervenção na infância. Entretanto, vários adultos têm recebido diagnósticos tardios e, não raras as vezes, com a ocorrência da disfunção sensorial que acaba por impactar seriamente suas atividades diárias (higiene, comunicação, vestuário, alimentação, dentre outras), atividades laborativas, relações sociais e afetivas.

Considerações finais

A partir dos estudos realizados, pode-se notar que as ciências e abordagens descritas apresentam objetivos e desejos similares, que são intervir e estimular os indivíduos com TEA e outros transtornos, de modo que suas existências sejam as mais ativas, subjetivas e autônomas possíveis. Entretanto, mediante toda a análise e estudos realizados para a construção dessa partilha, reafirmo a importância e necessidade da "delimitação" das áreas de atuações profissionais, permitindo que cada área que compõe a equipe atue de maneira consistente e sólida.

A Análise do Comportamento Aplicada (ABA) e seus princípios colaboram grandemente para as práticas profissionais realizadas, enriquecendo-as e, por vezes, sistematizando-as. Já a integração sensorial é uma intervenção importante e eficaz, porém se trata de apenas uma das variadas possibilidades de intervenção da terapia ocupacional junto ao processo do "fazer humano".

Assim, as ciências e conhecimentos são ricamente bem-vindos, agregando valor às práticas clínicas já feitas ou a serem realizadas. Entretanto, a supremacia perante os conhecimentos e as práticas clínicas realizadas necessita ser da terapia ocupacional e não das linhas, ciências e abordagens agregadoras. Aos que desejam segui-las, sigam em frente! Porém, não somos terapeutas de IS ou terapeutas ABA, somos todos genuína e prioritariamente, terapeutas ocupacionais.

Referências

BARCELOS, K. da S. *et al.* Contribuições da análise do comportamento aplicada para indivíduos com transtorno do espectro do autismo: uma revisão. *Braz. J. of Develop.*, Curitiba, v. 6, n. 6, jun. de 2020.

BRASIL. *Diretrizes de atenção à reabilitação de pessoa com transtorno do espectro do autismo (TEA).* Brasília, DF, 2014. Disponível em: http://bvsms.saude.

gov.br/bvs/publicacoes/diretrizes_atencao_reabilitacao_pessoa_autismo.pdf. Acesso em: 2 set. 2024.

CAMARGO, S. P. H.; RISPOLI, M. Análise do comportamento aplicada como intervenção para o autismo: definição, características e pressupostos filosóficos. *Revista Educação Especial*, Santa Maria, v. 26, n. 47, p. 639-650, set./dez. de 2013. Disponível em: http://www.ufsm.br/revistaeducacaoespecial. Acesso em: 2 set. 2024.

CAVALCANTI, A.; GALVÃO, C. *Terapia ocupacional:* fundamentação & prática. Rio de Janeiro: Guanabara Koogan, 2007.

COSTER, W. J. Occupation – Centered Assessment of Children. *AJOT*, v. 52, n. 5, p. 337-344, 1998.

MAGALHÃES, L. de C. Transtornos de coordenação motora e da aprendizagem. *In*: *Terapia ocupacional*: fundamentação & prática. Rio de Janeiro: Guanabara Koogan, 2007, p. 314-327.

MEDEIROS, M. H. da R. *Terapia ocupacional:* um enfoque epistemológico e social. São Carlos: EdUFSCAR, 2003.

SILVA, A. C. F. da; ARAÚJO, M. de L.; DORNELAS, R. T. A importância do diagnóstico precoce do transtorno do espectro autista. *Psicologia & Conexões*, v. 1, n. 1, mar. 2020.

SILVA, S. N. P. da. Análise de Atividade. *In*: *Terapia ocupacional*: fundamentação & prática. Rio de Janeiro: Guanabara Koogan, 2007, p. 110-124.

36

ALÉM DO SILÊNCIO

UMA JORNADA DE AMOR E SUPERAÇÃO

Nesta história, os pais poderão identificar sinais precoces de autismo nas crianças; entender o impacto em todas as esferas quando se tem um autista na família, se inspirar e se encorajar a viver a jornada de superação que só o amor é capaz de transformar.

ROBERTA DE HARO

Roberta De Haro

Administradora graduada pelo Mackenzie (2007), com pós-graduação em Gestão Estratégica (FIA - USP). Mais de 20 anos de carreira atuando em multinacionais em atividades estratégicas e liderança de pessoas. Empreendedora. Idealizadora e responsável pelo espaço EloNoEspectro. Pós-graduanda em Análise do Comportamento pela UFSCAR. Ativista das causas dos deficientes.

Contatos
elonoespectro.com.br
roberta@elonoespectro.com
Instagram: @elonoespectro
11 95051 4580

Ainda sou capaz de ouvir a voz dela soando nos meus ouvidos: "Pietro está dentro do espectro autista". Por alguns instantes entendi que aquela frase significava que ele não era autista, mas na verdade era só meu desespero tentando mascarar o que viria pela frente. Eram 4 de maio de 2023, São Paulo, razoavelmente frio, frio na barriga que mais parecia um congelador dentro de mim. Sala escura, piso de madeira, os mesmos brinquedos da primeira visita naquele lugar que se mistura entre sonho e pesadelo, mistura de esperança e desalento. Mas foi ali que escolhemos, inconscientemente, lidar com as emoções daquele momento.

Lembro todos os detalhes daquela sala, do cheiro, da cor do cabelo da médica. Do salto alto batendo no piso de madeira. Estou chegando para te dar a resposta das suas loucuras, mãezinha. Ah como odeio esse "mãezinha", mas ela não me chamou de mãezinha, não, foi a dona de uma clínica que não conseguiu me chamar pelo nome. Mas isso vale outro tópico. Clínicas. Deixa pra lá agora. Voltando. Voltando. Seis de agosto de 2020, pico da pandemia, São José do Rio Preto, Pietro nasce trazendo a maior e melhor emoção para a nossa família. Gestação perfeita. Sonho de anos realizado.

Foram quase duas FIVs realizadas, para ele, Pietro, vir de modo natural, com uma força inexplicável que me deixava desconfiada, com uma pulguinha atrás da orelha e com um sentimento certo de que ele vinha ao mundo para mudar o mundo, o meu, o nosso, o de várias pessoas. Mas era só sentimento de uma mulher que tinha realizado seu sonho de ser mãe. Compartilhei o sentimento com meu marido, e a vida seguiu. Nasceu. Saudável. Puerpério bombástico.

Como manda o figurino. Perfeito. Porém, pandemia. OK. Ficamos reclusos e passamos bem pela jornada pandêmica. Ufa. A licença-maternidade fluindo com seus dias curtos e noites longas. A volta ao trabalho, o dilema eterno entre babá ou escola, entre trabalhar e "parar" de trabalhar, a mistura de sentimentos foi aos poucos encaixando e ganhando novo formato, nova rotina dentro da nossa nova vida. Uma vida em família. Pietro foi se desenvolvendo, introdução alimentar sucesso, sentou-se aos sete meses, engatinhou (diferente), porém dentro do tempo esperado, andou aos 13 meses, balbuciou as primeiras palavrinhas (mama, papa), cantava, batia palminhas, nomeava os animais, a vida seguindo nos seus encantos e conquistas. Seguimos amamentando, trocando olhares, cheiros, dengo, a metamorfose mais transformadora da vida animal. Eu estava, nós estávamos lá, saboreando nosso momento juntos de amor e acolhimento. Escolhemos as melhores babás, afinal ele não se adaptava com nenhuma e seguíamos com muito sofrimento no momento da separação para ir ao trabalho, e para qualquer outra atividade. Entendemos que a escola poderia ser uma alternativa pois teríamos outras crianças pra ele brincar e ele pouco contato teve por conta da pandemia; sendo assim, acreditamos que seria positivo. E foi. Pietro fazia natação desde os sete meses, ele e seu pai. No momento deles de interação, troca, sorrisos. Era o momento deles. Aos poucos, comecei a perceber que a evolução dele a cada aula parecia não acontecer. Eu pensava, observava e a vida seguia.

Questões importantes para ressaltar, o autismo é um transtorno do desenvolvimento neurológico que afeta a comunicação, interação social e comportamentos. E identificar sinais precoces é crucial para permitir intervenções precoces e melhorar a qualidade de vida das crianças.

A seguir, elenco os principais sinais de autismo e os critérios clínicos de diagnóstico:

1. **Atraso na comunicação**: um sinal precoce de autismo pode ser o atraso no desenvolvimento da fala. Crianças autistas podem demorar mais para começar a falar ou podem apresentar dificuldades em expressar suas necessidades.
2. **Dificuldades na interação social**: muitas vezes têm dificuldades em interagir socialmente. Elas podem não responder ao seu nome, evitar o contato visual ou ter dificuldade em entender as emoções dos outros.
3. **Comportamentos repetitivos**: como balançar as mãos, balançar o corpo ou alinhar/girar objetos de maneira obsessiva, podem ser indicativos também.
4. **Sensibilidade sensorial**: algumas crianças podem ser sensíveis a estímulos sensoriais, como luzes, sons ou texturas. Elas podem reagir de maneira intensa ou evitar certos estímulos sensoriais.
5. **Falta de desenvolvimento de brincadeiras sociais**: podem ter dificuldade em participar de jogos imaginativos ou compartilhar brinquedos com outras crianças.

Voltando.

Pietro completa um ano e quatro meses e o desenvolvimento da fala estabiliza quase que na totalidade. Iniciamos algumas conversas sobre o assunto e entendemos que aguardar seria a melhor opção naquele momento, afinal, cada criança tem seu tempo, certo? Não. Resposta errada. Seguimos aguardando a tão esperada evolução da fala.

Com o tempo passando, algumas pequenas evoluções foram desenvolvidas, porém outras continuavam estagnadas.

Nessa etapa abro um espaço para elencar os motivos e os benefícios da intervenção precoce e reforçar que atrasos no desenvolvimento infantil não são esperados, portanto, é necessário avaliações de especialistas.

Em suma, falar de intervenção precoce é falar de neuroplasticidade que se refere à capacidade do cérebro das crianças para se adaptar e reorganizar em resposta a experiências e estímulos do ambiente. Durante os primeiros anos de vida, o cérebro das crianças passa por um período crítico de desenvolvimento, caracterizado por mudanças rápidas e significativas na estrutura e função cerebral. A plasticidade cerebral é maior durante a infância do que em qualquer outra fase da vida.

Durante esse período, as sinapses (conexões entre os neurônios) são formadas em grande número. Estímulos e experiências positivas, como interações sociais, brincadeiras, aprendizado e exposição a ambientes enriquecedores, podem fortalecer e aprimorar essas conexões. Por outro lado, a falta de estímulos adequados ou a exposição a ambientes adversos podem afetar negativamente o desenvolvimento cerebral.

A neuroplasticidade infantil permite que o cérebro se adapte a circunstâncias diferentes, o que pode ser benéfico para a aprendizagem, desenvolvimento cognitivo, emocional e social. A estimulação adequada, carinho, interação e experiências educativas positivas desempenham um papel fundamental no desenvolvimento saudável do cérebro infantil. Programas de intervenção precoce podem ser eficazes em casos de crianças que enfrentam desafios de desenvolvimento, aproveitando a plasticidade cerebral para promover melhorias.

Em resumo, a neuroplasticidade infantil destaca a capacidade única do cérebro das crianças para se adaptar e se moldar com base nas experiências que vivenciam, enfatizando a importância de ambientes enriquecedores e interações positivas durante os primeiros anos de vida.

A seguir, elenco algumas abordagens mais utilizadas na intervenção precoce para crianças com autismo.

Intervenção comportamental intensiva

ABA (Análise do Comportamento Aplicada): esta abordagem se concentra em reforçar comportamentos desejados e reduzir comportamentos problemáticos. As sessões são intensivas e personalizadas para atender às necessidades individuais da criança.

Intervenção na comunicação

Terapia da fala: ajuda a desenvolver habilidades de comunicação verbal e não verbal, promovendo o uso funcional da linguagem.

Comunicação alternativa e suplementar (CAA): inclui métodos como o uso de sinais, símbolos ou dispositivos de comunicação para ajudar crianças com dificuldades na fala.

Intervenção social

Treinamento em habilidades sociais: foca no desenvolvimento de habilidades sociais, como fazer amigos, compartilhar e compreender as emoções dos outros.

Jogos sociais estruturados: atividades direcionadas para ensinar e praticar interações sociais em um ambiente controlado.

Terapia ocupacional

Desenvolvimento de habilidades motoras e sensoriais: ajuda a melhorar as habilidades motoras finas e grossas, além de abordar sensibilidades sensoriais.

Intervenção educacional

Educação estruturada e individualizada: adaptação do ambiente educacional para atender às necessidades específicas da criança com autismo.

Envolvimento familiar

Treinamento para pais: capacitação dos pais para apoiar o desenvolvimento da criança em casa, utilizando estratégias e técnicas aprendidas durante a intervenção.

Abordagem interdisciplinar

Envolvimento de uma equipe engajada, incluindo terapeutas ocupacionais, fonoaudiólogos, psicólogos e educadores, para fornecer suporte abrangente.

Apoio psicológico

Aconselhamento e apoio psicológico: oferece suporte emocional à criança e à família, ajudando a lidar com desafios emocionais.

É essencial ressaltar que cada criança é única, e a intervenção precoce deve ser adaptada às necessidades específicas. Uma abordagem combinada e personalizada, levando em consideração os pontos fortes e desafios individuais da criança, geralmente proporciona os melhores resultados. Além disso, o envolvimento ativo da família é fundamental para promover a continuidade e a generalização das habilidades aprendidas no ambiente terapêutico para o cotidiano da criança. A detecção e intervenção precoces desempenham um papel fundamental na melhoria da qualidade de vida da criança e no apoio ao desenvolvimento de suas habilidades ao longo do tempo.

Dito isso, iniciamos o momento em que Pietro, nos seus exatos um ano e dez meses, inicia de maneira mais intensa a perda de algumas habilidades. Aos poucos, o repertório de fala se restringiu a mama, tetê e vovô. Acenar tchau passou a não mais existir. Ruídos como avião, liquidificador e parabéns a você tornaram-se insuportáveis para o nosso pequeno. Nesse momento, a irmã caçula havia acabado de nascer, estava nos seus primeiros dias de vida, trazendo uma luz radiante para nossa casa, e o sentimento de família completa se estabeleceu no nosso dia a dia. A Luz da irmã, Bella, minha caçula, foi tão importante nesses processos, que começamos a observar todos os momentos do Pietro. Passei a acompanhá-lo em todas as situações, filmava ele no parquinho, no dia a dia. E entre uma mamada e outra da Bella, assistia nos vídeos para ter certeza de tudo que estava me sinalizando. Os movimentos. A repetição. Os interesses. E o brincar. Diferente. Único. Os dias seguiram e foram se tornando mais difíceis, mais complexo entender o que estava acontecendo, mas sabíamos que precisávamos agir de alguma forma.

Pietro completa dois anos e a decisão de buscar profissionais se tornou urgente. Meu coração gritava por socorro. Por ajuda. Por luz. O sentimento era de estar “perdendo” meu filho a cada dia, mas eu não conseguia explicar o que estava acontecendo. A depressão chegou. Junto à volta ao trabalho pós licença-maternidade da minha Bella. Foram dias extremamente difíceis.

Busquei ajuda médica. Psicológica. Sobrevivi da maneira que foi possível até chegar ao diagnóstico com dois anos e nove meses.

O diagnóstico

O que para alguns é sinal de limite, rótulo, para nós foi SALVAÇÃO. Dar nome ao que nos assombrava nos trouxe conhecimento, informações, luz no final do túnel. O diagnóstico me salvou da depressão, salvou a nossa família. Trouxe alívio. E um novo capítulo da nossa história foi iniciado. O autismo nos obriga a vivermos a nossa melhor versão. Como pais, como família, como profissionais, como pessoas. O que mais tínhamos medo, que é o DIAGNÓSTICO, no final foi o que nos direcionou para sermos pessoas melhores, mais criativas, cheias de um amor inabalável.

A transformação na nossa vida foi tão profunda, tão intensa, o amor foi algo tão forte que se transbordou, inspirou pessoas, invadimos mundos que jamais havíamos sequer conhecido. Nos tornamos minoria. Nos tornamos pais de uma criança com deficiência. Desse amor nasceu a Elo No Espectro, em que hoje podemos dedicar nosso tempo a conhecer, estudar, capacitar profissionais para que todos e muito mais crianças possam se beneficiar do projeto que foi desenhado pensando não somente no Pietro, mas em nós, como pais, como família que sofreu o impacto de sair da "bolha" típica e fazer parte de uma história atípica, da minoria, na qual é preciso muito esforço para se conseguir o básico.

Cada família é única, e os desafios variam, mas aqui listo os principais impactos que ocorrem na maioria das famílias após o diagnóstico.

- **Estruturação da rotina**

As crianças autistas muitas vezes se beneficiam de rotinas estruturadas e previsíveis. Isso pode afetar a rotina familiar, exigindo maior atenção à organização e consistência nas atividades diárias.

- **Desafios na comunicação**

Por conta das dificuldades na comunicação verbal e não verbal. Isso pode afetar a comunicação familiar, exigindo estratégias alternativas, como o uso de comunicação visual, linguagem de sinais ou dispositivos de comunicação assistida.

- **Necessidades educacionais especiais**

Muitas crianças podem precisar de serviços de educação especial e apoio adicional na escola. Isso pode envolver a participação ativa dos pais na advocacia pelos direitos e necessidades educacionais de seus filhos.

- **Estresse emocional**

O diagnóstico pode gerar estresse emocional para os pais, incluindo sentimentos de preocupação, incerteza e, em alguns casos, até mesmo luto pela expectativa inicial de uma criança sem dificuldades.

- **Apoio profissional e social**

Muitas famílias buscam apoio de profissionais, como terapeutas ocupacionais, fonoaudiólogos, psicólogos e outros especialistas. Além disso, a busca por grupos de apoio e comunidades on-line pode fornecer suporte emocional e compartilhamento de experiências.

- **Adaptações no estilo de vida**

Algumas famílias podem precisar adaptar o estilo de vida para atender às necessidades da criança autista. Isso pode incluir ajustes na alimentação, atividades sociais e escolhas de lazer.

- **Irmãos e relacionamentos familiares**

Irmãos podem experimentar uma variedade de emoções e desafios, desde a preocupação até a responsabilidade adicional. É importante que a família esteja atenta às necessidades de todos os membros e busque manter relacionamentos familiares saudáveis.

- **Custos financeiros**

O tratamento e os serviços para crianças autistas podem ser dispendiosos. Famílias podem enfrentar custos associados a terapias, intervenções educacionais e outros suportes especializados.

- **Celebração das conquistas**

Apesar dos desafios, muitas famílias encontram alegria e celebração nas conquistas e desenvolvimentos de suas crianças autistas. Celebrações de marcos e progressos podem ser especialmente significativas.

É importante destacar que, embora o autismo apresente desafios, cada criança é única, e muitas famílias encontram maneiras de prosperar e oferecer um ambiente de apoio e amor para seus filhos autistas. A rede de apoio, a compreensão e a educação contínua desempenham papéis essenciais no processo de adaptação e superação desses desafios.

Referência

AMERICAN PSYCHIATRIC ASSOCIATION. *Manual diagnóstico e estatístico de transtornos mentais*: DMS-5. Porto Alegre: Artmed, 2014.

37

O AMOR COMO CIÊNCIA NO ACOLHIMENTO DA FAMÍLIA DIANTE DO DIAGNÓSTICO INESPERADO

Eis um grande tesouro para elaborar as dores e medos diante do desconhecido e fortalecer corpo, alma e mente para aprender como manejar e lidar com o diagnóstico. Cuidadores conscientes fazem o que precisa ser feito para oferecer o melhor às crianças. E isso muda todo o percurso!

ROBERTA FIGUEIREDO BORGES DE MELLO

FILHA, ESPOSA, MÃE E ESPECIALISTA EM DESENVOLVIMENTO HUMANO

Roberta Figueiredo Borges de Mello

É pedagoga, psicopedagoga, neuropsicopedagoga, especialista em inclusão escolar, desenvolvimento humano e inteligência emocional. Escritora, presidente do Instituto Árion de Equoterapia e Desenvolvimento Humano, membro do Conselho Municipal de Saúde de Suzano (Biênio 2024-2025). Idealizadora da Cuidando de Gente, mentoria que fala sobre educação consciente e inclusão, colunista do Portal Acesse desde 2020. Realiza um trabalho de acolhimento e formação de famílias atípicas em diferentes partes do Brasil.

Contatos
roberta.borges@cuidandodegente.com.br
Instagram: @cuidandode.gente
@instituto.arion
55 11 94910 1984

Todo o jardim começa com um sonho de amor. Antes que qualquer árvore seja plantada ou qualquer lago seja construído, é preciso que as árvores e os lagos tenham nascido dentro da alma. Quem não tem jardins por dentro não planta jardins por fora. E nem passeia por eles...
RUBEM ALVES

Acolher, dialogar e orientar famílias em seus desafios parentais é um universo de profundos e necessários aprendizados no cotidiano da avaliação e intervenção clínica, do mesmo modo, deveria também inquietar as equipes escolares, quando bem capacitadas, para cumprirem com excelência o seu caráter educativo e inclusivo.

Sob a perspectiva da saúde e educação, e os diversos aspectos sociais que permeiam a vida das pessoas, entendo que seja inviável habilitar ou reabilitar com sustentabilidade uma pessoa para a vida, sem abrir espaço na agenda para também acolher, perceber e guiar seus cuidadores nesse percurso.

Ouvir a família trata-se de mergulhar na dor mais profunda de mães e pais, para então, colaborar com maior assertividade, compaixão e amor pela saúde mental e emocional de cuidadores que se deparam com o diagnóstico.

É na família que se encontram as principais respostas para os desafios visíveis ou não, que aproximam ou afastam pais e filhos. Assim como nas subjetividades que, sendo mais complexas, necessitam de um mediador especialista para serem vistas e elaboradas.

Quando se trata de lidar com um diagnóstico que chega na família e muda a sua rotina, essa condição na maioria das vezes é agravada pela negação, já que, além das singularidades naturais à própria existência humana, é preciso lidar com o luto da criança idealizada.

E mais que isso, "se olhar no espelho", questionar suas próprias dificuldades durante a trajetória; aceitar as probabilidades genéticas e outros fatores. Sair da zona de conforto. Informar-se em fontes seguras que ajudem a compreender e questionar multifatores estudados pela ciência que colaborem com o resultado e ajudam a seguir adiante.

Receber um diagnóstico mexe com as entranhas de qualquer pessoa. E da mesma forma, ou até em proporções maiores, pode desestruturar a saúde emocional da família.

É exatamente por isso que os meus mais de 20 anos de experiência como educadora e especialista, atendendo inúmeras famílias na escola e na clínica, com as suas mais distintas peculiaridades, me fazem ter certeza de que **é o amor o recurso mais poderoso para nutrir os cérebros e equilibrar todo o organismo físico, mental e afetivo de cuidadores que desejam guiar suas crianças e adolescentes por um percurso mais leve e feliz.**

Amar incondicionalmente alguém ajuda a **perceber quão precioso e necessário é ter cuidadores disponíveis e perseverantes na criação amorosa dos filhos, não importando a idade ou limitações que tenham.**

E de verdade, independentemente dos desafios que surjam durante a extraordinária missão de formar os filhos para a vida, ainda que tenham proporções gigantescas, entenda, **é o amor que definirá a sua disponibilidade, discernimento e persistência para desenvolver as estratégias, acessar os recursos e saberes necessários para cuidar**, cada vez mais e melhor, das necessidades únicas de seus filhos e filhas.

Então, o primeiro ponto que quero deixar claro sobre o olhar para o diagnóstico é a importância de mães e pais que estão num processo de investigação ou aprendendo a lidar com as necessidades dos filhos **escolherem, criteriosamente, quais profissionais ajudarão nessa maratona, porque esse detalhe faz total diferença para todo o resto do percurso**.

O tempo é o maior tesouro da vida. E quando nos deparamos com um diagnóstico que exige intervenções e manejos adequados para colaborar com as diferentes áreas do desenvolvimento global, o tempo é ainda mais precioso. Por isso, escolher "quem" é a equipe multiprofissional que assistirá seu filho ou filha faz total diferença para que receba os estímulos necessários e adequados às suas evoluções.

E claro, que tais intervenções comecem o mais rápido possível. Já que se trata de algo que não pode e não deve ser adiado.

É simples, embora não seja. Torna-se inviável o processo de avaliação e intervenção quando a família não se sente segura sobre o trabalho, a abordagem e o especialista que está diante dela. Mas, principalmente, quando não confia na sua própria força para acolher, aceitar e conduzir a sua criança ou adolescente por esse percurso desafiador, mas absolutamente necessário.

Lidar com o luto da criança idealizada é quase que passar por um processo de metamorfose para se desfazer em mil pedaços e, a partir disso, transcender com consistência e coerência para a nova realidade da sua história familiar. E, a partir daí, acessar uma força indescritível que torna os cuidadores potentes, disponíveis, interessados e esperançosos **para conduzir os filhos da melhor forma possível.**

E este é o segundo ponto muito importante quando se recebe o diagnóstico. **Ter consciência de que os cuidadores são necessários e indispensáveis no processo evolutivo das suas crianças ou adolescentes.**

Mães e pais têm um poder indescritível em seus discursos. Essa força é descarregada nos filhos e ganha vida em suas histórias pessoais, colaborando para a construção da autoconfiança, autoestima e autoimagem. Daí a importância de cuidadores serem assistidos na descoberta do diagnóstico e em todo o resto da caminhada.

> O fato é que desde o início alguém nomeia como somos, o que acontece ou o que desejamos... É dessa forma que acontece algo à criança, mas isso é nomeado com base na interpretação do que acontece a outra pessoa. Simplesmente porque quando somos crianças ainda não temos palavras para dar nome ao que nos acontece. (GUTMAN, 2013, p. 25-26)

Nesse sentido, são mães e pais que, desde o início da vida, plantam sementes poderosas na mente de seus filhos que lhes ajudam, ou não, a compreender quem são. E esse detalhe pode mudar toda a história.

Ocorre que a mente humana é capaz de libertar as pessoas para indescritíveis conexões e vivências, mas na mesma medida é capaz de aprisioná-las em medos excessivos, tristeza ou na ansiosa expectativa de um futuro incerto.

Existem muitas pesquisas acerca da ação do amor materno no desenvolvimento cerebral dos filhos. O amor interfere nos comportamentos e age em áreas do cérebro responsáveis por habilidades importantes como a memória, o aprendizado e o controle das emoções. As neurociências demonstram que doses equilibradas de amor produzem ocitocina no cérebro, um neurotransmissor poderoso para gerar no organismo sensação de prazer, proteção, segurança, conforto, alegria e bem-estar, fundamentais para o desenvolvimento humano.

> Todos navegamos rumo a essas margens e voltamos delas ao longo dos nossos dias – especialmente quando tentamos sobreviver à criação dos filhos. Quando nos aproximamos das margens do caos ou da rigidez, afastamo-nos mais da nossa saúde mental e emocional. (SIEGEL, 2015, p. 34)

Nesse meio século de vida, observei que, quando as pessoas descobrem que serão pais e mães, cada qual no seu tempo se reconecta à criança que foi um dia. E três aspectos passam a ser refletidos: *o modelo de educação que receberam de seus pais; as alegrias e tristezas vividas na infância e o que desejam viver e oferecer à criança que está por vir.*

O período de gestação é primoroso e necessário para a preparação de um novo ciclo da vida. Novo para todos os envolvidos, sem exceção. Momento em que pais e mães se descobrem cuidadores. Passam a construir em suas mentes, repletas de medos e expectativas sobre o futuro, a história que sonham para seus filhos.

Enquanto do lado de fora seus cuidadores idealizam como será o filho ou filha que está por vir, do lado de dentro, alguém cheio de vida e curiosidades, *biologicamente singular,* armazena todos os estímulos e percepções possíveis que chegam do mundo externo.

E talvez aqui habite o primeiro desafio de pais e mães diante da história de suas crianças. Compreender que, embora sejam livres para sonhar o quanto quiserem, pessoas são únicas e complexas. *E para se tornarem educadores conscientes, é fundamental, antes de mais nada, treinar a mente, o corpo e o espírito para aceitar e respeitar a história única de quem está por vir.*

> Além de nascer boa e inocente, toda criança vem para este mundo com seu próprio problema. Nosso dever de pai é ajudar os filhos a enfrentarem seus desafios particulares... As crianças têm seus dons e desafios próprios, e nada pode ser feito para mudar quem são. (GRAY, 2023, p. 34-35)

É aqui que se inicia a preciosa conexão afetiva entre pais e filhos! Esse encontro potente e mágico, que, apesar dos desafios naquele contexto de incertezas e expectativas, tem o amor em proporções multiplicadas, invadindo suas entranhas instantaneamente, dando voz e forma ao fato de se tornarem, ainda com seus filhos ou filhas crescendo no útero materno, cuidadores de quem está por vir. Seja quem ou como for.

Cuidadores conscientes aprendem a se colocar a serviço do outro, especialmente se eles forem os seus filhos. O que não significa, em hipótese alguma, colocar-se em segundo plano. Pois sim, é preciso cuidar das pessoas para transformar o mundo, mas esse cuidado começa em você.

Educadores formam pelo exemplo, especialmente comportamental.

Filhos são convites fabulosos para que pais e mães se tornem pessoas melhores. E quando esse convite é aceito, milagres surpreendentes acontecem. Ao receber um diagnóstico, olhe para fora, converse com pessoas, filtre as informações e perceba quantas histórias transformadoras podem lhe impulsionar nessa caminhada. Valorize os avanços da sociedade e da ciência, é isso o que vai lhe encorajar. Escolha as referências.

Essa maratona não é para qualquer um. Trata-se do maior desafio de mães e, especialmente pais, que costumam ter menos resistência para lidar com imprevistos.

Quando os filhos chegam na família, a rotina muda e muitas adaptações são necessárias, especialmente diante do diagnóstico. Daí a importância de casais estarem conectados e fortalecidos em suas relações antes da chegada dos filhos, porque toda criança necessita e merece a presença e as experiências com seus pais.

O ideal seria que pudessem se preparar para esse momento tão grandioso e desenvolver sua maturidade emocional enquanto casal, para assim atuarem como rede de apoio segura um do outro, diante das situações desafiadoras. Bem, mas na maioria das vezes não é assim, porque a vida é feita de escolhas.

> Toda criança nasce singular e especial. Em termos práticos, isso significa que elas podem ser pessoas muito diferentes do que os pais esperam. Elas têm dons especiais e desafios próprios... Como pais, nossa tarefa não se limita apenas a tolerar as diferenças, mas também aceitá-las. A melhor maneira de efetivamente concretizar isso é admitirmos as necessidades especiais de cada criança e satisfazê-las. (GRAY, 2023, p. 201)

Ou seja, quando a criança idealizada não atende às expectativas da família, será necessário ainda mais conexão, amor, tolerância, paciência, empatia e respeito mútuo entre seus cuidadores a fim de que tenham sabedoria e disponibilidade para acolher suas singularidades. Aceitar quem é a sua criança ou adolescente com seu pacote de limitações e com a sua própria missão no mundo.

Cuidadores conscientes aceitam que seus filhos têm suas próprias histórias e aprendizados para viver, sem culpa. Buscam ajuda especializada, estudam sobre os assuntos pertinentes às peculiaridades da sua família para desenvolver senso crítico e argumentativo e, não satisfeitos, tornam-se estudiosos das leis inclusivas e da garantia de direitos, sem relaxar nos seus deveres. Especialmente para dominar estratégias e saberes que poderão nortear com maior assertividade e leveza a caminhada da sua família.

Percebem que estudar e investir no seu autoconhecimento é a escolha mais assertiva para **desenvolver recursos nobres que lhes ajudem a reconhecer os talentos e potencialidades dos filhos, mais do que olhar para as limitações.**

Assim, saberão lidar com as questões internas e externas do diagnóstico e, a partir disso, compreender "o que" fazer e "como" podem ser úteis. Servir com amor e disponibilidade; sobretudo, aprender diariamente com as limitações que se manifestam em sua nova rotina.

Lidar com um diagnóstico nunca é uma tarefa fácil, especialmente numa sociedade que geralmente busca ou se baseia em padrões comportamentais e emocionais de perfeição. Mas, afinal, existe perfeição no ser humano?

Esperar a perfeição é um grande equívoco quando se olha para as vulnerabilidades humanas inatas à própria existência. Ninguém na Terra é perfeito. Você conhece alguém?

Aceitar, respeitar e acolher a condição do outro é, sobretudo, um ato de coragem e profundo amor. É um convite para acessar experiências únicas para a evolução de todas as pessoas que fazem parte dessa trajetória.

É um exercício de "rasgar-se" por dentro, para ressignificar seus sentimentos, comportamentos, até valores e crenças. Escolher com sabedoria. E assim ter condições de discernir sobre o que faz sentido ou não na caminhada da sua família.

Acredite, longe de mim o desejo de romantizar algo que já senti na pele e vivo, diariamente, na minha família também. Por isso é importante viver a raiva, o medo, a decepção, o desconforto, a incredulidade, a revolta e tantas outras emoções e sentimentos que tomam conta da gente diante de desafios. Mas lhe afirmo categoricamente: é o amor que torna tudo mais leve.

O amor e as experiências. Porque hoje já sabemos que o cérebro humano é plástico e se molda por meio das vivências. São bilhões de neurônios trabalhando incansavelmente para fazer novas conexões que reprogramam o cérebro e ampliam, o tempo todo, novas possibilidades para uma vida saudável e feliz.

Daí a importância de cuidadores serem imparáveis na busca de suas melhores versões. É assim que se tornam referência positiva de seus filhos, nos mínimos detalhes do cotidiano familiar.

Volto a dizer: é natural existir desconforto quando nos deparamos com realidades que fogem àquilo que foi planejado, especialmente quando se trata de uma deficiência, transtornos ou síndromes que exigem a reorganização das estratégias e sonhos iniciais.

Defendo, do lado de cá, com todo o meu amor de mãe, educadora e especialista que sonha e trabalha diariamente pela construção de um mundo cada vez mais amoroso e inclusivo, que **educar os filhos sob a ótica da educação consciente é de fato um grande ganho para as famílias e toda a humanidade**.

Assuma a responsabilidade de escolher as sementes que nutrirão a mente da sua criança ou adolescente. As suas escolhas podem mudar o rumo do que está por vir. E tudo bem sentir medo do desconhecido. Respire, pois é ele que vai lhe dar coragem, no momento seguinte, para enfrentar os leões de uma sociedade perversa e cruel, usando como proteção e armas a esperança e o amor potente que habitam dentro de você.

Por vezes, pode até parecer que você está só em seus desafios diários. Nesses momentos, aconselho respirar, soltar o ar e silenciar, se for possível. Lembrar o jardim florido e a terra fértil por onde você caminha. Peça ajuda. Olhe atentamente para os lados, porque existe muita gente disposta a segurar em suas mãos e ajudar nesse percurso. Escolha a sua rede de apoio.

O seu comportamento é capaz de transformar tudo.

Olhe para o seu jardim. Sinta o cheiro da terra. Observe que a maior beleza está justamente na diversidade que habita nele, nos mínimos detalhes da sua existência.

Referências

GOLEMAN, D. *Inteligência emocional:* a teoria revolucionária que redefine o que é ser inteligente. Rio de Janeiro: Objetiva, 2012.

GONÇALVES, M. Amor materno e neurodesenvolvimento. *Revista Psychiatry* (on-line – Brasil), v. 29, n. 2, fev. de 2024.

GOTTMAN, J.; DeCLAIRE, J. *Inteligência emocional e a arte de educar nossos filhos:* como aplicar os conceitos revolucionários da inteligência emocional para uma compreensão da relação entre pais e filhos. Rio de Janeiro: Objetiva, 2001.

GRAY, J. *Os filhos vêm do céu:* técnicas positivas de educar os filhos para que sejam participantes, confiantes e sensíveis. Trad. Ione Maria de Souza Ferreira. Rio de Janeiro: Rocco, 2023.

GUTMAN, L. *O poder do discurso materno:* introdução à metodologia de construção da biografia humana. Trad. Lizandra Magon de Almeida. São Paulo: Ágora, 2013.

NELSEN, J. *et al. Disciplina positiva para crianças com deficiências:* como criar e ensinar todas as crianças a se tornarem resilientes, responsáveis e respeitosas. Trad. Fernanda Lee, Adriana Silva Fernandes. Barueri: Manole, 2019.

SIEGEL, D. J.; BRYSON, T. P. *O cérebro da criança:* 12 estratégias revolucionárias para nutrir a mente em desenvolvimento do seu filho e ajudar sua família a prosperar. Trad. Cássia Zanon. São Paulo: nVersos, 2015.

38

QUANDO SE PRESCREVE MEDICAÇÃO PARA A CRIANÇA AUTISTA?

A prescrição de medicações para o tratamento do autismo é comum. Mas quando há necessidade real desse tipo de tratamento? Por quanto tempo? Quais são os possíveis efeitos colaterais? Perguntas como estas, comuns entre os responsáveis, serão respondidas neste capítulo.

RONALDO MARQUES PONTES RABELO

Ronaldo Marques Pontes Rabelo

Médico graduado pela Universidade Federal do Amazonas. Neurologista adulto e infantil. Membro titular da Academia Brasileira de Neurologia (ABN) e da Sociedade Brasileira de Neurologia Infantil (SBNI). Pós-graduando em Desenvolvimento Infantil pelo CBI of Miami. Atuação profissional em consultórios particulares em Manaus/AM e em Boa Vista/RR. Palestrante do evento Neuropediatras Azuis (versões 1 e 2).

Contatos
ronaldo.rabelo.med@gmail.com
Instagram: @dr.ronaldorabelo.neurologista
92 98636 4039

Quando se prescreve medicação para a criança autista?

A prescrição de tratamento médico para o autista deve focar nas repercussões atuais na vida do indivíduo e da família. Os sintomas centrais do autismo (déficits persistentes na comunicação e na interação social e o padrão restrito de comportamento) são passíveis de melhorias com intervenções validadas cientificamente, como a ciência ABA (Análise do Comportamento Aplicada) (LOVAAS, 1987), mas não apresentam melhoria significativa com qualquer medicação disponível no mercado atualmente (SIAFIS *et al.*, 2022). Aproximadamente dois terços dos autistas (SPENCER *et al.*, 2013) receberão uma ou várias prescrições medicamentosas ao longo da vida, o que pode ocorrer desde o momento do diagnóstico. Diante desse fato, os responsáveis se deparam com uma série de dúvidas, algumas das quais serão explicadas a seguir.

Que motivos justificam a prescrição de medicações para o indivíduo autista?

A agitação psicomotora e agressividade são os principais motivos de prescrição medicamentosa no autismo, por conta do prejuízo social e funcional decorrente desses sintomas. É fácil entender que uma criança agitada e/ou agressiva poderá ser afastada do convívio com outras crianças, reduzindo as experiências fundamentais para o desenvolvimento das habilidades sociais, ou ser privada de experiências adequadas de aprendizado, pois a atenção dirigida é um dos fatores cruciais para a fixação de informações novas. É fundamental tentar identificar a causa do comportamento inadequado, pois a correção desse fator é capaz de reduzir ou mesmo eliminar esse comportamento; a dificuldade para a comunicação efetiva é a principal causa de agitação e agressividade (CORTESE *et al.*, 2023), pois são possivelmente as únicas formas disponíveis para a criança se comunicar.

O autismo também pode ser acompanhado de diversas comorbidades (LAI *et al.*, 2019) que podem ser tratadas com medicamentos, incluindo outros transtornos do neurodesenvolvimento (como o transtorno do déficit de atenção e hiperatividade, ou TDAH), transtornos neuropsiquiátricos (distúrbio do sono, transtornos alimentares, depressão, bipolaridade, esquizofrenia, ansiedade nas suas diversas formas, transtorno obsessivo-compulsivo) e outras condições médicas (epilepsia, carências nutricionais, distúrbios gastrintestinais).

Qual é ou quais são as medicações mais prescritas?

A risperidona e o aripiprazol são as medicações mais prescritas para crianças autistas, considerando sua eficácia comprovada nos trabalhos do grupo RUPP (SCAHILL *et al.*, 2012; MARCUS *et al.*, 2009) e liberação pelo FDA norte-americano para o manejo da agitação e agressividade. Essas duas medicações fazem parte da família dos neurolépticos atípicos, que foram inicialmente liberados para o tratamento de transtornos psicóticos, mas que são eficazes em outras condições (CHOKHAWALA; STEVENS, 2024). Existem outros neurolépticos que podem ser prescritos para a faixa etária pediátrica, como o haloperidol, levomepromazina e periciazina, com eficácia distinta, enquanto quetiapina, olanzapina e ziprasidona não estão liberados para prescrição em crianças.

Considerando as doses adequadas, a prescrição isolada de um neuroléptico pode não ser suficiente para controlar o comportamento (CORTESE *et al.*, 2023). Nessa situação, fármacos como o ácido valproico (HOLLANDER *et al.*, 2010), alguns antidepressivos e medicamentos derivados da Cannabis podem ser associados ao neuroléptico em uso, evitando aumento adicional de dosagem ou mesmo permitindo a redução de uma dose excessivamente alta. O ácido valproico é um fármaco antiepiléptico (FAE) de amplo espectro, mas que também é útil como estabilizante do humor, e a associação desse remédio com neuroléptico é bastante útil para controle da agressividade. Antidepressivos, como a fluoxetina e clomipramina (LIANG *et al.*, 2022), são eficazes quando a causa da agitação é um transtorno depressivo ou ansiedade; tais condições podem ocorrer mesmo em crianças.

Fármacos derivados da Cannabis ganharam destaque no mundo do autismo a partir do final da década passada, com a publicação de trabalhos retrospectivos (ARAN *et al.*, 2019, entre outros) que mostraram eficácia no manejo comportamental, geralmente em associação com outros fármacos. O mercado brasileiro dispõe de mais de uma dezena de marcas, todas em apresentação em gotas, via oral, incluindo opções com canabidiol isolado, Broad spectrum e Full Spectrum (incluindo THC – componente psicoativo da Cannabis). É possível importar do mercado norte-americano, com liberação da ANVISA, outras apresentações, com concentrações maiores de canabidiol, de THC (Full Spectrum) ou em cápsulas. A opção por uma apresentação específica deverá levar em conta a expertise do prescritor, as necessidades individuais do(a) paciente, o custo e facilidade de aquisição, bem como os efeitos desejados. Ressalta-se que a prescrição do canabidiol para o tratamento do autismo não está recomendada na bula da medicação nem pelas sociedades médicas atualmente.

Indivíduos com autismo e TDAH têm dificuldades adicionais e, frequentemente, o TDAH é diagnosticado antes do que o autismo. As melhores medicações para o tratamento do déficit de atenção são os psicoestimulantes (metilfenidato e lisdexanfetamina) e a atomoxetina (HELLINGS, 2023).

Há ampla variedade de distúrbios do sono no autismo, que trazem importante repercussão sobre a vida do indivíduo e da família, cujo tratamento primário é a correção dos hábitos (higiene de sono). Quando a higiene do sono já foi realizada e se mostrou ineficaz, alguns fármacos podem ser prescritos, como a melatonina, amitriptilina, risperidona (JENABI *et al.*, 2019; HELLINGS, 2023).

Antidepressivos podem ser úteis como parte do tratamento do transtorno obsessivo-compulsivo (TOC), da ansiedade em suas diversas formas e da depressão (LIANG *et al.*, 2022).

A epilepsia ocorre em até 30% a 40% dos autistas, e o tratamento deve ser conduzido por um(a) médico(a) experiente, em geral o neurologista adulto e/ou infantil, considerando o tipo de epilepsia e as peculiaridades do(a) paciente. É importante frisar que o levetiracetam, embora bastante eficaz para o tratamento das epilepsias focais e generalizadas, pode piorar os sintomas centrais do autismo (CAMACHO *et al.*, 2012).

Em quanto tempo os efeitos benéficos devem ser percebidos?

A prescrição de uma ou mais medicações deve incluir a determinação de objetivos que devem balizar a escolha da medicação, a dose indicada, o tempo de utilização, com a discussão dos possíveis efeitos colaterais com os responsáveis.

Os neurolépticos apresentam efeitos imediatos (como a sonolência e aumento da fome) e efeitos tardios, que demoram semanas para se estabilizarem e que interessam o controle do comportamento; da mesma forma, a retirada ou troca desse tipo de fármaco deve ser gradual, ao longo de vários dias a semanas. Antidepressivos, canabidiol e ácido valproico também demoram semanas para começar a exercer benefício clínico. As medicações que exibem efeito imediato são os psicoestimulantes (metilfenidato, lisdexanfetamina).

Quais são os efeitos colaterais mais comuns?

A avaliação dos possíveis efeitos colaterais é fundamental no momento da prescrição, e os responsáveis (e o próprio paciente) devem ser avisados. Alguns efeitos colaterais ocorrem no início do uso da medicação e desaparecem com o uso continuado; outros permanecem por tempo prolongado, enquanto a medicação é utilizada. Eventualmente, um efeito adverso pode ser útil em determinada situação, como em uma criança que é agitada e tem dificuldade para dormir, e que poderá receber uma medicação que controle a agitação e que cause sonolência. O prescritor deve ser avisado de qualquer efeito colateral percebido.

Os neurolépticos podem causar aumento da glicose, dos lipídeos e da prolactina no sangue (o que ocasiona risco de ginecomastia), sonolência, aumento da fome, ganho de peso, constipação intestinal, boca seca, alteração no eletrocardiograma, hipotensão ortostática (redução da pressão arterial quando a pessoa está em pé), além de efeitos diretos sobre o sistema dopaminérgico, como as distonias agudas e as discinesias tardias (OSHIKOYA *et al.*, 2019). Cerca de 30% dos usuários de neurolépticos experimentarão algum efeito colateral. Exames bioquímicos devem ser realizados periodicamente. O único neuroléptico que não aumenta a prolactina é o Aripiprazol.

Os antidepressivos tricíclicos (amitriptilina, clomipramina) podem causar boca seca, sonolência, hiperfagia, arritmias cardíacas e constipação intestinal. Já os inibidores seletivos da recaptação de serotonina (fluoxetina) podem causar dor de cabeça, náuseas, insônia, tontura, dor abdominal, diarreia ou constipação intestinal, além de redução da fome.

Os psicoestimulantes podem causar taquicardia, dormência em mãos e pés, cefaleia, redução da fome, insônia, boca seca, dor de garganta, congestão nasal, tremor, aumento da pressão arterial, azia, sudorese excessiva, nervosismo e bruxismo.

Por quanto tempo a medicação deverá ser utilizada?

Essa pergunta não tem uma resposta simples. Nenhuma das medicações é curativa; elas servem para amenizar e controlar determinados comportamentos e sintomas. As intervenções direcionadas para o manejo dessas dificuldades devem continuar, embora possa ser necessário um prazo de semanas a meses para se perceber mudanças. Assim, não há um período específico de utilização das medicações, elas devem ser utilizadas enquanto houver necessidade. Essa necessidade, ou melhor, o objetivo do tratamento medicamentoso deve ser definido pelos responsáveis com a equipe assistencial e ser reavaliado periodicamente, pois o tratamento deve trazer benefícios com o mínimo de efeitos colaterais possíveis. Se isso não ocorrer, é importante que a medicação e/ou dosagem seja revista. Não há trabalhos científicos de acompanhamento de longo prazo de pacientes autistas utilizando medicações, e uma das poucas publicações disponíveis (grupo RUPP, 2005) mostrou que a retirada da medicação frequentemente permitiu o reaparecimento do transtorno comportamental.

Referências

ARAN, A. *et al.* Brief Report: Cannabidiol-Rich Cannabis in Children with Autism Spectrum Disorder and Severe Behavioral Problems-A Retrospective Feasibility Study. *J Autism Dev Disord*, v. 49, n. 3, p. 1284-1288, mar. 2019.

CAMACHO, A. *et al.* Levetiracetam-induced reversible autistic regression. *Pediatr Neurol*, v. 47, n. 1, p. 65-67, jul. 2012.

CHOKHAWALA, K.; STEVENS, L. Antipsychotic Medications. [Updated 2023 Feb 26]. *In*: *StatPearls* [Internet]. Treasure Island (FL): StatPearls Publishing, jan. 2024. Disponível em: https://www.ncbi.nlm.nih.gov/books/NBK519503/. Acesso em: 29 ago. 2024.

CORTESE, S. *et al.* Common practical questions – and answers – at the British Association for Psychopharmacology child and adolescent psychopharmacology course. *J Psychopharmacol*, v. 37, n. 2, p. 119-134, fev. 2023.

HELLINGS, J. Pharmacotherapy in autism spectrum disorders, including promising older drugs warranting trials. *World J Psychiatry*, v. 13, n. 6, p. 262-277, 19 jun. 2023.

HOLLANDER, E. *et al.* Divalproex sodium vs placebo for the treatment of irritability in children and adolescents with autism spectrum disorders. *Neuropsychopharmacology*, v. 35, p. 990-988, 2010.

JENABI, E. *et al.* Evaluation of drug interventions for the treatment of sleep disorders in children with autism spectrum disorders: a systematic review. *Korean J Pediatr*, v. 62, n. 11, p. 405-409, nov. 2019.

LAI, M. C. *et al.* Prevalence of co-occurring mental health diagnoses in the autism population: a systematic review and meta-analysis. *Lancet Psychiatry*, v. 6, n. 10, p. 819-829, out. 2019.

LIANG, S. C. *et al.* Therapeutic effects of antidepressants for global improvement and subdomain symptoms of autism spectrum disorder: a systematic review and meta-analysis. *J Psychiatry Neurosci*, v. 47, n. 4, p. 299-310, 10 ago. 2022.

LOVAAS, O. I. Behavioral treatment and normal educational and intellectual functioning in young autistic children. *J Consult Clin Psychol*, v. 55, n. 1, p. 3-9, fev. 1987.

MARCUS, R. N. *et al.* A placebo-controlled, fixed-dose study of aripiprazole in children and adolescents with irritability associated with autistic disorder. *J Am Acad Child Adolesc Psychiatry*, v. 48, p. 1110-1119, 2009.

OSHIKOYA, K. A. *et al.* Adverse Events Associated with Risperidone Use in Pediatric Patients: A Retrospective Biobank Study. *Drugs Real World Outcomes*, v. 6, n. 2, p. 59-71, jun. 2019.

RESEARCH Units on Pediatric Psychopharmacology Autism Network. Risperidone treatment of autistic disorder: longer-term benefits and blinded discontinuation after 6 months. *Am J Psychiatry*, v. 162, n. 7, p. 1361-1369, jul. 2005.

SCAHILL, L. *et al.*; Research Units on Pediatric Psychopharmacology Autism Network. Effects of risperidone and parent training on adaptive functioning in children with pervasive developmental disorders and serious behavioral problems. *J Am Acad Child Adolesc Psychiatry*, v. 51, p. 136-146, 2012.

SIAFIS, S. *et al.* Pharmacological and dietary-supplement treatments for autism spectrum disorder: a systematic review and network meta-analysis. *Mol Autism*, v. 13, n. 10, 4 mar. 2022.

SPENCER, D. *et al.* Psychotropic medication use and polypharmacy in children with autism spectrum disorders. *Pediatrics*, v. 132, n. 5, p. 833-840, nov. 2013.

39

O AUTISMO NA VISÃO DE UMA AUTISTA

Neste capítulo, você vai mergulhar no autismo de maneira única e entender como ajudar seu filho a se desenvolver. Para isso, será necessário deixar para trás tudo aquilo que você sabe sobre o TEA e deixar esta história conectá-lo verdadeiramente com o transtorno, sem preconceito ou julgamento. Estou pronta para contar como é ser autista em um mundo que ainda sabe pouco sobre o funcionamento de um cérebro neurodivergente.

ROSANA PACIORNIK NATHAN

Rosana Paciornik Nathan

Criadora do Método ARQTEA, que visa trazer conhecimento sobre três áreas de interesse: neurociência aplicada, arquitetura e autismo. Acredito nesta tríade como ferramenta para a inclusão de pessoas neurodivergentes. Hoje, desenvolvo projetos e cursos voltados para a inclusão escolar. Estudos apontam sobre a influência dos espaços em nosso comportamento, por isso, eu me dediquei a pesquisar como a arquitetura poderia ajudar pessoas autistas. Formada em Arquitetura e Urbanismo, MBA em Gestão de Marketing, cursos nas áreas de psicologia e neurociência, como Transtorno da Ingestão Sensorial, Atendente Terapêutica ABA, Neurodesenvolvimento e Funções Executivas. Atualmente, pós-graduanda em Intervenção ABA. Aplica ABA na arquitetura, e é professora do Centro Europeu em Curitiba/PR. Criadora dos cursos ARQTEA (que visa ensinar arquitetos e designers a desenvolverem projetos inclusivos) e do TPA (um treinamento prático para a melhor compreensão do autismo).

Contatos
arqtea.com.br
rosana@arqtea.com.br
Instagram: @arq.rosanapaciorniknathan
@rosana.arqtea
41 99675 8855

Rosana Paciornik Nathan

Autismo não é uma característica da personalidade, é um transtorno global do neurodesenvolvimento que afeta o indivíduo de diversas maneiras.
ROSANA PACIORNIK NATHAN

Receber o diagnóstico de TEA não é a parte mais difícil da jornada. Olá! Eu sou a Rosana, sou autista com altas habilidades e dislexia, sou mãe atípica e arquiteta. Nasci em 1974, na cidade de São Paulo, apresentei meus primeiros sinais de autismo no início da minha vida. Minha mãe conta que choro contínuo, bater a cabeça no berço e me balançar de trás para frente foram alguns dos tantos alertas de que alguma coisa era diferente nessa maternidade. Na época, falar de autismo era sinônimo de esquizofrenia, logo que um diagnóstico fazia parte do outro e na nossa família existiam alguns casos desse transtorno. Hoje entendo a razão do medo que os meus pais enfrentaram, deixando meu autismo debaixo dos panos e, consequentemente, me levando a viver uma vida que não me pertencia – não pude ser eu mesma e isso me levou a tanto sofrimento que muitas vezes me pergunto como consegui chegar até aqui, construir uma família e, ainda, falar sobre o assunto.

Você sente a sua vida roubada quando precisa esconder quem você é sem saber qual a razão certa disso. Eu tive que sorrir quando não achava graça de histórias piadistas, tive que abraçar quando sentia um desconforto imensurável, tive que frequentar lugares quando a minha necessidade era de ficar sozinha, eu não pude escolher a brincadeira que para mim fazia sentido. O que os pais de autistas não compreendem é que nós não vamos ser como eles um dia sonharam, e é preciso ressignificar para acolher. Eu não fui acolhida, não fui protegida e isso trouxe marcas significativas. Na adolescência desenvolvi anorexia, depressão e a minha seletividade alimentar prejudicou muito meu funcionamento. Lido com osteoporose precoce desde os 30 anos e, consequentemente, com várias lesões ósseas. Quando a mente cala, o corpo chora. Cada vez que você, mesmo sem a intenção de machucar, pedir para o seu filho ser igual aos outros, saiba que, em algum pedacinho de seu ser, ele estará sofrendo e adoecendo. Eu sempre vivi em paralelo em relação a sentimentos, eles não me afetam como aos outros, por isso identificar sofrimento não é uma tarefa fácil para mim, mas eu queria pertencer e ser igual a todos.

Muitos de vocês devem sofrer com a pressão social por conta de seus filhos serem autistas, mas acreditem, seus filhos não se importam em ser diferentes, se importam com a validação de vocês por serem diferentes. Empodere o seu filho a enfrentar uma sociedade tão adoecida que não é capaz de acolher seres humanos com o funcionamento atípico, mas são capazes de criar vínculos afetivos com a inteligência artificial.

Ser autista com altas habilidades e dislexia tem muitos desafios que a maioria desconhece. Meu cérebro trabalha em um ritmo que a maioria sequer consegue imaginar, trazendo uma aceleração imensurável com inúmeros prejuízos difíceis de entender. Junto ao autismo, dificuldades na aprendizagem, seletividade alimentar, transtorno sensorial, distúrbios gastrointestinais e transtorno alimentar fizeram que hoje eu seja uma mulher mais forte, acredito que a vida é muito mais do que um diagnóstico. Não romantizo o autismo, somente procuro tudo que a vida pode me trazer de bom para poder transitar os desafios permanentes que fazem parte do meu dia a dia.

Minha infância não foi fácil, enfrentei diversas situações na escola, no dia a dia e na família, tudo porque mostrar a diferença era errado. Tenho certeza de que a única maneira de que autistas possam se sentir livres é falar do assunto abertamente, minha vida até aqui foi marcada por uma trajetória na qual não pude ser eu mesma, me ensinaram que não podia ser diferente e posso garantir a vocês que seria a única coisa que eu mudaria, ter podido viver minha vida como autista. Por isso, receber o diagnóstico não é a parte mais difícil da jornada do autista. O diagnóstico responde a todas as perguntas, traz um norte para a família entender e tratar a criança, e, principalmente, devolve a identidade do indivíduo garantindo e preservando seu direito de viver livremente.

Entendendo a diferença entre o autismo e a personalidade

Para que uma pessoa autista possa fazer o processo de autoconhecimento, primeiro precisa entender quais características são do autismo. As características da personalidade de um indivíduo fazem parte de um conjunto de fatores internos e externos que começa a se formar logo no nascimento e vai se moldando, em parte, por fatores relacionados às experiências de vida; isso terá impacto significativo na autoestima e saúde mental. Já as características do autismo independem das atitudes do indivíduo, elas decorrem de um distúrbio do neurodesenvolvimento que afetará a personalidade, mas não faz parte dela, e sim da identidade. É importante ressaltar este ponto de vista, já que muitas vezes tratamos características do autismo como sendo da personalidade e não conseguimos ver resultados significativos, já que o autismo precisa de intervenções específicas. Outro fator fundamental são as comorbidades associadas – temos um divisor importantíssimo quando falamos da deficiência intelectual, precisamos entender que são dois grupos totalmente diferentes, autismo com e sem a deficiência intelectual. Toda a nossa linha de pensamento muda quando estamos tratando esses dois grupos.

A seguir, cito algumas das características do TEA e como elas podem afetar nosso dia a dia, lembrando que a intenção é sempre trazer um norte com conhecimentos sólidos e experiência de vida, facilitando o entendimento do lado de cá para que você possa ajudar seu filho, validando-o e se conectando da melhor forma possível.

- **Rigidez de comportamento:** é uma das características mais difíceis de lidar dentro do transtorno. Pode ser facilmente confundida com uma teimosia que nunca acaba, pode trazer inúmeros desafios para os pais. Lembro-me muito bem quando um dia decidi mudar os móveis do quarto das minhas filhas sem imaginar o quanto isso afetaria uma delas, foi tão traumático; na sua curta idade, ela juntou forças e voltou a colocar tudo exatamente no lugar que estava. Outro episódio foi a hora do banho. Durante alguns anos, ela só entrava no box na ponta dos pés depois de muita insistência, ela achava sujo porque toda vez que tomava banho o cabelo caía no chão, foi muito difícil ensiná-la porque se tratava de uma inflexibilidade cognitiva que precisou de atenção e intervenção. Na minha infância, um episódio gravíssimo aconteceu pela minha rigidez: deixei a minha irmã pelada na praia aos oito anos de idade por ter ido com um maiô que era meu e não pediu licença para usar. Precisamos ter muito conhecimento no assunto para poder intervir e ajudar significativamente.
- **Contato visual:** precisamos desapegar do fato de que olhar para alguém é uma forma de amor. Quando entendemos que muitos comportamentos estão atrelados às normas sociais, conseguimos enxergar além dos olhos, não podemos esquecer que nosso sistema nervoso central está afetado e, com isso, nosso sistema sensorial sofre alterações, olhar nos olhos de alguém pode significar uma demanda sensorial maior e, por isso, evitamos esse contato. Experimente se conectar com um autista de outras formas e você vai entender que aquilo que faz sentido para você não faz sentido para

nós, uma vez que a conexão não acontece pelo olhar. Reflita sobre normas sociais, muitas vezes nos apegamos a elas sem sentido algum.

- **Hipo ou hipersensibilidade:** outra das características mais difíceis do autismo é lidar com o nosso sistema sensorial que tanto prejuízo pode nos trazer. Uma das minhas filhas tem hiper-responsividade tátil. Quando pequena, tivemos muita dificuldade em entender o porquê de ela não vestir roupa como as outras irmãs. Foram inúmeras tentativas falhas de diferentes tecidos, até que compreendemos que devíamos tirar o peso da roupa e deixá-la encontrar o caminho de se vestir aceitando sua limitação para poder crescer sem que isso significasse um trauma. Às vezes, colocamos tanta importância nas coisas por conta de uma sociedade implacável que não percebemos o quanto somos capazes de prejudicar nossos próprios filhos com aquilo que, no fundo, nem nos atinge tanto. Minha outra filha é hiporresponsiva tátil, significa que não sente estímulos táteis e, com isso, as dores de machucados, mas é extremamente sensível a estímulos internos, o que a leva a sentir uma dor de cabeça como se fosse a pior dor do mundo. Com ela, aprendemos a não subestimar qualquer sensação ou sentimento.
- **Comunicação social e interação social:** assuntos que são facilmente confundidos com características da personalidade do indivíduo. Quantas vezes eu já escutei falarem que sou quieta ou introvertida; na verdade, nenhuma delas se encaixava na minha personalidade. Pelo contrário, o que acontece é que a minha inabilidade social me afasta, me limita. Na infância, parte da minha agressividade foi por não conseguir me comunicar. Crianças não nascem agressivas, tome um tempo para observar a sua e entender o que está deixando-a agressiva, será muito melhor do que punir sem saber as razões. Você pode ajudar seu filho a lidar com sua falta de habilidade na comunicação, validando-o sempre que for preciso.
- **Interesses nas mesmas coisas:** não é algo que podemos escolher. Nós, autistas, somos muito restritos e não sentimos a necessidade de explorar coisas novas, por isso muitas vezes nos sentimos deslocados em rodas de conversa. O que verdadeiramente importa é que não nos afeta diretamente ter interesses restritos, acredito que isso seja mais uma preocupação dos outros, sei da importância de ampliar repertório mesmo não fazendo sentido pra mim.
- **Hiperfoco:** é importante ressaltar que podemos usar o hiperfoco como um aliado positivo quando bem trabalhado. Por conta de falta de interesse e de inabilidade da comunicação, podemos utilizar o hiperfoco de um adolescente, por exemplo, para compreender seus sentimentos – se você transmitir segurança, pode ajudar muito. Nós, autistas, precisamos que você nos valide sem questionar nossa forma de enxergar o mundo.
- **Seletividade alimentar:** pode ser confundida com comportamentos inadequados de uma criança que quer chamar a atenção ou até mesmo fazer uma birra. Eu tenho seletividade alimentar e alguns dos meus comportamentos são incompreensíveis pelos integrantes da minha família.

Minha filha também tem seletividade alimentar; a dela, mais severa que a minha, iniciou-se logo nos primeiros meses, com a amamentação. Durante muitos anos sua alimentação foi um desafio doloroso, até que um teste do transtorno da integração sensorial mostrou uma seletividade alimentar de base sensorial e, a partir desse teste, conseguimos entender seus comportamentos. Fica um alerta sobre sinais de transtorno sensorial: ela não é autista, mas sim altas habilidades, que é facilmente confundível e, por conta disso, não tivemos êxito com os médicos que a acompanharam desde o início.

- **Empatia:** no autismo, é um assunto muito discutido. O que poucos sabem é que existe um grupo neuronal chamado de espelho, que se encarrega de nos ensinar por cópia. Desde que somos bebês, tudo que aprendemos é copiado dos nossos pais e de outras pessoas. No entanto, no autismo, acontece de modo diferente. Temos esse grupo de neurônios alterado, então tudo que devia ser aprendido pela cópia está comprometido. Da mesma forma acontece com a empatia, como não praticamos a cópia, não aprendemos a nos colocar no lugar do outro; e se isso não acontece, não podemos desenvolver a empatia de maneira natural.

Um *layout* colaborativo pode ajudar muito no neurodesenvolvimento de uma criança

Quando escolhi arquitetura, sabia que poderia estudar como ajudar meu cérebro a se desenvolver melhor. O que muitos de vocês não sabem é que a Neuroarquitetura é capaz de trazer benefícios significativos para o indivíduo autista. Arquitetos, quando em fase inicial de projeto, pensamos na setorização por funções que serão executadas. Quando pensamos em uma arquitetura para autistas, pensamos essa setorização por níveis de estímulos e não por função, assim, separamos banheiro e cozinha como os maiores níveis, salas e espaços de convívio em estímulos médios e o setor de dormir será o de nível baixo. Na hora de organizar a rotina, lembre-se de que fazer a refeição na cozinha não seja a melhor ideia. Logo, inúmeras rotinas atreladas ao *layout* podem acontecer para ensinar responsabilidade e autonomia. Eu sinto os estímulos de modo muito intenso, tenho fotossensibilidade ocular e hipersensibilidade auditiva, por isso, estudar como o ambiente afeta o ser humano me trouxe compreensão e ferramentas para amenizar esses impactos. Na página seguinte, a Figura 1 apresenta um exemplo de como um circuito de rotina pensado nos níveis de estímulo da casa pode favorecer a autonomia da criança ou adolescente autista.

Roteiro da rotina

A criança acorda, vai do quarto ao armário para buscar a roupa da escola (nesse armário, somente roupa escolar), logo vai tomar banho. Dessa forma, estamos associando uma atividade ocupacional com desenvolvimento motor e autonomia em se vestir. Em seguida, se dirige para a sala de jantar para tomar o café da manhã; e após um descanso na sala de estar, pega a mochila da escola, vai ao lavabo, lava as mãos, se despede da mãe ou do pai e vai para a escola. Voltando da escola, fará o caminho inverso: lavabo para se lavar, sala de estar para brincar, sentar-se na sala de jantar, fazer a tarefa e, ali, a refeição que for estipulada. Após essa atividade, no quarto coloca o pijama, se dirige para o banheiro para deixar a roupa suja, escova os dentes e volta para o quarto se for a hora de dormir. A rotina atrelada ao *layout* e à circulação da casa, previamente escolhida pela família, traz ganhos para a criança – com a previsibilidade, vêm segurança e autonomia.

Também podemos ajudar no desenvolvimento trazendo para o quarto um *layout* com distribuição pensando nos níveis de estímulos.

Uma das grandes dores familiares quando se tem um membro autista é o custo para todas as terapias necessárias para ajudar no desenvolvimento do indivíduo, por isso dediquei-me incansavelmente a entender esta equação que poucos conhecem e que traz tantos benefícios para nós, autistas.

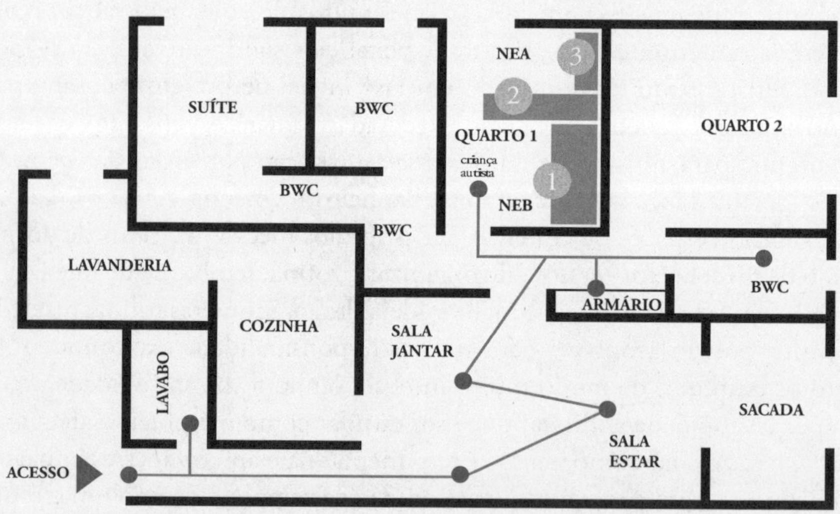

Figura 1. Planta desenvolvida como exemplo para explicar um projeto para uma pessoa autista.

- **NEA** – Nível de estímulo alto
- **NEB** – Nível de estímulo baixo
- **1** – Cama com cabeceira virada para a porta, trazendo previsibilidade.
- **2** – Mobiliário com finalidade de guarda-roupas e cabeceira e bloqueio de estímulos altos.
- **3** – Mobiliário para atividades de brincar e aprender.

Quero deixar uma mensagem para cada leitor que chegou até aqui. Sei que o interesse por saber lidar com o diagnóstico é genuíno, por isso quero dizer a você que precisa começar a olhar para o autismo com outros olhos. Olhos do coração, é com eles que será preciso olhar para o seu filho autista. Desconstruir toda maternidade e paternidade que foi criada e desejada, iniciar um novo processo.

Pense que não vemos o mundo com os mesmos olhos que vocês, tente em algum momento da sua vida vir para o lado de cá e enxergar nosso olhar, enxergar nossos interesses, entrar neles para descobrir nosso mundo. Nossas conexões são outras, talvez nunca diremos "eu te amo", talvez você nunca receba um olhar nosso, mas isso não significa que não amamos. Verbalizar o amor é uma norma social e nós não desenvolvemos corretamente esses comportamentos. As pessoas têm necessidade significativa de se sentirem amadas. Solte essas amarras e sinta a conexão que uma pessoa pode ter com a outra, sinta a conexão que pode existir de outras formas, talvez você precise compartilhar um interesse ou objeto para se sentir amado por seu filho autista. Valide isso nele e ganhará sua confiança e amor. Essa criança não está na sua vida por acaso, ela veio para deixar um ensinamento. Aceite e seja feliz.

40

IMPACTO NAS RELAÇÕES FAMILIARES

COMO O DIAGNÓSTICO DE TEA INFLUENCIA A DINÂMICA FAMILIAR

A notícia de um diagnóstico de transtorno do espectro autista (TEA) provoca mudanças emocionais, logísticas e relacionais significativas em uma família. Alguns pais sentem alívio ao entenderem comportamentos e desafios do filho, enquanto outros enfrentam incerteza e preocupação com o futuro. Este capítulo explora como um diagnóstico de TEA remodela as relações familiares, gerando novas dinâmicas, desafios e oportunidades de crescimento e compreensão mútua.

ROSEMEIRE NERIS

Rosemeire Neris

Psicopedagoga especializada em neuropsicologia, alfabetização e reabilitação cognitiva. Apaixonada por ajudar crianças, adolescentes e adultos a desvendarem os mistérios da aprendizagem, dedica-se ao estudo das conexões entre o cérebro e o processo de aprendizagem. Sua abordagem inovadora na avaliação psicopedagógica foca na neuropsicologia para desenvolver estratégias personalizadas de intervenção. Busca compreender as necessidades específicas de cada indivíduo e criar um ambiente acolhedor e estimulante, no qual o aprendizado seja significativo e prazeroso. Trabalha com avaliações completas e intervenções individualizadas, ajudando a superar dificuldades de aprendizagem e promovendo a recuperação de funções cognitivas em adultos.

Contatos
rosemeireneris2@gmail.com
11 97645 0360

O primeiro impacto: reações imediatas

As reações iniciais ao diagnóstico de TEA podem ser variadas e complexas. J. M. e M. L., pais de L. M. L., passaram meses preocupados com o desenvolvimento do filho. Quando finalmente receberam o diagnóstico, a mãe sentiu um alívio profundo por ter uma explicação para os comportamentos do filho, enquanto o pai foi tomado por sentimentos de preocupação e medo pelo futuro. Essas reações divergentes geraram tensões iniciais, mas também os uniram na busca por conhecimento e apoio.

Ajustando expectativas e redefinindo planos

Assim como J. M. e M. L., muitas famílias precisam ajustar suas expectativas e planos após o diagnóstico de TEA. O casal, por exemplo, percebeu que seria necessário revisar a rotina diária e tomar decisões importantes sobre a educação e as terapias de L. M. L. Eles descobriram que buscar informações precisas sobre o TEA, estabelecer metas realistas e promover uma comunicação aberta eram essenciais para enfrentar os desafios iniciais. Além disso, consideraram a possibilidade de terapia familiar para fortalecer a unidade e a resiliência da família.

Adaptação na rotina: estratégias para integração de novas práticas

Criar rotinas para atender às necessidades de L. M. L. foi um processo gradual para J. M. e M. L. Eles perceberam que mudanças estruturadas e a adaptação do ambiente sensorial da casa eram cruciais para o bem-estar do filho. Integraram terapias comportamentais, ocupacionais e fonoaudiológicas na rotina familiar e envolveram todos os membros da família no processo de adaptação. Esse envolvimento promoveu colaboração e entendimento, proporcionando um ambiente que favoreceu o crescimento de todos.

Planejamento de educação e terapias: enfrentando desafios na escolha e implementação

Escolher a escola certa e as terapias apropriadas foi um dos desafios mais significativos para J. M. e M. L. Eles se depararam com a falta de preparo de algumas escolas e a resistência de professores e funcionários, o que poderia prejudicar o desenvolvimento de L. M. L. No entanto, o casal assumiu o papel de defensores dos direitos do filho, enfrentando sistemas educacionais e de saúde despreparados. A colaboração entre eles, a escola e os profissionais especializados tornaram-se a prioridade para garantir a inclusão e o desenvolvimento pleno de L. M. L.

Fortalecendo os laços familiares: estratégias para enfrentar desafios juntos

O diagnóstico de TEA, apesar dos desafios, ofereceu a J. M. e M. L. a oportunidade de fortalecer os laços familiares. Eles perceberam a importância de criar um ambiente em que todos se sentissem confortáveis para expressar seus sentimentos. Apoiar emocionalmente uns aos outros, buscar informações sobre o TEA, participar de grupos de apoio e reservar momentos especiais em família foram estratégias que ajudaram a família a enfrentar os desafios diários. J. M. e M. L. também reconheceram a importância do autocuidado para manter a resiliência ao longo do tempo.

Apoio mútuo

Com o passar do tempo, J. M. e M. L. descobriram forças em apoiar uns aos outros. L. M. L., por sua vez, beneficiou-se de ter pais que trabalhavam juntos para compreender e atender às suas necessidades. Irmãos podem desenvolver responsabilidade e empatia em situações como essa, e J. M. e M. L. começaram a incluir a filha mais velha nas conversas sobre as necessidades de L. M. L., fortalecendo o vínculo entre todos.

Desenvolvendo habilidades de comunicação

A comunicação se tornou um dos maiores desafios para J. M. e M. L. após o diagnóstico de L. M. L. Eles perceberam que estratégias, como o uso de comunicação visual, tecnologia assistiva e a modelagem de comportamentos sociais adequados eram essenciais para facilitar a interação com o filho. Estabelecer rotinas consistentes e estruturas claras no ambiente familiar proporcionou previsibilidade e segurança, ajudando a reduzir as barreiras de comunicação. Com o apoio de profissionais especializados, J. M. e M. L. conseguiram transformar esses desafios em oportunidades de crescimento para a família.

Irmãos unidos: superando desafios do TEA juntos

No início, C., irmã de L. M. L., sentiu-se negligenciada enquanto os pais se concentravam nas necessidades do irmão. Com o tempo, J. M. e M. L. perceberam a importância de equilibrar a atenção entre os filhos e começaram a envolver C. no processo, educando-a sobre o TEA e incluindo-a nas terapias de L. M. L. Isso não apenas fortaleceu a relação entre os irmãos, mas também criou um ambiente mais harmonioso em casa, em que todos se sentiam valorizados e incluídos.

Resiliência familiar: superando desafios juntos

Os desafios persistem, mas J. M. e M. L. aprenderam a enfrentá-los juntos, desenvolvendo resiliência e força ao longo do tempo. Cada obstáculo superado foi uma conquista compartilhada, solidificando os vínculos familiares. A jornada desafiadora que enfrentaram foi impulsionada pelo amor e pela determinação de enfrentar o desconhecido juntos, criando uma família mais forte e unida.

Superando desafios do TEA com amor e comunidade

Os pais J. M. e M. L. também encontraram força e esperança em sua comunidade. Grupos de apoio ofereceram conselhos práticos e suporte emocional, desempenhando um papel fundamental no enfrentamento dos desafios. Apesar das dificuldades, o casal encontrou alegria e gratidão nas pequenas conquistas diárias de L. M. L. e na força que emergiu do apoio mútuo e da comunidade ao seu redor.

Conclusão

O diagnóstico de TEA pode ser um ponto de virada significativo para qualquer família. Embora traga desafios únicos, também oferece a oportunidade de crescimento em compreensão, empatia e coesão. Famílias, como a de J. M. e M. L., que aprendem a navegar na jornada juntas emergem mais fortes e unidas, com profundo respeito pelas diferenças individuais e apreciação renovada pela força de cada membro.

Mensagem de esperança

A jornada com TEA é única para cada família, mas o amor, a paciência e a determinação podem transformar os desafios em oportunidades de crescimento e conexão profunda. O diagnóstico não é o fim, mas o começo de uma nova e rica narrativa familiar. Como demonstrado por J. M. e M. L., as famílias têm a capacidade de criar um ambiente de amor e apoio, permitindo que todos os seus membros prosperem e floresçam.

41

ATRASO DE FALA E LINGUAGEM

O atraso de fala e linguagem geralmente é uma das primeiras observações realizadas pelos pais e cuidadores antes de solicitar avaliação sobre o desenvolvimento dessa habilidade infantil. O objetivo deste capítulo é transmitir informação para pais, mães, tios, avós, cuidadores, professores e pessoas que trabalham, se interessam ou convivem com crianças pequenas. As informações são transmitidas com uma linguagem simples, visando facilitar a compreensão e a estimulação correta. É comprovado que a identificação e a estimulação precoces otimizam o desenvolvimento da fala e da linguagem infantil.

RUTE SILVIA MOREIRA SANTIAGO

Rute Silvia Moreira Santiago

Formou-se no extinto CEFAM (Centro Específico de Formação e Aperfeiçoamento do Magistério), na cidade de Campinas. Graduou-se em Fonoaudiologia pela PUC-Campinas. Graduou-se em Pedagogia pela Unicamp. Possui *expertise* em atendimento de fala, linguagem e aprendizagem. É supervisora, diretora e CEO da Clínica de Especialidades Maestria, em Hortolândia/SP.

Contatos
drarutesantiago@gmail.com
Instagram: @dra.rutesantiago
@maestriaclinicahortolandia
19 99648 2242
19 2209 5525

O bebê ideal

Quando se espera um bebê, é imaginado o filho ideal. O bebê "perfeito", lindo, fofo, inteligente, com todo o desenvolvimento dentro do esperado, ou até superior.

O filho começa a crescer, a se desenvolver, e a fala em atraso é um dos primeiros sinais de alerta de que o desenvolvimento não está exatamente como o esperado.

Houve uma fase mundial afetada pela pandemia, e algumas famílias acreditavam que o atraso de fala de suas crianças era devido à situação. Todavia, algumas crianças se desenvolveram superbem, e outras não. Existem algumas causas que podem gerar o atraso de fala e linguagem.

Definição de fala e linguagem

Antes de aprofundar em algum assunto, sempre é importante compreender a base, a origem.

De uma forma simples, pode-se dizer que "fala" se refere à palavra isolada. Exemplo: /BOLA/. Esta palavra possui quatro sons. O som do /B/, o som do /O/, o som do /L/ e o som do /A/. Linguagem já envolve o contexto, a frase, a compreensão. Exemplo: "PEGA A BOLA EMBAIXO DA CAMA".

A linguagem é uma habilidade mais ampla. Existe a linguagem oral e a escrita. Esta última se refere ao conteúdo que foi escrito, pode ser uma carta, um bilhete, uma mensagem de WhatsApp, uma redação escolar, um relatório de trabalho. Refere-se ao conteúdo escrito.

A linguagem oral refere-se ao assunto falado, verbalizado. Exemplo: contar como foi o dia na escola, recontar história, relatar o que quer comer, se gostou ou não de algo, se está com dor. A linguagem oral envolve a elaboração das frases do discurso.

A linguagem oral é composta por linguagem compreensiva ou receptiva, e pela linguagem expressiva. A linguagem receptiva envolve compreender o que foi ouvido. Exemplo: "PEGA O COPO EM CIMA DA MESA". A criança vai e pega; entendeu o que ouviu e executou a ação. Essa habilidade envolve a compreensão. Outro exemplo ocorre quando o adulto mostra alguns animais para a criança: gato, pato, cachorro e solicita que aponte o gato; se a criança faz corretamente, significa que ela compreendeu. Essa ação envolveu a linguagem receptiva ou compreensiva.

A linguagem expressiva envolve a habilidade de falar, de relatar, dizer. Exemplo: "EU QUERO BRINCAR DE BOLA", "NÃO QUERO COMER MAIS", "MINHA BARRIGA ESTÁ DOENDO". Foi relatado, falado, contou seus desejos, sensações. Os gestos também fazem parte da linguagem expressiva. Por exemplo, a criança aponta para a barriga, faz "cara de dor", sinalizando que está sentindo dor nessa região.

A linguagem compreensiva e a linguagem expressiva estão intimamente conectadas, porque uma envolve a compreensão e a outra a expressão falada, e/ou gesticulada. Dessa forma, existe uma comunicação eficiente.

Porém, nem sempre a criança se desenvolverá de acordo com os padrões de normalidade, conforme "o esperado". E alguns sinais podem aparecer precocemente.

Sinais precoces de risco para atraso de fala e linguagem

Algumas habilidades antecedem o desenvolvimento da fala e da linguagem, e alguns sinais de risco podem ser percebidos precocemente, são sinais de alerta. Seguem alguns sinais:

Não olhar no olho do interlocutor, com aproximadamente dois e três meses.
Não rir quando fazem "graça", a partir dos dois meses.
Não reagir quando o interlocutor fala ou brinca com a criança, a partir dos dois e três meses.
Não balbuciar. Não fazer barulhos com a boca. Ser muito quieto aos cinco e seis meses.

Desenvolvimento normal – típico

É necessário muito cuidado com a frase: "Cada criança tem seu tempo". Há um limite esperado para o desenvolvimento típico. Por exemplo, no desenvolvimento motor, não é esperado que uma criança de dois anos não esteja andando. No desenvolvimento da fala, não é esperado que uma criança nessa mesma idade ainda não fale nenhuma palavra.

Existem marcos de desenvolvimento que são importantes parâmetros para saber se a criança está se desenvolvendo conforme o padrão de normalidade. A tabela a seguir apresenta marcos relevantes do desenvolvimento da fala e linguagem.

RN e 1 mês	Se acalma com a voz da mãe. Se assusta com sons intensos.
2 e 3 meses	Reage à fala humana: vocaliza, olha, sorri. Se atenta ao som, procura a fonte sonora.
4 e 5 meses	Apresenta balbucios como /mamama/, /papapa/. Olha quando é chamado.
6 e 7 meses	Aumenta a frequência de interação com seus "cuidadores", por meio da vocalização, risos, movimentação corporal e expressão facial. O balbucio apresenta sílabas diferenciadas como /padada/.
8 e 9 meses	Imita os sons realizados pelo outro. Atende a solicitações como "jogar beijo", "dar tchau". Usa gestos e vocalizações para obter um objeto ou chamar a atenção do outro.
10 e 11 meses	Pode repetir palavras ditas pelos outros, mas sem o mesmo padrão fonológico. Exemplo: o adulto diz "vem dormir", e a criança diz "mimi".
Entre 1 e 2 anos	Apresenta uma linguagem funcional, comunica-se com o outro para expressar suas necessidades, perguntar, mesmo que a estrutura linguística seja limitada. Entre 18 e 22 meses, é capaz de produzir aproximadamente 20 palavras e entende cerca de 50. A partir de 18 meses, formula frases com duas ou três palavras. Ao final do segundo ano de vida, ocorre a "explosão do vocabulário".
Entre 2 anos e 2 anos e meio	Formula frases com três ou quatro palavras, havendo omissões de artigos, preposição, além de desvio da flexão nominal e verbal. Exemplo: "Eu papi tudo", "esse meu bolacha".

Entre 2 anos e 1 mês a 3 anos	Fala entre 200 e 450 palavras. Compreende e responde verbalmente perguntas com pronomes "quem", "onde", "o que". Exemplo: "O que você fez?". Faz narração com o auxílio de perguntas do outro.
Entre 3 anos e 1 mês a 4 anos	Fala entre 500 e 1.000 palavras. Aparecem frases interrogativas. Exemplo: "Quem chegou, mãe?". Formula frases mais elaboradas. Exemplo: "Mamãe não deixa, mas eu vou".
Entre 4 anos e 1 mês e 5 anos	Fala 1.500 a 3.000 palavras. Narra uma história conhecida sem apoio de figuras e sem a ajuda do outro.
Entre 5 e 1 mês e 6 anos	Fala em torno de 6.000 palavras. Demonstra habilidades linguísticas, como definir uma palavra, perguntar o significado delas, identificar e fazer rimas.
Após os 6 e 7 anos	Léxico acima de 10.000 palavras. Utiliza as funções comunicativas de maneira sofisticada. Pode ter habilidade para persuadir e argumentar. Narra, com detalhes, as histórias conhecidas e relatos pessoais.

Condições que podem ocasionar atraso de fala e linguagem

O bebê e a criança estão em constante desenvolvimento; às vezes o atraso de fala pode ser apenas uma falta de estimulação correta, mas, na maioria das vezes, o atraso de fala e linguagem é secundário a um quadro já existente, ou uma condição preexistente.

Seguem algumas condições que podem ocasionar o atraso de fala e linguagem:

Autismo
Apraxia
Disartria
Atraso motor de fala
Deficiência auditiva
Deficiência intelectual

Paralisia cerebral
Algumas síndromes genéticas
Falta de estimulação adequada
Surdez congênita ou adquirida

O diagnóstico do autismo

Embora existam diversas condições que podem ocasionar o atraso de fala e linguagem, na prática clínica fonoaudiológica, houve aumento significativo de crianças com essa queixa, que foram diagnosticadas com autismo. A primeira observação que a família geralmente refere está relacionada ao atraso de fala e linguagem, sendo um sinal importante, que precisa ser avaliado por fonoaudiólogo com expertise em fala e linguagem.

Durante o processo de investigação e a conclusão do diagnóstico, geralmente as famílias passam por algumas etapas emocionais, incluindo deixar de idealizar o "filho perfeito", para aceitar o "filho real". Para algumas famílias, é mais doloroso, mas a maioria refere sensação de "alívio" após fechar o diagnóstico e conseguir entrar no processo de aceitação do "filho real". Quando entra nesse estágio, geralmente as famílias se fortalecem emocionalmente e conseguem procurar maneiras para fornecer todas as terapias que a criança necessita para o seu melhor desenvolvimento.

Quando buscar ajuda profissional

A ajuda profissional fonoaudiológica deve ser solicitada quando a criança nasce com alguma condição que apresenta risco de atraso de fala e linguagem. Em outras circunstâncias, deve-se considerar a ajuda quando identificar alteração de fala e da linguagem, em qualquer etapa do desenvolvimento.

Se os pais, cuidadores, professores e outras pessoas que cuidam da criança estiverem na dúvida, ou angustiados com o desenvolvimento da fala e linguagem, também se recomenda a consulta com um fonoaudiólogo com expertise nessa área, que vai ajudar a esclarecer a dúvida e orientar na estimulação e/ou intervenção conforme a necessidade.

Como estimular a fala e a linguagem

Desde a gestação, o bebê já pode ser estimulado. Posteriormente, aproveita-se situações do cotidiano para estimular, como a hora do almoço, jantar, troca de fralda, momento do banho e escolha da roupa.

Sugestões para estimular a fala e a linguagem:

A mãe, o pai e irmãos podem cantar para o bebê ainda na barriga da mãe. Tocar instrumentos próximo à barriga.
Ao nascer, sempre conversar com o bebê.
Falar o nome dos objetos e o significado. Por exemplo: "O sabonete. O sabonete é de tomar banho".
Explicar o que está fazendo. Por exemplo: "Vamos passar o sabonete para lavar a perna".
Cantar músicas em todas as idades. Pode ser músicas existentes ou inventadas. Por exemplo: "É hora do banho, lava a cabeça, lava o pé".
Dar o modelo correto da pronúncia das palavras. Não falar errado, imaginando que pode parecer "fofo" para a criança. Fale com voz suave, mas fale corretamente.
Conte histórias. Repita a mesma história em dias diferentes. Modifique o seu tom de voz, às vezes fale mais "grosso" ou mais "fino".
Estimule-a a brincar de "faz de conta". Por exemplo: coloque um lençol no sofá, diga que é um barco. Coloque prendedor de roupa numa bacia com água e diga que são os peixes.

Conversar com o bebê ainda na barriga, ou muito pequeno, para algumas pessoas pode parecer estranho, porque pensam que o bebê não entende. E justamente por esse motivo é necessário estimular, apresentar os objetos e situações que fazem parte do cotidiano. Sempre partir da ideia de que "nada é óbvio" para o bebê e para a criança, e cabe ao adulto explicar e apresentar "o mundo".

Com a identificação do atraso de fala e linguagem, com a estimulação precoce e intervenção adequada, a criança deverá se desenvolver e evoluir.

Referências

BUENO, T. G. *et al.* Protocolo de avaliação fonológica infantil – PAFI: projeto piloto. *Verba Volant*, v. 1, n. 1. Pelotas: UFPel, 2010.

FELIZATTI, P. *Aspectos fonético-fonológicos da disartria pós-traumática*: um estudo de caso. Dissertação (Mestrado em Linguística). Instituto de Estudos da Linguagem, Unicamp, Campinas, 1998.

FERREIRA, A. B. de H. *Novo Aurélio século XXI:* o dicionário da Língua Portuguesa. Rio de Janeiro: Nova Fronteira, 1999.

MENEZES, M. L. *ADL2 Avaliação do desenvolvimento da linguagem-2 manual do examinador.* Rio de Janeiro: Edição da Autora, 2019.

QUEIROZ, A. da S.; AROUCHE, J. de S. *Tópicos em Fonoaudiologia IV:* abordagens em ciências fonoaudiológicas. Campo Grande: Inovar, 2022.

ZORZI, J. L.; HAGE, S. R. de V. *PROC – Protocolo de observação comportamental*: avaliação de linguagem e aspectos cognitivo infantis. São José dos Campos: Pulso, 2004.

42

A DESCOBERTA DE UM NOVO CAMINHO NO TEA

Este capítulo contempla reflexões e estratégias para lidar com os desafios deste mundo singular e desafiador que é o "espectro do autismo". Você encontrará informações sobre a chegada de um diagnóstico de TEA, as fases que a família enfrenta e as possibilidades de intervenções mais efetivas, obtidas por meio de uma avaliação neuropsicológica.

SILVANA DA SILVA MARGHETI

Silvana da Silva Margheti

Psicóloga (CRP 12/06314), graduada pela UNESC/SC (2006). Pós-graduada em Psicopedagogia (FIJ/RJ), Acupuntura (CIEPH/SC), Terapia Cognitivo-comportamental-TCC (UNESC/SC), Neuropsicologia (IPOG/SC), Análise do Comportamento Aplicada-ABA (IPOG/SC), com formação em *Biofeedback* e Hipnose. Possui experiências nas áreas clínica e educacional, incluindo a educação especial. É palestrante e mentora de pais, profissionais e pacientes com diferentes demandas (TDAH, TEA, TOD, DI). Também é associada da Escola de Pais do Brasil-EPB, mãe típica da Ysys e do Yury, é uma pessoa que está em constante busca pelo conhecimento e sente-se feliz em cumprir sua missão, ajudando as pessoas a superarem seus desafios e dificuldades emocionais, contribuindo para o fortalecimento do bem-estar psicológico e o alcance de uma vida mais plena e satisfatória.

Contatos
silvanamargheti@gmail.com
Instagram: @silvanamargheti
48 98805 5353

Os filhos são como navios, prontos para zarpar. Nossa missão é prepará-los para navegar por mares desconhecidos, com sabedoria e coragem, para que possam encontrar seu próprio caminho rumo ao sucesso e à felicidade.

IÇAMI TIBA

Neste capítulo, convido você para fazer companhia em uma viagem cheia de emoções, desafios e reflexões, em que o destino ainda é incerto, porém o percurso é vivido da forma mais humana e feliz possível. Preparado?

Quando decidimos fazer uma viagem, é comum organizarmos as malas, as roupas, verificarmos a previsão do tempo, bem como as características desse percurso, para definirmos o que vamos levar como bagagem. Você também se organiza dessa forma? Viajar envolve sentimentos, expectativas e frustrações. Mas o que realmente define uma boa viagem? Cada um de nós interpreta as situações de maneiras diferentes; assim, a diferença em nossas vidas ocorrerá mediante as interpretações e pensamentos que tivermos. Então, me acompanhe.

Um belo dia, para muitos de nós, surge o desejo, o pensamento ou mesmo a situação de nos tornarmos pai ou mãe e, à medida que esse pensamento nos vem, a imaginação e os sentimentos começam a florir.

E a partir daí, começamos a organizar a nossa bagagem para nos lançarmos neste novo destino: nascimento de um pai e nascimento de uma mãe.

A princípio, as expectativas, os sonhos vão se elaborando, até os mínimos detalhes, como segurar o bebê no colo, admirar ao vê-lo dormindo, imaginar quando este vem correndo aos nossos braços, jogar bola, brincar de casinha, tomar banho de chuva, se jogar na lama, enfim... Tantas cenas e capítulos vão se construindo. Um verdadeiro faz de conta, cheio de simbolismo, de trocas de papéis, um repertório de linguagem, inclusive até das palavras ditas incompletas ou no diminutivo, ou ainda com erros fonológicos ("mãezinha", "seleia", "papa", "tachorrinho"). Ah, e não podemos esquecer aquele contato visual, aquele "olho no olho" que é de estremecer o coração e derreter de emoções os pais, os avós, as pessoas que estão em contato com as crianças.

Enfim, conviver na companhia de uma criança mexe com as nossas estruturas, sejam elas físicas, cognitivas ou emocionais. Concorda? Bom, lembrando a nossa viagem, podemos nesse momento nos questionarmos: o que precisamos para sermos felizes? Seremos felizes somente quando chegarmos ao destino ou podemos escolher vivenciarmos diversos momentos de felicidade durante o percurso da viagem?

Pois bem, o que realmente o ser humano necessita para ser feliz? Você conhece a letra da música do cantor sertanejo Daniel, "Pra ser feliz?". Essa música é um adorno da nossa viagem, pois ela nos mostra que a felicidade pode ser conquistada e sentida nos pequenos detalhes, assim como num verdadeiro sorriso.

Então, pense comigo: conhecer o espectro autista, ter um filho, um familiar ou um paciente com características singulares pode ser uma viagem desafiadora, mas podemos transformá-la em uma jornada de descobertas e aprendizados, permeada por muito amor.

Assim, conte comigo para continuar a nossa viagem criando memórias e momentos de felicidade, possibilitando um universo de recursos e estratégias para proporcionarmos mais felicidades e maior desenvolvimento biopsicossocial às crianças e pessoas de modo geral que possuam o diagnóstico de TEA.

Além das expectativas: navegando pelas surpresas e desafios da maternidade/paternidade de uma criança com autismo

Retomando a metáfora da viagem, vale ressaltar que as expectativas frente a uma criança são inúmeras. Dessa forma, quando o diagnóstico de autismo chega, é comum que os pais e familiares, até os próprios profissionais, muitas vezes, vivenciem uma série de emoções. Pode ser um momento de choque, incerteza e até mesmo tristeza, luto. Mas é importante lembrar que cada pessoa reage de maneira diferente, fazendo interpretações diferentes da mesma situação, por isso convido você para continuar refletindo comigo.

Quando aprendemos a lidar com as expectativas, abrimos espaço para receber recompensas extraordinárias. Assim, conhecer o espectro autista é se permitir abrir as portas da compreensão, estimular a inclusão e aceitar a diversidade. Assim como no texto *Bem-vindo à Holanda* (1987), da autora Emily P. Kingsley, receber o diagnóstico de TEA pode ser comparado a uma viagem inesperada para um lugar desconhecido. No começo, pode parecer assustador e confuso, afinal, você está entrando em um território novo e cheio de desafios. Mas, assim como na viagem, com o tempo, você começa a se adaptar e a descobrir as belezas e possibilidades que existem nesse novo caminho. Por isso, foque em aprender a lidar com as expectativas, coloque-se no controle do seu destino, pois assim poderá desfrutar de recompensas que vão além do que imaginava no universo TEA.

Lembre-se sempre de que o diagnóstico de autismo não define uma pessoa. Ele apenas mostra suas habilidades, dificuldades e potenciais. Assim como em uma viagem, você, a família, o paciente podem encontrar recursos e apoio de diferentes instâncias, incluindo associações e profissionais competentes e, acima de tudo, humanos, que atuam como guias norteadores, oferecendo suporte e orientação ao longo desse caminho.

No entanto, é importante buscar conhecimento sobre o autismo, incluindo o repertório de reações que a família e o paciente possam apresentar quando o diagnóstico de TEA chega, pois esse momento pode ser interpretado de diferentes maneiras, causando diversas reações nas famílias, com ênfase em um processo de luto.

O poder da aceitação: acolhendo o ser humano com autismo

Embora o luto possa ser entendido nesse momento como algo natural e compreensível, é notável que alguns sofrem mais, outros menos. Ao longo de mais de 17 anos de experiências trabalhando com essa realidade, percebo que geralmente sentimentos de tristeza e sensação de estar perdido é algo que emerge junto à informação do diagnóstico. Ademais, segundo alguns pesquisadores – Kübler-Ross (1960), Parkes (1970-1980), Bowlby (1950 a 1980), o processo de luto pode ser vivenciado em cinco fases.

A primeira delas é a fase da negação, sendo comum que as pessoas sintam dificuldade em aceitar a realidade e pensamentos que surgem, como: "Isso não pode estar acontecendo" ou "deve haver algum engano". Nessa fase é crucial buscar informações e apoio para compreender melhor, evitando confrontar a família, e sim mostrar as possibilidades de intervenção mediante as dificuldades encontradas no perfil dessa criança, independente até do diagnóstico em si. Logo, precisamos fazer um acolhimento à família, pois é um momento, para muitas, de se despedir da imagem do "filho ideal" e acolher o "filho real".

Estar ciente das etapas possíveis do luto permite amparar e oferecer um suporte mais efetivo e empático.

A segunda fase enfrentada por diversos pais é a raiva. É comum sentir raiva da situação, dos profissionais da saúde, principalmente de quem repassou o laudo sobre o diagnóstico.

Você conhece algum familiar que passou por essa fase? Ou você mesmo já experimentou essa emoção em alguma situação de luto? Vale lembrar que essa emoção faz parte desse processo, embora seja imprescindível encontrar estratégias para lidar de maneira saudável com essa emoção. Ir em busca de informações, de apoio emocional, quer seja de amigos, familiares, especialistas, contribui para que essa emoção seja transformada e canalizada para o enfrentamento das dificuldades.

Em seguida, vem a terceira, considerada a fase da barganha. Nela, na esperança de reverter a realidade, o diagnóstico, familiares tentam fazer acordos, promessas com o destino, recorrem a seus credos, a Deus, santos, enfim, é uma espécie de negociação para que haja a reversão daquela condição.

A quarta fase é caracterizada por muita tristeza, preocupação e ansiedade. As pessoas enlutadas nessa fase começam a se dar conta, a se permitir pensar que o diagnóstico pode ser real. E nisso podem se sentir angustiadas, preocupadas com o futuro dos filhos, geralmente questionam como vai ser, se ele vai conseguir trabalhar, se vai aprender a escrever, a ler, ser independente, entre outras aflições.

Na quinta e última fase do luto, ocorre a aceitação do diagnóstico e das características do espectro autista. É uma fase de chegada de viagem – sim, é o momento em que as famílias e os próprios pacientes se fortalecem. Vestem-se de empoderamento e, aos poucos, vão se apoiando e encontrando outras maneiras de viver uma vida plena e significativa.

É nesse momento que retomamos a metáfora da viagem, lá do início do capítulo. Esses pais traçaram um destino de chegada e talvez o percurso da viagem foi modificado. Assim, vale a reflexão de que muitas situações são inesperadas, desafiadoras, mas, ao se tratar de um diagnóstico de TEA, e na vida como um todo, o mais importante é fortalecer o paciente e a família, conduzindo-os na busca das melhores intervenções possíveis, a fim de desenvolver as habilidades necessárias da pessoa com TEA, para que ambos tenham melhor qualidade de vida.

Quando o paciente tem uma rede de apoio, os desafios se tornam menos intensos e as conquistas mais evidentes. Portanto, mesmo diante das fases há pouco elucidadas, sabe-se que cada paciente e cada família é única, singular e, enquanto seres humanos e profissionais, podemos e devemos ter a humildade e a empatia em saber como acolher e psicoeducar esse público, valorizando as habilidades e potenciais do paciente, buscando sempre meios de promover o seu desenvolvimento e melhor qualidade de vida, enfatizando momentos de felicidade ao longo da jornada, pois o destino da viagem é incerto.

Quando o diagnóstico de autismo chega, mesmo sendo desafiador, é um momento de se lançar a intensas descobertas e aprendizados. Com o apoio adequado, a pessoa com autismo e sua família podem encontrar caminhos para uma vida plena e inclusiva. Sugere-se, então, a avaliação neuropsicológica como uma estratégia eficiente de traçar novos caminhos ao paciente e à família, bem como aos profissionais de modo geral, possibilitando melhor estimular as habilidades e potencialidades e superar os prejuízos que o paciente apresenta.

Desvendando potenciais: orientações relevantes da avaliação neuropsicológica

A avaliação neuropsicológica é um procedimento de investigação que se utiliza de entrevistas, observações, provas de rastreio e testes psicométricos para identificar o rendimento cognitivo funcional e investigar a integridade ou comprometimento de uma determinada função cognitiva que possam relacionar-se a comprometimentos psiquiátricos e/ou neurológicos.

Por ser uma avaliação criteriosa, ela se mostra como uma estratégia relevante, pois é um processo detalhado e abrangente, realizado por profissionais especializados.

Ela representa uma bússola, um GPS, pois na viagem chamada "vida" de uma pessoa com TEA norteará o percurso a ser trilhado, conduzindo o processo de reabilitação, enaltecendo as habilidades e funcionalidades e minimizando os déficits do indivíduo, pois as crianças com TEA possuem características peculiares. Ao referir-se a um espectro, o nível e a intensidade da sintomatologia são singulares, diferem de um para o outro. E, dessa forma, a escolha do tratamento adequado é de extrema importância, pois o TEA acompanha o indivíduo por todo o seu período de vida (ONZI; GOMES, 2015).

Essa avaliação permite aos familiares melhor compreensão das áreas em que a pessoa possa vir a enfrentar desafios, como a comunicação, a interação social, a flexibilidade cognitiva e a regulação emocional. Pode ser ainda um referencial para a construção de uma rede de apoio, sendo que os resultados da avaliação neuropsicológica devem ser compartilhados com todos os profissionais envolvidos nas intervenções do paciente.

Para finalizar este capítulo, destaco a importância de aprendermos a lidar com as expectativas, transformando os desafios em oportunidades, seja para o paciente, seja para a família ou para o próprio profissional que trabalha com esse "mundo do espectro autista".

Sugiro a você não esperar que as pessoas sejam perfeitas para amar. Apenas ame, cuide com paciência, dedicação e persistência para que a viagem possa ser nobre, única, mesmo com falhas e imperfeições, imprevistos e frustrações.

Vale lembrar que o destino às vezes nos surpreende, mas que tenhamos resiliência e sabedoria para lidar com aquilo que não podemos mudar, e mais: que tenhamos força e coragem para mudar aquilo que está ao nosso alcance. Ame, confie no potencial da pessoa com TEA, pois pequenos detalhes podem trazer um impacto significativo em seu bem-estar, valorizando as coisas mais simples da vida. E aí: o que o ser humano necessita para ser feliz? E o que faz a vida ser bonita?

Conviver com uma pessoa com autismo nos torna mais sensíveis e solidários, fortalecendo nossos laços de amizade, resiliência e amor incondicional.

Referências

ONZI, F. Z.; GOMES R. de F. Transtorno do espectro autista: a importância do diagnóstico e reabilitação. *Caderno Pedagógico*, v. 12, n. 3, p. 188-199, 2015.

KINGSLEY, E. P. Bem-vindo à Holanda. *ABA*+: inteligência afetiva, 3 nov. 2020. Disponível em: https://abamais.com/bem-vindo-a-holanda/. Acesso em: 29 ago. 2024.

43

OS GÊMEOS DA SOL

Aqui relato, de maneira resumida, como foi nossa experiência no processo de diagnóstico dos gêmeos. E digo que o diagnóstico precoce do transtorno do espectro autista (TEA) é um desafio, sim, mas não é um monstro, que é possível se desenvolver e ter uma vida "normal". Busque por ajuda, capacite-se, informe-se e nunca desista do seu filho.

SOLANGE DE ASSIS PACHER

Solange de Assis Pacher

Nasci e cresci no interior do estado de Santa Catarina. Sempre estudei em escola pública, graduada em Pedagogia e pós-graduada em Alfabetização na Educação Infantil e Séries Iniciais na Educação Inclusiva. Lecionei por 12 anos; Deus já vinha me preparando para minha caminhada como mãe atípica.

Contatos
Instagram: @sol_pacher
@autismoloandapr
44 99156 8757

Sou mãe do Raphael, atualmente com 12 anos, e dos gêmeos Maria Júlia e Lorenzo, com seis anos. Na gravidez dos gêmeos, tivemos complicações do começo ao fim, exigindo repouso absoluto. Eles nasceram de 38 semanas, superbem, mamaram e já foram para o quarto. Com apenas oito meses, ainda no bebê conforto, mudamos de estado, saímos de Santa Catarina para o Paraná, a trabalho e com o sonho de construir nossa vida aqui.

Chegado o primeiro aninho e mamãe ainda não viu nada de diferente, até então! O desenvolvimento deles vinha redondinho como dizia a pediatra, uma maravilha!

Eu sempre me perguntava por muito tempo onde estava o AUTISMO que eu não vi? Mas sim, eu não vi porque eram tão sutis os sinais, que passaram batidos, até que se tornaram nítidos os atrasos, perdas de habilidades já adquiridas e começou a ficar gritante. E meu coração apertado.

Com aproximadamente 14 meses, Lolo começou com as mãozinhas tapando as orelhas, andando na pontinha dos pés, a ter brincadeiras isoladas e sequenciadas de enfileirar, empilhar e agrupar objetos. E o que realmente me deixou muito preocupada: eu o chamava e ele não respondia, parou de falar as palavras básicas da idade como mama, papa e água. Logo percebi que tinha algo muito errado acontecendo, mas não imaginava o que ainda estava por vir, as perdas de habilidades se tornaram notáveis e preocupantes.

Já a Juju, até então uma fofura no seu desenvolvimento dentro da minha percepção. Superindependente, um pouquinho medrosa e tímida, mas de personalidade forte, sempre no oito ou oitenta. Lá estava ela, voando abaixo do radar.

A primeira coisa que fizemos foi matriculá-los na educação infantil, por sugestão da pediatra, pois ela acreditava que poderia ser apenas um pequeno atraso no desenvolvimento. Errada não estava!

Em uma pesquisa rápida na internet veio a palavra AUTISMO. Minhas suspeitas faziam sentido pelas informações que encontrei. Contei para minha família sobre minha suspeita. E claro, minha família, que estava longe, achava que eu estava "doida"; diziam para não me preocupar porque não era nada, o que todos dizem, VAI PASSAR! Logo vai falar, logo vai isso, logo vai aquilo, mas eu sabia que não era assim.

Busquei ajuda na APAE da minha cidade onde fui orientada a continuar a investigar, pois me alertaram para a possibilidade de ser autismo. Nesse momento já estava desesperada em busca de ajuda de profissionais que pudessem me orientar no que fazer, onde fazer e como fazer.

Então, aplicamos a Escala Bayley, um instrumento de avaliação composto por três subescalas: cognitiva, linguagem e motora, que são realizadas pela criança. A escala de avaliação foi realizada nos dois, o que apontou um atraso significativo para o Lolo, mas nada para Juju.

Encontrei o (falecido) dr. Clay Brites, médico neurologista especialista em autismo, em uma pesquisa na internet. Conseguimos um encaixe na sua agenda megalotada, eu diria que foi um milagre.

Infelizmente, não é fácil encontrar bons profissionais qualificados em autismo. Muitos pais sabem o que estou falando, dá para contar nos dedos, graças a Deus essa realidade já está mudando.

Entrei no consultório com a esperança de que minha família estivesse certa, que era coisa da minha cabeça, mas meu coração já sabia a verdade, sabia o que viria e, sim, o doutor foi muito pontual em um diagnóstico precoce de autismo. O que eu não esperava era que ele fosse falar da mana. Sim, Juju estava na consulta até porque a vida de gemelar é assim, onde vai um, vai o outro também. Enquanto o doutor interagia com Lolo durante a consulta, ele observava a mana, isso começou a me deixar muito desconfortável, fiquei muito nervosa. O doutor, muito tranquilo, passou a me perguntar sobre Juju, olhava a avaliação dela e, em seguida, interagia novamente. E eu mais que depressa argumentei sobre a avaliação da mana – "Não deu nada, doutor, está tudo certinho, sem indícios para atrasos". Minha alma já não estava mais no meu corpo nesse momento. Foi quando o doutor disse: "Aí que você se engana, mãe". Imagine o meu desespero nesse momento... Comecei a ter calafrios e suor frio. Tudo desmoronou na minha cabeça. "Mas como assim, doutor? Ela está bem, fala pelos cotovelos." Meu marido ficou bravo e disse: "Onde já se viu uma coisa dessa? Não gostei desse médico, minha filha não tem nada!".

Mesmo sem acreditar no que o doutor havia nos explicado sobre o autismo feminino, seguimos as orientações do dr. Clay de intervenção intensiva. "No momento, para seus filhos é o que temos de mais avançado em estimulação precoce no transtorno do neurodesenvolvimento", ele disse.

Chorei, e chorei muito nesse dia, e lá no estacionamento mesmo nos abraçamos e ficamos firmes. Lembro até hoje como foi difícil sair do consultório com um laudo médico e mais um encaminhamento para avaliação complementar da Juju. Mas, como diz uma querida amiga, o negócio é ir chorando e andando, porque não podemos perder tempo, o tão precioso tempo. E assim fizemos!

Chegar até Florianópolis, no Instituto Farol, com o Thiago Lopes, foi um grande desafio. Para começar, não tínhamos o dinheiro para fazer o treinamento intensivo para a família e as avaliações. Então, meus irmãos nos ajudaram. No dia de ir, meu carro foi para a oficina e não ficou pronto na data da viagem, tivemos que pegar o carro dos tios emprestado. Durante a viagem a Curitiba, o carro começou a dar pane no sistema elétrico, paramos em um posto de combustível e o inacreditável aconteceu: o motor pegou fogo. Faltando pouco para chegar a Florianópolis, meu marido queria desistir, queria que eu voltasse para casa com as crianças. Fiquei muito revoltada e disse que não! Sabia que não podíamos perder tempo para iniciar as intervenções, não imaginava que o tempo era tão crucial assim. Ao ligar para a seguradora, soube que disponibilizavam a opção de um carro de apoio, um Uber, e assim seguimos viagem, eu, as crianças e a professora Amanda. Vocês não vão acreditar, mas foi quase um filme de terror essa viagem, as crianças vomitaram no Uber inteiro e em cima de mim. Eu estava exausta e achei que esse dia nunca teria fim. Que loucura! Mas digo de todo o meu coração, faria tudo de novo se fosse preciso, sem sombra de dúvida.

Quando chegamos ao Instituto Farol, iniciamos o treinamento e as avaliações. Lá estávamos nós com mais três famílias com dúvidas, medo, mas com muita esperança, e assim foram três dias superintensos entre teoria e prática. O grande momento chegou: a avaliação da Juju com o Thiago, nunca conheci uma pessoa tão humana na vida. Ele nos deu uma aula, explicou tudo durante a sessão. E, sim, ele confirmou o que o dr. Clay havia nos falado, eu tinha ali uma pequena autista muito bem camufladinha. Iniciei o treinamento no intuito de ser A.T., mas ali mesmo na avaliação fui orientada a buscar ajuda para essa função. Thiago foi muito realista comigo: como eram duas crianças com carga horária de 20 horas semanais mais as terapias clínicas, ficaria impossível atingir o resultado esperado, até porque tinha o Raphael, rotina da casa, clínica, plano de saúde (uma guerra sem fim).

Ao retornar à consulta com dr. Clay já com avaliação complementar feita pelo Thiago, recebemos os laudos médicos muito bem estruturados com todas as orientações necessárias para nós, pais, profissionais e para o plano de saúde. O laudo é fundamental para o tratamento multidisciplinar do autismo, garantindo os direitos destinados a eles.

Minha prima recém-formada em psicologia aceitou ser A.T. dos gêmeos. Jacque fez todo o treinamento no Instituto, recebendo todas as orientações necessárias; foram muitas horas de chão, de estudo e dedicação. Agora precisávamos de fonoaudióloga, fisioterapeuta e terapia ocupacional. A única clínica que encontrei foi em Umuarama, a Fisiokids, com o método Denver e atendimento pelo plano de saúde, eram duas horas de viagem, três vezes por semana durante dois cansativos anos.

E assim seguimos em casa com A.T. 20 horas com supervisão, clínica e escola todos no Modelo Denver, o que foi de suma importância para potencializar os resultados de desenvolvimento dos gêmeos.

Nossa casa se modificou, estruturar o ambiente é fundamental, criamos um espaço para as terapias, tínhamos uma programação de intervenção estruturada, metas claras e habilidades a serem trabalhadas e com avaliações periódicas de *checklist*. Os resultados eram lançados no gráfico, o que nos dava com precisão as áreas de desenvolvimentos atingidos e onde tínhamos que continuar trabalhando, o que nos trazia mais segurança sobre o andamento do tratamento.

Meu maior medo era de fazer escolhas erradas sobre como realizar o tratamento dos pequenos, porque a experiência do diagnóstico é muito difícil inicialmente, o excesso de informações inadequadas pode nos deixar ainda mais confusos. A forma mais segura é seguir as práticas baseadas em evidências científicas, testadas e comparadas. Mesmo assim, estando no caminho certo, temos uma questão que não podemos deixar de falar: a financeira. Tudo é muito caro e nem sempre o plano de saúde cobre essas despesas, o que leva muitas famílias a acionar judicialmente, como foi o meu caso.

Hoje continuamos com horas de terapias, pois novas demandas chegam e as necessidades vão mudando. A escola sempre foi algo que tirava meu sono, como seria cada fase deles? Está sendo melhor do que eu esperava, se alfabetizaram superbem, nossa dificuldade continua sendo a social. Mas estamos trabalhando nisso.

Eu gostaria de dizer aos pais que não desistam de seus filhos, eles dependem de vocês para evoluir. O tratamento não vai fazer com que ele deixe de ser autista, mas vai amenizar muito o sofrimento futuro.

44

IDIOTAS, MONGOLOIDES, RETARDADOS E A NEGLIGÊNCIA DO AUTISMO EM MULHERES

Termos médicos pejorativos utilizados para referir-se a crianças com autismo, uma ofensa mundial. Nas primeiras descobertas, crianças com autismo eram separadas dos pais para serem corrigidas em sanatórios logo nos primeiros anos de vida. O autismo é consequência da "mãe geladeira", que não deu o cuidado e o afeto necessários para o desenvolvimento do filho. Autismo em mulheres existe.

STRAUSS VASCONCELOS

Strauss Vasconcelos

Médico psiquiatra formado pela Universidade Estadual do Ceará, com Residência em Psiquiatria pelo Hospital Walter Cantídio. Obteve experiência enriquecedora no Hospital Instituto Volta Vida, onde atende os casos mais complexos de psiquiatria do Nordeste, bem como no CAPS, referência em toda a região. Com olhar minucioso, vê além dos sintomas depressivos/ansiosos e alterações no padrão do sono, que podem ser sinais de outras condições psiquiátricas, subdiagnosticadas, como o transtorno do espectro autista, transtorno de déficit de atenção e hiperatividade (TDAH), e transtorno bipolar. Assim, aprofunda-se diariamente em estudos dos temas supracitados e promove a saúde por meio de palestras e participações em debates públicos.

Contatos
strauss.vasconcelos@outlook.com
Instagram: @drstraussvasconcelos
11 95880 8060

As bizarrices do "autismo" e a evolução dos conceitos

Bruno Bettelheim, em meados de 1949, instigou a teoria que a "mãe geladeira" era a causa do autismo. Nessa época, também os pais eram aconselhados a deixar os filhos em instituições de recuperação. Lá eram tratados como loucos, e muitas vezes colocados em camisas de força.

Na década de 1940, uma estátua materna em um jardim era chutada por crianças orientadas por um ato da sociedade, em repúdio às mães de autistas que não souberam cuidar de seus filhos. A mulher, em sua figura materna, com papel importante na sociedade, deveria ser isenta de erros, e que a falta de afeto e cuidado era a causa dos transtornos mentais em seus filhos. Um credo que perpetua até hoje na mente de muitos cidadãos sem conhecimento, agravando ainda mais o fardo de ser uma mãe atípica.

Autismo – retardo mental e esquizofrenia

Idiota, retardado e mongoloide eram termos médicos comumente usados para referir-se a transtornos mentais. Logo, pessoas leigas passaram a se apropriar deles usando como insultos na cultura em geral, o que forçou a medicina a buscar meios alternativos a eles. Veja, na tabela a seguir, as mudanças com o passar das décadas na medicina:

1876	Associação de Oficiais Médicos de Instituições Americanas para Pessoas Idiotas e Deficientes Mentais
1906	Associação Americana para o Estudo dos Deficientes Mentais
1933	Associação Americana de Deficiência Mental
1987	Associação Americana de Retardo Mental
2006	Associação Americana de Deficiência Intelectual e de Desenvolvimento

Autismo em mulheres adultas: esquecidas no passado – mascaradas no presente

O transtorno do espectro autista foi e é ainda hoje frequentemente associado ao sexo masculino, mas o autismo em mulheres adultas apresenta características singulares, muitas vezes mascaradas ou subdiagnosticadas. É preciso um olhar minucioso para desvendar além dos sinais visíveis. Não é simples diagnosticar autismo em adultos; e em mulheres, é um desafio. Por isso a medicina psiquiátrica é uma arte – o médico precisa ter interesse no processo de descobrir o que há por trás das "pinturas das telas" (os sinais e sintomas), entender cada traço e as cores primárias que formam "aquele desenho" – o indivíduo.

Diante disso, traçar o melhor tratamento baseado nas necessidades da mulher com sintomas de endometriose, síndrome do intestino irritável, bexiga hiperativa, síndromes das pernas inquietas, insônia, ansiedade, dificuldade de raciocínio e concentração, além das demais comorbidades normalmente associadas ao autismo.

Resolver tudo com antidepressivo, ansiolítico ou sedativos para dormir pode ser um grande erro, agravando o quadro da paciente a longo prazo. Por vezes, a suplementação correta de cálcio, ferro, enzimas ou reposição hormonal, somada à avaliação e orientação nutricional psiquiátrica, pode corrigir condições sem necessariamente o uso de psicotrópicos. Para isso, é preciso avaliar a paciente como uma pessoa, e não como doença, pois cada ser é único.

Referências

ASSOCIAÇÃO AMERICANA DE DEFICIÊNCIA INTELECTUAL E DESENVOLVIMENTO. Brief History of the Association. *In*: ASSOCIAÇÃO AMERICANA DE DEFICIÊNCIA INTELECTUAL E DESENVOLVIMENTO. *Approved Board of Directors, AAID Chapter Leadership Manual.* 2011, p. 1. Disponível em: <https://www.aaidd.org/docs/default-source/membership/chapter-leadership-manual.pdf?sfvrsn=b935a9c1_0>. Acesso em: 8 abr. de 2024.

KANNER, L. Problems of nosology and psychodynamics of early infantile autism. *The American Journal of Orthopsychiatry*, v. 19, n. 3, p. 416-426, jul. de 1949.

45

INCLUSÃO
ALGO POUCO VISÍVEL NA SOCIEDADE

O tema da inclusão está em pauta em diversos meios: notícias, redes sociais, escolas, legislações e muito mais. Porém, o que é realmente feito para incluir as pessoas? E não falo apenas da inclusão física e mental, mas também da religiosa, social e humanitária. Após lecionar por 35 anos na rede pública, vivenciei situações diversas no que tange a inclusão e pude observar como ainda há muito a ser feito. Portanto, neste capítulo, irei abordar algumas dessas minhas experiências, buscando refletir sobre como se dá a inclusão e suas complexidades.

TEREZA CRISTINA G. M. CASTRO

Tereza Cristina G. M. Castro

Professora aposentada da disciplina de Química e escritora. Tereza Cristina Gonçalves Mendes Castro, pseudônimo de Teka Mendes Castro. Nascida em 30 de junho 1967. Professora de Química aposentada pela secretaria da educação de São Paulo após 35 anos. Sempre esteve envolvida, na sua vida profissional, com pessoas especiais, como o Danilo, aluno cadeirante na E.E. Professor Alberto Conte, Arnaldo da E.E. Senador Fillinto Müller, atual Silvia Esquível, Wilson, Lilian, todos cadeirantes, com potenciais incríveis, além de vários outros alunos com algumas deficiências e/ou transtornos de outras questões sociais que são levadas à escola pública principalmente. Além de mãe de crianças especiais, Gabriel *(in memoriam)*, meu filho com problemas, que faleceu com dois anos e dez meses após um cateterismo, ficou sem andar, enxergar, comia por sonda. Depois, veio outro filho diagnosticado com TDAH e DI leve, Emmanuel, e sou tia de um lindo menino que apresenta um TEA muito raro. Fora isso, sou mãe de Alexia Cristina e Anna Clara. Casada com Eduardo Riveiro Castro. Sou escritora desde a tenra idade, e sempre uma estudiosa da questão de inclusão, e é por isso que procuro descrever a situação que vivenciei e vivencio referente a esse assunto.

Contatos
alegabema@hotmail.com
Facebook: Professora e Escritora Teka Castro
Kwai: Teka Castro Profa
11 98469 9223

Não deixe que seus preconceitos te impeçam de enxergar as maravilhas que moram nas diferenças.
MARIANNA MORENO

Temos visto hoje a questão da deficiência, não só física, mas as ocultas, como TEA (transtorno do espectro autista), no nível 1 e até nível 2, ou seja, na forma de leve a moderada, embora na moderada já tenhamos percebido algumas alterações. Outras deficiências ocultas são a fibromialgia, uma doença reumática que causa dores pelo corpo todo, fadiga, depressão e outros distúrbios afetam até o equilíbrio físico e emocional de quem for diagnosticado com essa doença, que também é uma deficiência. Outra deficiência oculta é a auditiva, as pessoas só percebem quando seus portadores conversam entre si, ou outro aspecto que é pouco notado, o cordão do girassol, que as pessoas precisam aprender a identificar e respeitar. Os aspectos cognitivos ou de aprendizagem são outro tipo de doença oculta, a qual vi muito nos 35 anos trabalhados na rede pública de educação, em São Paulo, nas várias escolas estaduais em que lecionei, na região da diretoria SUL 1, em Diadema e em uma escola no centro-oeste. Nos últimos dias em que estava ainda na escola estadual Professor Doutor Lauro Pereira Travassos, percebi algumas crianças (pré-adolescentes) do 6º ao 8º ano que não sabiam ler ou escrever, nem sequer como se pegar no lápis ou caneta, a postura e até outras dificuldades. Três das oito crianças que tentava alfabetizar começaram a melhorar em sala de aula, soube disso ao conversar com Luciana Lima, coordenadora da Unidade Escolar, pena que logo me aposentei. Mas fiquei feliz com esse trabalho.

Uma observação: talvez por ter um sobrinho autista, nível 3, e um filho diagnosticado com TDAH desde criança e DI leve após os 18 anos, eu tenha outro olhar para essas crianças. Minha preocupação foi que nenhuma das oito crianças que estava auxiliando na alfabetização tinha um laudo, mas era perceptível que apresentavam alguma deficiência.

E citando os laudos médicos, temos uma demanda muito grande, porém, devido à demora do chamado pelo SUS e de renovação de laudos por meio de assistência social, torna-se um trabalho sem muita persistência por parte dos pais. Digo, pois há quase dois meses, tendo que renovar o laudo do meu filho no Instituto Jô Clemente, antiga APAE de São Paulo, vejo a demora na renovação dos benefícios, e pesquisando sobre a renovação de laudos, desde 6 de julho de 2015, quando a Lei Brasileira de Inclusão foi criada e notificada, muitas coisas já melhoraram. Em 2023, foi aprovada pelo senado a emissão de laudos permanentes; para muitas pessoas, isso é importantíssimo, pois evitará que crianças, adolescentes e adultos esperem por dias ou meses para a renovação de um laudo, em especial para portadores de TEA de níveis maiores que 2, pois o estresse é muito grande; sem contar cadeirantes e pessoas com outras comorbidades ou deficiências que se somam ao TEA, não podemos esquecer que temos múltiplas deficiências acabam debilitando ainda mais o paciente ao passo que este envelhece.

O texto altera o Estatuto da Pessoa com Deficiência (Lei 13.146/2015) para deixar claro que esses documentos terão validade indeterminada. Atualmente, segundo o estatuto, a forma de avaliação é de responsabilidade do Poder Executivo. O que ocorre é que muitas vezes pessoas com deficiência precisam enfrentar longas filas para ter acesso a novos laudos de uma situação que não vai mudar. Fonte: Agência Senado de 14 de março de 2023, a proposta da senadora Zenaide Maia (PSD-RN). Isso irá melhorar muito para os pais que não têm condições de a cada dois anos irem atrás de nova documentação, e é simples saber que, dependendo da deficiência, não temos como torná-la reversível. Isso serve para nós pais, educadores e toda uma sociedade que deve ser mais empática com a causa dos deficientes, sejam eles físicos ou mentais.

Observei muitos casos em que crianças com alguma deficiência são "barradas" em festas infantis de coleguinhas, sejam filhos de pessoas famosas ou comuns, o fato é que, após a pandemia, as pessoas olham apenas para o próprio umbigo, para seus próprios celulares, sem observar o outro, que está à frente, do lado ou atrás de nós. Sei que é difícil vermos determinadas deficiências, já que, historicamente, aprendemos a conviver com o belo, e aquilo que é diferente nos espanta, nos traz uma deficiência de julgarmos os outros. Aqui, na Vila Missionária, mora um jovem, não convivi muito com ele, mas ele só tem um olho, e o rosto é bem deformado, as pessoas próximas a ele dizem o quanto esse jovem é um amor de pessoa, respeita a todos e está sempre sorrindo.

Muitas vezes a sociedade é hipócrita por inúmeras condições, se diz inclusiva, mas exclui de todas as maneiras possíveis, sejam crianças, jovens, idosos, com algum tipo de deficiência, sem contar a questão racial ou religiosa, pela qual passamos atualmente em 2023. Citando isso, as pessoas também não aceitam mais nada, procuram brigar por qualquer coisa, para satisfazer o próprio ego.

Histórico da inclusão brasileira e desfecho

A questão da inclusão aqui no Brasil teve origem há 29 anos, após a Declaração de Salamanca, em 1994, quando surgiu um novo pensar para a aprendizagem para alunos com necessidades especiais, no qual toda criança deverá ter acesso à educação. Essa declaração mudou vários conceitos já vividos, e a criança "especial" foi incluída na sala de aula. Antes tínhamos a APAE (Associação de Pais e Amigos dos Excepcionais, atual Instituto Jô Clemente), criada em 1955, no Espírito Santo, em uma reunião na Sociedade Pestalozzi, cuidando de crianças com deficiências múltiplas e intelectuais. Após 1962, existiam e existem o Instituto Jô Clemente em todo o Brasil, sendo que, em São Paulo, fica na Rua Loefgren, 2109, Vila Clementino. A demanda é muito grande, e faltam profissionais para trabalhar na área, por isso talvez a demora de se conseguir um laudo ou até mesmo a questão do teste do pezinho, o qual detecta inúmeras informações médicas.

Após a questão da declaração de Salamanca, na Espanha, muitos fatos referentes à inclusão mudaram não só aqui no Brasil, mas no mundo inteiro. E, em 1996, com a LDB (Lei das Diretrizes de Base), a questão educacional mudou muito. Como professora aposentada, vejo que ainda temos muito a fazer pelas crianças e adolescentes, muitos colegas saem mal preparados para a sala de aula, não conhecem, ou melhor, não visualizam uma criança com deficiência, e poucos são os pais que lutam para conseguir um laudo, e uma parceria entre postos de saúde, e escolas onde essas crianças passam e acabam sendo deixadas de lado. Isso é muito triste, pois se a criança ou o jovem tem TDAH, dizem que são preguiçosos, não querem saber de fazer nada, mas não se preocupam nem em olhar prontuários para ver se o aluno tem ou não laudo, e de que maneira auxiliá-lo. O mesmo acontece com crianças do transtorno do espectro autista, as pessoas, sejam formadas ou não na Educação, acabam ignorando muitas vezes esses alunos, e é fácil dizer que são "inclusão" em um conselho de classe, aprovando o aluno, mas sem proporem a ele um modelo mais facilitador para o seu aprendizado.

Em 1977, adotou-se a questão das salas especiais. Fui coordenadora por um ano de uma escola estadual, a E. E. Manuel Borba Gato, onde havia salas especiais, tanto no período matutino quanto no vespertino. Crianças que só faziam o Ensino Fundamental, ou seja, na época, da 1ª a 4ª série, hoje seria do 1º a 5º ano, só que isso acabou, e essas salas hoje se tornaram salas de recursos, nas quais fica um(a) especialista que auxilia na aprendizagem do aluno no contrafluxo do que ele estuda. No entanto, como isso é da responsabilidade dos pais, acaba não sendo viável, pois como a maioria dos pais trabalha, não têm nenhuma pessoa para levar o aluno, e isso acaba sendo prejudicial para a aprendizagem desse estudante. Infelizmente muitos pais veem as escolas, digo, os professores como babás, ainda que por algumas horas. A realidade é chocante, mas isso acontece na maioria dos casos. Quando alguns desses pais são chamados à unidade escolar, não comparecem, querem ir num horário em que os professores da turma do aluno não estão na unidade e fica difícil a comunicação, o que aumenta a falha no aprendizado do aluno com deficiência.

Em 2015, foi instituída a Lei Brasileira de Inclusão da Pessoa com Deficiência (Estatuto da Pessoa com Deficiência), destinada a assegurar e a promover, em condições de igualdade, o exercício dos direitos e das liberdades fundamentais por pessoa com deficiência, visando à sua inclusão social e cidadania (Lei nº 13.146, de 6 de julho de 2015), na qual muitas emendas já foram efetuadas.

Enfim, ainda trago aqui nesse contexto a questão de deficiências ocultas, como a fibromialgia, que atinge milhares de mulheres; são dores, cansaço, desequilíbrios e outros sintomas, que também são citados na lei. Mas, por ser uma deficiência oculta, assim como a auditiva, muitas pessoas julgam por estarmos sentados nos bancos amarelos, indicados para deficientes, e ainda brigam conosco. Muita coisa deve mudar no Brasil. Claro que para o TEA, com a Lei Romeo Mion, muitas coisas vêm melhorando, mas as pessoas, atendentes de estabelecimentos, motoristas de ônibus, educadores e outros deveriam compreender mais esse aspecto, e deixar mais amenas para o portador do transtorno ou deficiência determinadas situações cotidianas.

Devemos mudar não só em situações citadas no mini-histórico que fiz aqui, ou das palavras relatadas, mas devemos mudar nossa visão de mundo, nosso olhar e perspectivas, pois somos todos iguais perante Deus. Se há alguma deficiência que nos impede de ver as deficiências intelectuais e físicas existentes, esta é a deficiência do **amor**, da **empatia**, de olhar para o próximo como se fôssemos nós mesmos.

Redigi este capítulo em meio a dores reais do meu ombro direito, dos edemas causados pela fibromialgia, e por razões observadas ao longo do tempo, sei que não é fácil ser mãe de pessoas com alguma deficiência, mas, se temos filhos assim, é um sinal de aprendizado para buscarmos acreditar e termos esperança de um mundo mais justo, mais especial.

Ter um mundo íntegro, visando a inúmeras culturas, defendendo a vida sempre, pois somos todos capazes de realizar algo especial nessa jornada.

Dedico a todos os alunos com deficiências a quem lecionei um dia, aos meus sobrinhos, filhos e a Deus.

Não sou especialista em TEA, mas como tenho meu sobrinho e um filho que, além do transtorno de déficit de atenção e hiperatividade, tem deficiência intelectual leve, procuro aprender com esses seres de luz sobre a capacidade de amar mais e ser feliz, de respeitar seus limites e suas ações, dialogar sempre, e transformar o mundo com uma educação inclusiva que valha a pena, que tenha realmente o direcionamento para a questão da relação saúde e educação, bases para entendermos mais e ensinarmos mais, como pais e docentes, e sermos firmes no que dissermos, pois uma criança com TEA muitas vezes entende as palavras ao pé da letra. Lembrem-se de amar ao próximo como a ti mesmo.

Referências

APAE-ES. *Inclua-se*: conviver com a diversidade é um privilégio. Disponível em: https://www.apaees.org.br/files/meta/b9f4a423-b282-43c3-889a-07d394a6cb3d/49fd7137-a301-4206-b69d-1ee5e2b89d16/276.pdf. Acesso em: 3 set. 2024

BEZERRA, L. N. V.; ANTERO, K. F. *Um breve histórico da educação inclusiva no Brasil.* Disponível em: https://editorarealize.com.br/editora/anais/conedu/2020/TRABALHO_EV140_MD4_SA11_ID_14082020134026.pdf. Acesso em: 3 set. 2024.

BRASIL. *Lei nº 13.146, de 6 de julho de 2015.* Disponível em: https://www.planalto.gov.br/ccivil_03/_ato2015-2018/2015/lei/l13146.htm. Acesso em: 3 set. 2024.

INSTITUTO JÔ CLEMENTE. *Instituto Jô Clemente*: pioneirismo, ciência e inclusão da pessoa com deficiência intelectual, transtorno do espectro autista (TEA) e doenças raras. Disponível em: https://ijc.org.br/. Aceso em: 3 set. 2024.

PACIEVITCH, T. *Declaração de Salamanca*. Disponível em: https://www.infoescola.com/educacao/declaracao-de-salamanca/. Acesso em: 3 set. de 2024.

REDONDO, L. *Pessoas com deficiência psicossocial/transtornos mentais*. Disponível em: https://www.acessibilidadenotrabalho.org/modulos/visoes-atuais-sobre-a-condicao-da-deficiencia/pessoas-com-deficiencia-psicossocial-transtornos-mentais. Acesso em: 3 set. 2024.

46

AS ESPECIALIDADES QUE COLABORAM NA INTERVENÇÃO DAS PESSOAS COM TRANSTORNO DO ESPECTRO AUTISTA

Este capítulo traz a importância das especialidades que corroboram para o desenvolvimento do indivíduo com autismo. Essa reflexão tem como objetivo evidenciar cada especialidade que, muitas vezes, compõe uma equipe multidisciplinar, que terá papel fundamental na ampliação de repertório, qualidade de vida e bem-estar do sujeito com transtorno do espectro autista (TEA).

THAYLLA CAVALCANTE

Thaylla Cavalcante

Psicóloga formada pela Universidade Presbiteriana Mackenzie (Mackenzie), analista do comportamento pela Universidade de São Paulo (USP), neuropsicóloga pelo Hospital Albert Einstein (Einstein), especialista em Análise do Comportamento Aplicada ao Transtorno do Espectro Autista e Desenvolvimento Atípico pelo Instituto Par (Instituto PAR) e mestra em Distúrbios do Desenvolvimento pela Universidade Presbiteriana Mackenzie (Mackenzie). Profissional atuante da psicologia clínica há mais de dez anos, com experiência em atendimentos a crianças, adolescentes e jovens adultos com desenvolvimento típico e atípico, orientação parental, orientação a profissionais de saúde e educação no Brasil e no exterior, fornecimento de supervisão clínica e palestras. Engajada em promover a inclusão em todos os ambientes sociais. Seu diferencial é se modificar e ser modificada pelo mundo.

Contatos
grupotecer.com
thayllacavalcante.psi@gmail.com
Instagram: @tecerclinicamulti
LinkedIn: TECER Clínica Multidisciplinar
11 93944 3990

> *Os homens agem sobre o mundo, modificam-no e, por sua vez, são modificados pelas consequências de sua ação. Alguns processos que o organismo humano compartilha com outras espécies alteram o comportamento para que ele obtenha um intercâmbio mais útil e mais seguro em determinado meio ambiente. Uma vez estabelecido um comportamento apropriado, suas consequências agem por meio de processos semelhantes para permanecerem ativas. Se, por acaso, o meio se modifica, formas antigas de comportamento desaparecem, enquanto novas consequências produzem novas formas.*
> SKINNER, 1957/1978

No século XIX, os transtornos mentais não eram enquadrados em critérios diagnósticos ou classificações. Os indivíduos que apresentavam comportamentos incomuns ficavam vagando pelas ruas e poderiam até serem presos, já que não tinham tratamentos adequados. Por esse motivo, pesquisadores da época tiveram a motivação de tentar compreender e buscar por novos caminhos para esses indivíduos (CDC, 2023).

Classificar as doenças mentais auxiliaria a uma classificação etiológica. Assim, seria possível identificar as causas, seu desenvolvimento e qual seria a intervenção adequada (CAPONI, 2012).

Na metade do século XX, a padronização das doenças e transtornos se fez necessária, com o objetivo de atender às demandas terapêuticas, legais e administrativas (ALARCÓN; FREEMAN, 2015).

O autismo era compreendido como uma psicose, mais exatamente como uma reação esquizofrênica tipo infantil.

Em 1952, a Associação Americana de Psiquiatria (APA) publicou a primeira versão do *DSM* (Manual de Diagnóstico e Estatístico de Transtornos Mentais), com um enfoque psicanalítico e mais de 100 categorias diagnósticas.

Em 2013, ganhamos uma nova versão do *DSM,* a quinta (*DSM-V*). Nesta versão, há a normatização das características globais do transtorno do espectro autista (TEA), facilitando a identificação do transtorno. O transtorno de Asperger e o transtorno global do desenvolvimento se fundem ao autismo.

> Essa mudança foi implementada para melhorar a sensibilidade e a especificidade dos critérios para o diagnóstico do Transtorno do Espectro Autista e para identificar alvos mais focados de tratamento para os prejuízos específicos observados. (*DSM-5*, 2014)

Os critérios diagnósticos do TEA foram divididos em quatro categorias, sendo elas:

A. Déficits na comunicação e interação social.

B. Padrões repetitivos e interesses restritos de atividades e comportamentos.

C. Presença dos sintomas em idade precoce e em contextos sociais.

D. Conjunto de sintomas que limitam a funcionalidade do indivíduo.

Indivíduos dentro do espectro possuem comprometimento na interação social (há baixa busca espontânea por atividades compartilhadas, baixa reciprocidade, conforto em realizar atividades solitárias, dificuldade em perceber o outro e até o que o outro está sentindo); na comunicação (há déficits na linguagem verbal e não verbal, podendo ter atraso e até mesmo ausência da linguagem falada) e interesses restritos (há interesses limitados e atípicos muitas vezes).

Os critérios A, B, C e D possuem divisões, como:

A. Déficits na comunicação e interação social.

A1. Partilha de interesse reduzida e continuidade de diálogos comprometidos por déficits na reciprocidade social e emocional.

A2. Déficits na linguagem não verbal, como expressão facial, linguagem corporal, contato visual e gestos.

A3. Dificuldade em ajustar seus comportamentos diante o contexto, gerar e manter relacionamentos.

B. Padrões repetitivos e interesses restritos de atividades e comportamentos.

B1. Uso de objetos, linguagem estereotipada e movimentos sem função social.

B2. Resistência a mudanças e presença de rituais.

B3. Interesse excessivo em tópicos e assuntos.

B4. Hipo ou hiper-reação a estímulos sensoriais do ambiente.

C. Presença dos sintomas em idade precoce e em contextos sociais.

D. Conjunto de sintomas limitam a funcionalidade do indivíduo (tendo três níveis de gravidade: Nível 1 – prejuízo na comunicação social e dificuldade em iniciar interações. Nível 2 – déficits graves nas comunicações verbal e não verbal, prejuízo social mesmo com apoio; e Nível 3 – limitação severa em interação social, inflexibilidade de comportamentos).

O TEA é um transtorno do desenvolvimento de etiologia multifatorial e com bases neurobiológicas que afetam 1:36 crianças de oito anos nos Estados Unidos. O sexo masculino é o mais afetado, sendo 3,8 para cada um do sexo feminino (CDC, 2023).

Considerando a complexidade do TEA, se faz necessária a intervenção multidisciplinar, considerando as necessidades de cada indivíduo (LIMA *et al.*, 2020).

A multidisciplinaridade é caracterizada pelo agrupamento de várias disciplinas voltadas à mesma temática ou questão, sem estabelecimento de relações entre os profissionais de cada área. Portanto, as disciplinas ficam lado a lado uma das outras com o objetivo de somar saberes (ROQUETE *et al.*, 2013).

O autismo possui déficits e potencialidades atípicas que necessitam de suporte para intervenção, por isso ter várias disciplinas para auxiliar o indivíduo com TEA é imprescindível. Abaixo, algumas das especialidades que podem auxiliar na intervenção:

- **Análise do comportamento aplicada (ABA)** – é uma ciência, não um método. A intervenção baseada em ABA é recomendada mundialmente para indivíduos com TEA por sua evidência científica. É uma intervenção que possui diversas estratégias para construir e ampliar repertórios socialmente relevantes e diminuir repertórios problemáticos. Os objetivos são individualizados e voltados às necessidades do indivíduo. O analista do comportamento deve se atentar à forma (topografia) e à função de dado comportamento para intervir da melhor maneira. A intervenção deve ser intensiva na maioria dos casos e em diversos ambientes (DUARTE; COLTRI; SILVA, 2019).
- **Fonoaudiologia** – a fonoaudiologia atuará com a linguagem e comunicação dos indivíduos com TEA. "A linguagem pode ser definida como um sistema organizado de maneira regular e previsível que possibilita, com isso, redigir uma lista de regras que descrevem a regularidade do sistema." O sistema é organizado por unidades, sendo elas: a fonologia (sons da fala), a sintaxe (formulação de regras para descrever formas em diferentes partes de um discurso que, combinadas, formam frases), a morfologia (estrutura interna das palavras, com unidades com morfemas ou significados), a semântica (significado da linguagem) e a pragmática (comunicação de maneira efetiva, aquela utilizada funcionalmente no dia a dia). A avaliação de linguagem para uma efetiva intervenção é necessária. Quando essa intervenção ocorre de maneira adequada, há desenvolvimento significativo nas pessoas com TEA (VELLOSO; CICUTTI, 2019).

- **Terapia ocupacional** – é uma ciência da ocupação humana que visa alcançar saúde, participação na vida por envolvimento na ocupação, bem-estar físico, mental e social. A terapia ocupacional no autismo se apropria da estrutura proposta pela Classificação Internacional de Funcionalidade, Incapacidade e Saúde (CIF), que tem como objetivo alcançar o bem-estar do indivíduo no trabalho, lazer, educação, autopreservação nas atividades e na participação, considerando sua funcionalidade (MOMO; SILVESTRE, 2019).
- **Musicoterapia** – segundo Gainza (1988), a musicoterapia pode ser conceitualizada como uma aplicação científica das possibilidades da música para favorecer na recuperação dos processos psicofísicos do sujeito. É um processo sistemático que demanda planejamento e acompanhamento, considerando a relação da música com o sujeito. Portanto, a música na saúde tem como papel o desenvolvimento geral das habilidades cognitivas, psíquicas e motoras, colaborando efetivamente na vida do indivíduo. No autismo, a musicoterapia auxilia na comunicação, atenção, concentração, expressão e até na diminuição de estereotipias.
- **Psicopedagogia** – é uma especialidade que une a Psicologia e a Pedagogia e tem como objetivo desenvolver e potencializar o aprendizado. No autismo, essa ciência terá como objetivo colaborar no desenvolvimento emocional e social do sujeito, trazendo qualidade de vida.
- **Fisioterapia** – é uma ciência que estuda os movimentos humanos. No autismo, colaborará com o desenvolvimento neuropsicomotor.

Ainda temos a Psicomotricidade, Educação Física, Nutrição e Equoterapia, que são especialidades que podem atuar no desenvolvimento de indivíduos com autismo.

Visando à variabilidade do transtorno e às demandas trazidas por ele, o trabalho de uma equipe multiprofissional é necessário. Especialistas das áreas descritas acima e da medicina se fazem necessários para que seja alcançada a autonomia e qualidade de vida aos indivíduos com autismo. Mesmo que cada especialidade esteja visando a uma perspectiva, é de suma importância que ocorra alinhamento e acompanhamento do caso para que os objetivos sejam alcançados, proporcionando desenvolvimento. Ultrapassar e entrelaçar saberes amplia o pensar e o agir. Então, como reflexão deixo o questionamento aos colegas das áreas da saúde e educação: Se lutamos bravamente para ampliar o repertório dos clientes/pacientes com TEA, por que não ampliamos o nosso repertório aprendendo com os colegas de diferentes áreas?

Que essa reflexão seja levada aos colegas e aos leitores deste capítulo.

Referências

ALARCÓN, G. D. R.; FREEMAN, M. A. Rutas ontológicas de la nosologia psiquiátrica: Cómo se llegó al DSM-5. *Rev. Neuropsiquiatr,* Lima, v. 78, n. 1, enero, 2015.

AMERICAN PSYCHIATRIC ASSOCIATION. *Manual diagnóstico e estatístico de transtornos mentais*: DMS-5. Porto Alegre: Artmed, 2014.

CAPONI, S. *Loucos e degenerados:* uma genealogia da psiquiatria ampliada. Rio de Janeiro: Fiocruz, 2012.

CENTERS FOR DISEASE CONTROL AND PREVENTION (CDC). Prevalence of autism Spectrum Disorders-Autism and Developmental Disabilities Monitoring Network, United States, 2008. *MMWR Surveill Summ*, 2023.

DUARTE, C. P.; COLTRI E SILVA, L. Análise do comportamento aplicada. *In*: DUARTE, C. P.; VELLOSO, R. de L. *A importância do atendimento multidisciplinar nos transtornos do espectro do autismo*. São Paulo: Memnon Edições Científica, 2019, p. 49-64.

LIMA, M. da S. *et al.* Conhecimentos de uma equipe multidisciplinar de um Centro de Atenção Psicossocial Infantojuvenil sobre o transtorno espectro autista. *Revista Eletrônica Acervo Saúde*, v. 50, 2020.

MOMO, A.; SILVESTRE, C. Terapia ocupacional. *In*: DUARTE, C. P.; VELLOSO, R. de L. *A importância do atendimento multidisciplinar nos transtornos do espectro do autismo*. São Paulo: Memnon Edições Científica, 2019, p.105-127.

ROQUETE, F. *et al.* Multidisciplinaridade, interdisciplinaridade e transdisciplinaridade: em busca de diálogo entre saberes no campo da saúde pública. *Revista de Enfermagem do Centro-Oeste Mineiro*, 2020.

SKINNER, B. *Comportamento verbal.* São Paulo: Cultrix/EDUSP, 1957/1978.

VELLOSO, R. L.; CICUTTI, T. F. Fonoaudiologia e transtorno do espectro do autismo. *In*: DUARTE, C. P.; VELLOSO, R. de L. *A importância do atendimento multidisciplinar nos transtornos do espectro do autismo*. São Paulo: Memnon Edições Científica, 2019, p. 65-84.

47

DIREITOS DAS PESSOAS NO TRANSTORNO DO ESPECTRO AUTISTA

A Constituição Federal assegura o direito à vida digna, saúde, segurança, bem como o tratamento igualitário de todos os cidadãos. As pessoas com TEA possuem direitos específicos que buscam a igualdade, uma vida digna e a saúde, mas que nem sempre são respeitados. Por isso, é fundamental conhecer as garantias e estar amparado por um profissional capacitado também na busca dos direitos.

VALÉRIA RUTYNA

Valéria Rutyna

Advogada especialista em Direito Previdenciário, com 18 anos de experiência. Especialista em Direito das Pessoas no Espectro Autista e TDAH, pós-graduada em Direito Empresarial Previdenciário. Comprometida em apoiar pais de crianças e adultos com TEA, reconhecendo as complexidades e desafios que enfrentam, oferecendo assistência jurídica especializada na garantia dos direitos e benefícios, buscando trazer tranquilidade e segurança em meio aos desafios enfrentados por todos os envolvidos.

Contatos
rutynaejordaoadv.com.br
valeria@rutynaejordaoadv.com.br
contato@rutynaejordaoadv.com.br
Instagram: @dra.valeriarutyna
41 98424 6997

A maternidade chega com grandes expectativas, sonhos, planos. A família toda se prepara para a nova vida que passará a fazer parte do dia a dia, exigindo grandes mudanças e adaptações desde o resultado positivo de gravidez.

As transformações cotidianas são acompanhadas de muita alegria, mesclada com angústias, medos e vários sentimentos ambíguos que logo dão espaço à felicidade.

Cada ultrassom realizado no pré-natal aumenta a vontade de logo conhecer o bebê que está por vir. E quando chega o grande momento, não há palavras para descrever a sensação de colocar no colo aquele ser tão frágil e tão forte ao mesmo tempo.

E é a partir daí que as grandes mudanças, transformações e adaptações realmente começam. Às vezes surgem dificuldades na amamentação. Em outras, o bebê precisa de cuidado médico intensivo, permanecendo por longos dias em uma incubadora.

O desenvolvimento de cada criança é único, cada uma com seu ritmo de aprendizado, com suas peculiaridades. Em algumas ocasiões, a família percebe que, mesmo com o ritmo individualizado de cada criança, algo está diferente, a criança tem o desenvolvimento um pouco diferente, tem interesses distintos.

Ao procurar entender essas nuances do desenvolvimento infantil, pode ser tida como uma família muito preocupada, superprotetora. Por vezes pode ser chamada de muito permissiva, porque a criança faz "birra" e ninguém controla. Eventualmente, tem-se o diagnóstico de algo que não foi possível prever durante o pré-natal: o transtorno do espectro autista.

Com o diagnóstico e intervenção precoces, o desenvolvimento da criança que tem acesso às terapias que necessita é muito maior, levando-a a ter uma vida adulta muito mais independente.

Conforme a conceituação dada por Mayra Gaiato, "o TEA, ou simplesmente autismo, é um transtorno do neurodesenvolvimento. Isso significa que algumas funções neurológicas não se desenvolvem como deveriam nas respectivas áreas cerebrais das pessoas acometidas por ele. É uma condição complexa, e muitos fatores contribuem para o risco".

Existem testes e escalas utilizados no Brasil que permitem importante delimitação de sintomas para hipótese diagnóstica a partir dos 18 meses da criança. Esses testes são excelentes ferramentas para o início da intervenção terapêutica, ainda que não sejam suficientes para cravar o diagnóstico. Como exemplo tem-se a escala M-CHAT, importante instrumento de rastreamento precoce de autismo, identificando indícios do transtorno em crianças entre 18 e 24 meses.

Sendo um transtorno de neurodesenvolvimento, quanto mais cedo ocorrerem o diagnóstico e a intervenção por terapias, melhores as chances de desenvolvimento da criança.

O cérebro de uma criança está em constante desenvolvimento. Daí a necessidade de utilizar esse tempo precioso para o início das terapias. A neuroplasticidade permite que estímulos criem ligações diferentes entre os neurônios, reprogramando a rede de comunicação, levando a maior autonomia e habilidades sociais.

Embora as janelas de oportunidade devam ser observadas, não significa que as intervenções devam ser aplicadas somente às crianças pequenas.

Com isso em mente, é preciso garantir que as terapias iniciem tão logo se tenha o diagnóstico, garantindo melhor desenvolvimento e autonomia. É direito da pessoa com transtorno do espectro autista o acesso ao seu plano terapêutico, conforme orientação do médico assistente e terapeutas que a acompanham.

Como bem frisado na introdução do guia de Orientação Técnica para Terapias, do Tribunal de Justiça do Paraná:

> Cabe ressaltar que, antes de nos depararmos com diagnósticos e laudos, estamos frente a frente com indivíduos dependentes de afeto e referência e, além do mais, com a necessidade de apoio à família dessa criança/adolescente/adulto. As terapias e métodos são escolhas que partem dos pais, como responsáveis, e o conhecimento, vínculo e afinidade por algumas delas representam um importante auxílio no processo de alcance dos objetivos traçados e no desenvolvimento favorável do indivíduo com TEA.

Se a criança possui plano ou seguro-saúde, é dever da operadora fornecer as terapias indicadas em relatório médico, em tantas sessões quantas forem indicadas. Não pode ser negado o acesso às terapias, ou mesmo haver limitação de sessão.

A escolha entre um plano de saúde ou seguro-saúde fará a diferença na escolha dos profissionais que farão o acompanhamento terapêutico. Enquanto no plano de saúde a escolha será limitada pela rede credenciada, no seguro-saúde será pelo reembolso, conforme as previsões contratuais.

A Agência Nacional de Saúde, órgão responsável pela regulação das operadoras de planos de saúde, determina que as sessões de terapia ocupacional, fisioterapia e psicologia não podem ser limitadas, devendo ser obedecido o plano terapêutico.

Ademais, garante o atendimento por prestador apto a executar o método ou técnica indicado pelo médico assistente.

Caso a pessoa no espectro autista não tenha plano ou seguro-saúde, é dever do Estado – leia-se Estados e Municípios – fornecer o tratamento indicado. Assim como toda a medicação prescrita pelo médico assistente. Ressalta-se, ainda, que a prescrição da medicação não precisa ser realizada por médico da rede pública de saúde, sendo necessária a indicação do composto químico indicado apenas.

A pessoa no espectro autista também tem direito a realizar as terapias em local próximo à sua residência. Assim, tanto as operadoras de saúde quanto o Estado devem garantir o tratamento em local próximo. Não sendo possível, devem providenciar o acesso ao local da terapia.

As operadoras de saúde, bem como o Estado, devem garantir o acesso às terapias indicadas em número de horas e técnicas, abordagens e métodos constantes no relatório médico, ainda que não seja da rede credenciada.

Ademais, a criança no espectro autista tem direito à educação em escola regular, não sendo lícito aos estabelecimentos de ensino qualquer restrição, especialmente quanto ao número de alunos com TEA por turma. Havendo disponibilidade de vaga para a turma e período pretendido, a escola não pode negar a matrícula do aluno.

As escolas devem providenciar, igualmente, plano educacional individualizado, materiais e avaliações adaptadas, bem como assistente especializado para auxiliar a criança nas atividades escolares, quando constantes no relatório médico. Essas atividades com o desenvolvimento da criança devem ser laudadas e apresentadas ao médico assistente e terapeutas conforme prescrição médica. É importante destacar que os estabelecimentos de ensino não podem cobrar taxas ou qualquer valor a mais nas mensalidades para a aplicação do plano educacional individualizado ou pelo acompanhamento dos assistentes especializados.

Em razão do tempo dedicado às terapias da pessoa com transtorno do espectro autista, o responsável pelo acompanhamento tem direito à redução da carga horária de trabalho, garantido o salário integral, caso seja funcionário público. Na esfera privada, é possível negociar a redução da jornada de trabalho, porém não há previsão legal de garantia do salário integral.

Para que seja possível a redução da jornada de trabalho, é preciso comprovar a necessidade das terapias e do acompanhamento do servidor. A redução não se confunde com a licença não remunerada, pois não há diminuição no valor do salário.

Pessoas no espectro autista têm direito, também, à liberação do rodízio de veículos nas cidades em que essa lei de trânsito é vigente. A compra de carro novo por pessoa com TEA permite a isenção de alguns impostos, sendo válida para aquisições a cada três anos, com redução para dois anos, caso seja motorista profissional. A reserva de vagas de estacionamento também é assegurada, quando obtido o cartão para deficiente/TEA.

Embora o TEA não seja deficiência, é garantido o acesso às vagas de emprego para portadores de deficiência, bem como a aposentadoria com os redutores especificados para deficientes.

Em viagens aéreas, as pessoas que precisam de assistência para ir ao banheiro, alimentar-se ou mesmo permanecer de maneira segura no voo, têm direito a um acompanhante, o qual terá 80% de desconto no valor da passagem, não estando o benefício vinculado à comprovação de renda.

Se a família não tiver condições financeiras de arcar com todo o tratamento, comprometendo a renda familiar, é possível requerer o benefício assistencial ao deficiente no Instituto Nacional do Seguro Social (INSS). Pode também requerer o levantamento dos valores depositados no FGTS a fim de viabilizar o plano terapêutico.

O título de eleitor é um direito e um dever de todo cidadão brasileiro acima de 18 anos. Ainda que a legislação proíba acompanhamento nas cabines de votação, é assegurado à pessoa com TEA o direito de um acompanhante inclusive para digitar seu voto. Somente estão isentos da obrigatoriedade de votação aqueles que forem judicialmente interditados. Contudo, caso não seja possível o comparecimento para a votação, é permitido solicitar ao Tribunal Regional Eleitoral a dispensa da obrigatoriedade.

Nos mesmos moldes do título de eleitor, todo brasileiro deve fazer o alistamento militar nos seis primeiros meses do ano que completa 18 anos de idade. No entanto, a apresentação do relatório médico isenta o serviço militar obrigatório para os homens no espectro autista.

Os direitos das pessoas com transtorno do espectro autista nem sempre são respeitados, especialmente no que diz respeito às terapias não convencionais, limitação do tempo dessas terapias e acesso amplo à educação. O benefício assistencial ao portador de deficiência administrado pelo INSS também possui peculiaridades que acabam por limitar a cobertura assistencial. É essencial o auxílio de profissional habilitado, especialista em assegurar os direitos da pessoa com TEA, garantindo a realização do previsto na Constituição Federal de vida digna a todos os cidadãos, sem distinção ou preconceitos.

Referências

BRASIL. *Guia de orientação técnica para terapias*. Tribunal de Justiça do Paraná, 2018.

BRASIL. *Lei 12.764, de 27 de dezembro de 2012*. Institui a Política Nacional de Proteção dos Direitos da Pessoa com Transtorno do Espectro Autista; e altera o § 3º do art. 98 da Lei nº 8.112, de 11 de dezembro de 1990.

BRASIL. *Lei 13146, de 06 de julho de 2015*. Institui a Lei Brasileira de Inclusão da Pessoa com Deficiência (Estatuto da Pessoa com Deficiência).

BRASIL. *Lei 13.370, de 12 de dezembro de 2016*. Altera o § 3º do art. 98 da Lei nº 8.112, de 11 de dezembro de 1990, para estender o direito a horário especial ao servidor público federal que tenha cônjuge, filho ou dependente com deficiência de qualquer natureza e para revogar a exigência de compensação de horário.

BRASIL. *Resolução Normativa 465, ANS*. Atualiza o Rol de Procedimentos e Eventos em Saúde que estabelece a cobertura assistencial obrigatória a ser garantida nos planos privados de assistência à saúde contratados a partir de 1º de janeiro de 1999 e naqueles adaptados conforme previsto no artigo 35 da Lei n.º 9.656, de 3 de junho de 1998; fixa as diretrizes de atenção à saúde; e revoga a Resolução Normativa – RN nº 428, de 7 de novembro de 2017, a Resolução Normativa – RN n.º 453, de 12 de março de 2020, a Resolução Normativa – RN n.º 457, de 28 de maio de 2020 e a RN n.º 460, de 13 de agosto de 2020.

BRASIL. *Resolução Normativa 469, ANS*. Altera a Resolução Normativa – RN nº 465, de 24 de fevereiro de 2021, que dispõe sobre o Rol de Procedimentos e Eventos em Saúde no âmbito da Saúde Suplementar, para regulamentar a cobertura obrigatória de sessões com psicólogos, terapeutas ocupacionais e fonoaudiólogos, para o tratamento/manejo do Transtorno do Espectro Autista (TEA).

GAIATO, M. *S.O.S. Autismo*: guia completo para entender o transtorno do espectro autista. São Paulo: nVersos, 2018.

48

TRANSTORNO DO ESPECTRO DO AUTISMO

IDENTIFICAÇÃO, DIAGNÓSTICO, FAMÍLIA E ASPECTOS EMOCIONAIS DO LUTO À LUTA

O autismo, como costumamos nos referir a essa expressão ampla em apresentações diagnósticas para uma mesma condição médica que é o transtorno do espectro do autismo (TEA), tem gerado impacto desde muito cedo, principalmente pela notícia do diagnóstico, que faz com que muitos familiares vivenciem grande tensão, ansiedade e até desesperança, pois a carência de serviços de suporte, a insegurança e o estigma social ainda são muito fortes, causando sentimentos conflitantes, que os levam a passar por momentos muito particulares, como a negação, a adaptação e a aceitação, emoções que são vivenciadas por cada família de maneira muito distinta e que merecem ser tratadas e respeitadas por nós, profissionais, e pelo próprio grupo familiar de modo sensível.

WILSON CANDIDO BRAGA

Wilson Candido Braga

Terapeuta ocupacional, professor universitário, consultor em educação inclusiva e escritor.

Contatos
prof.wilsoncandido@gmail.com
Instagram: @Wilsoncandidobraga
YouTube: Wilson Candido Braga
85 98878 3532

Autismo *vs* família e aspectos emocionais

É natural que, inicialmente, os pais não queiram ou não acreditem no diagnóstico que lhes é apresentado, e que essa situação esteja, sim acontecendo com eles; dessa forma, também é comum que procurem negar, a si mesmos e às demais pessoas que os cercam, a existência da deficiência ou do transtorno em seu filho ou filha, até então visto como um ser perfeito e sem possibilidades de manifestar qualquer condição particular que dificulte o seu desenvolvimento global e sua autonomia. Chamamos a esse momento em particular de fase de **negação.**

Nessa fase, a família ainda não se encontra preparada para conviver com algo dessa natureza, até porque, no caso de um nascimento, estava esperando por um bebê "saudável", "sem problemas", e isso provoca um grande choque diante do inesperado, suscitando muitas dúvidas e inquietações quanto a essa nova situação e ainda muitos receios, pois não se sabe como será o desenrolar desse novo momento, especialmente em relação a um futuro imprevisível diante de uma sociedade ainda tão excludente e estigmatizante. E é exatamente nesse contexto que algumas famílias se lançam numa busca interminável por outras possibilidades diagnósticas que, de alguma forma, possam negar aquela constatação inicial, para as quais muitos especialistas são consultados e muitos diagnósticos são comparados.

Os resultados dos diagnósticos mais incômodos são ignorados, abrindo espaço para a aceitação dos mais amenos. Com essas atitudes, buscam a negação de uma realidade que se mostra como assustadora e de difícil condução, e fechando-se no seu luto pela morte do filho idealizado, do filho planejado, revoltando-se com o mundo e isolando-se na própria dor, negando-se muitas vezes o contato com outras pessoas.

Os reflexos iniciais dessas primeiras emoções podem se apresentar a partir da dificuldade de interação com o bebê, e esperam, nesse caso, que as pessoas mais próximas e os profissionais que acompanham diretamente o caso apresentem disponibilidade para ouvi-los. Muito mais do que críticas por sua postura, a família precisa de um canal empático que favoreça a comunicação para possíveis trocas, que possam de alguma forma minimizar esse momento de dor e sofrimento.

É muito comum nessa fase que o pai demonstre maior dificuldade em lidar com a constatação da deficiência, pois a mãe normalmente intui que seu filho apresenta algum tipo de problema, mas o pai muitas vezes nega com maior veemência.

A fase de negação pode se prolongar por dias, meses ou anos, mas precisa passar, em benefício da própria criança.

Superado esse momento de dor e luto, os pais começam a perceber que seu filho apresenta necessidades que precisam e devem ser atendidas prontamente, e começam a perder o medo de serem inadequados diante dessa criança. Chamamos esse segundo momento de fase de adaptação, quando a família já conseguiu elaborar a perda da "criança idealizada e perfeitamente saudável" e começa a tentar descobrir maneiras de adequar-se ao novo momento existencial e real, surgindo as primeiras buscas por maiores informações sobre o diagnóstico, agora não mais para negar a existência da deficiência ou a situação real, mas para entendê-la melhor e, com isso, buscar estratégias e possibilidades que qualifiquem a vida desse sujeito, percebido como alguém que necessita de suportes e atenção especial.

Nesse movimento, surgem novas possibilidades e iniciam-se tentativas para estabelecer aproximações e contatos com outras famílias que também compartilham do mesmo problema; logo, podem restabelecer os vínculos sociais com amizades antigas, conquistam novas amizades, retomam suas vidas e diminuem seu isolamento social.

Os profissionais têm um papel muito importante nessa nova fase, aproveitando o momento em que a família demonstra necessidade de informação e apoio. Eles serão cruciais ao ajudá-la a identificar e a compreender as necessidades desse filho, qual seu real papel enquanto família e, principalmente, a descobrir como podem contribuir dando continuidade às propostas de intervenção que cada profissional estabelece como objetivo. Para isso, precisam entender que esse movimento de exclusão ou inclusão deve começar em casa.

É nesse momento que a família o perceberá como um ser humano genuíno, singular, com dificuldades, mas também com potencialidades, efetivamente integral e pleno de significado.

A próxima etapa vivenciada pela família é chamada de fase de **aceitação,** na qual o maior contato possibilitou uma visão mais realista da criança e de sua deficiência. Dessa forma, os pais vão conhecendo melhor o seu filho e este também vai conhecendo melhor os pais, formando vínculos afetivos mais resistentes e significativos para o desenvolvimento global desse indivíduo.

O vínculo emocional já está devidamente restabelecido e mais sólido; logo, a evolução da criança começa a ser percebida gradativamente, e os pais já se tornam mais participativos, buscando cada vez mais apoio, sugestões e esclarecimentos. Cada pequena conquista por parte dessa criança passa a representar uma grande vitória para os pais.

Ao longo desse processo, alguns pais já reconhecem que alguns sentimentos, como tristeza e frustração, devem e precisam ser encarados com naturalidade, mas podem também reaparecer em momentos pontuais, buscando estabelecer novos parâmetros comparativos, passando a qualificar e expressar maior satisfação com as mínimas conquistas do seu filho. Cada pequeno avanço ganha uma dimensão singular e muito mais significativa, algumas situações ganham outro sentido, entendendo agora que aprender está além do processo de leitura, escrita e raciocínio lógico matemático, pois existem conquistas que serão mais qualitativas do que a aprendizagem meramente acadêmica, muitas vezes sem representação funcional para o sujeito. Entendem que autonomia, capacidade de adequação social e elementos comunicacionais são mais importantes do que se previa, pois agora o que mais almejam é a independência de seu filho.

É comum que alguns pais ainda apresentem uma postura superprotetora, mas que, com o tempo, tende a diminuir, pois também percebem que dessa forma não estarão ajudando, e sim promovendo maior dependência, e não é esse o objetivo com seu filho.

É nesse momento tão significativo que nos compete, enquanto profissionais de qualquer área de atuação, levar informações relevantes e de qualidade, informações cientificamente comprovadas, que não alimentem falsas expectativas nem retirem das famílias o direito de apostar nas potencialidades de seus filhos.

Somos hoje um grande grupo de pais e profissionais construindo conhecimentos sobre TEA, e isso faz uma grande diferença, pois dessa forma estamos minimizando o preconceito e gerando possibilidades para que a inclusão de fato aconteça, assegurando a esses indivíduos o direito de acesso e a garantia de permanência nos mais diversos espaços socioeducacionais com qualidade.

Compreendendo e identificando o autismo

O **transtorno do espectro do autismo (TEA)** é hoje classificado pelo *DSM-5* (*Diagnostic and Statistical Manual of Mental Disorders* – Manual Diagnóstico e Estatístico dos Transtornos Mentais – 5ª Edição) como um transtorno do neurodesenvolvimento (APA, 2014). O TEA é considerado pela neurociência como um transtorno neurobiológico, um transtorno de funcionamento cerebral, um transtorno sensorial, em que áreas cerebrais específicas funcionam de modo diferente daquele esperado para cada região que compõe o chamado "cérebro social", evidenciando respostas inadequadas diante das demandas sociais.

Nesse sentido, o TEA configura-se como um transtorno de início precoce, com características marcantes no processo de desenvolvimento global da criança, comprometendo principalmente o desenvolvimento funcional da linguagem – fala e comunicação, que por sua vez prejudica diretamente a capacidade de interação social **(fala + comunicação + interação social = COMUNICAÇÃO SOCIAL/LINGUAGEM FUNCIONAL)**. Além dessa particularidade, deve ser perceptível a presença marcante de prejuízos nos comportamentos, com atividades e interesses restritos, repetitivos e estereotipados, considerados como elementos pontuais para que o diagnóstico seja de fato apresentado, entendendo que para tal condição esse diagnóstico se dá a partir de observações e relatos familiares, ou seja, o diagnóstico é **clínico observacional**. Esses dois elementos são hoje classificados pelo *DSM-5* como "**díade do autismo**" e devem estar presentes para caracterizar o TEA em qualquer indivíduo, seja em níveis mais leves ou mais severos (APA, 2014).

O TEA é considerado na atualidade um quadro diagnóstico com múltiplas possibilidades, do mais discreto ao mais acentuado, e isso implica diversas formas particulares de manifestações sintomáticas para uma mesma condição diagnóstica. Logo, estamos falando do "**espectro do autismo**", uma multivariedade de tipos para uma mesma condição de funcionamento cerebral.

A manifestação sintomática dos diversos quadros de TEA confunde a família e a muitos profissionais; daí a grande dificuldade para o fechamento de alguns diagnósticos, pois, de acordo com o *DSM-5* (APA, 2014), os casos mais leves – TEA nível 1 (que necessita de apoio) – passam às vezes despercebidos, pois seu desenvolvimento global aproxima-se bastante do esperado; logo, podem não ser entendidos como dificuldades sutis que demandam apoio multiprofissional.

Dependendo de cada nível de comprometimento, muitas pessoas com TEA podem apresentar dificuldades distintas, desde a dificuldade na capacidade de comunicação social a criar laços de relacionamentos sociais representativos, desde aprender conceitos básicos a ser independente nas habilidades ou condutas adaptativas para uma vida funcional e autônoma.

O TEA é uma condição permanente que se manifesta desde tenra idade, persistindo por toda a vida, evoluindo para uma condição mais funcional ou menos funcional, dependendo de como essa condição se apresenta em cada sujeito e como as intervenções foram iniciadas, realizadas e continuadas. Para tanto, não falamos em cura, pois até o momento não existe comprovação científica dessa reversão total do quadro sintomático; logo, a detecção precoce, o encaminhamento precoce e intervenção precoce fazem toda a diferença para a garantia de um melhor prognóstico.

As propostas interventivas são inúmeras, as promessas de cura também podem existir, porém o que esperamos é que esse indivíduo seja pontualmente assistido e tenha melhor qualidade de vida em todos os espaços onde esteja inserido, seja nos contextos familiares, educacionais ou sociais; e isso depende de inúmeros fatores, principalmente do envolvimento da família e das ferramentas de intervenção disponíveis nos espaços clínicos e institucionais, públicos ou privados.

Para que esse processo de intervenção aconteça, faz-se necessário que a família e a escola identifiquem precocemente os principais sinais que apontem para esse quadro diagnóstico e busquem para que essa definição diagnóstica também aconteça o quanto antes, garantindo que a evolução desse sujeito possa ser mais bem qualificada, pois quanto mais cedo se estimula, maiores serão as possibilidades neuronais para o processo de plasticidade.

Alguns dos principais sinais para o autismo

Desde cedo, muitos sinais já podem ser percebidos; alguns podem passar e outros podem ganhar intensidade em sua apresentação:

- Prejuízos na sucção – ausência de sucção ou sucção inadequada.
- Desmodulação sensorial – hipo ou hipersensibilidade sensorial (tátil, visual, auditiva, olfativa, gustativa, cinestésica, vestibular e proprioceptiva).
- Dificuldades para fixação do olhar no rosto materno ou baixo interesse na busca pela face humana.

- Comportamentos repetitivos ou ritualísticos com as mãos, descartando-se os movimentos manipulatórios oriundos do período natural em que o bebê brinca explorando as próprias mãos.
- Não desenvolvimento dos sons apropriados para a idade, ou atrasos significativos no processo de aquisição para a linguagem.
- Ausência de atenção compartilhada ou baixa receptividade às investidas da mãe e de outros parentes.
- Dificuldades de interações com pessoas e preferência insistente por objetos, ou maior apego a objetos específicos, preferindo-os em detrimento das relações humanas.
- Transtornos do sono (quadros de possível indicador para insônia calma ou insônia agitada).
- Dificuldades na alimentação, seletividade ou restrição alimentar, dentre outros sinais.

Outros sinais podem ficar cada vez mais evidentes entre os 18 e 36 meses. Dessa forma, fazem-se importantes algumas perguntas e a busca por uma avaliação multidisciplinar para maiores esclarecimentos:

- Como tem se apresentado o desenvolvimento da linguagem nessa criança?
- Há sinais de possíveis atrasos quando comparada com outra criança em idade semelhante?
- Como a criança estabelece a comunicação com seus pares (crianças de idades semelhantes) para que a interação social aconteça?
- Há prejuízos na sua comunicação social?
- A criança apresenta interesse ou atividade restrita, repetitiva ou interesse monotemático?
- A criança costuma emitir sons ou palavras descontextualizadas?
- A criança não responde quando chamada, parecendo apresentar deficiência auditiva?
- A criança demonstra dificuldades com frases ou palavras de duplo sentido, piadas, ironias, metáforas, levando tudo ao pé da letra?
- Normalmente, isola-se dos colegas em atividades que favoreçam a socialização?
- Costuma apresentar movimentos repetitivos, com padrões estereotipados?
- Ao utilizar os recursos lúdicos, faz uso diferenciado ou inusitado desses recursos?
- Como é sua forma de brincar?
- Apresenta dificuldades de abstração ou dificuldades na capacidade de criatividade e imaginação para jogos simbólicos?
- Apresenta reações de desconforto ou agitação na presença de estímulos sensoriais?
- Por que acontecem essas alterações comportamentais?
- Responde de maneira inesperada a situações sensoriais, inclusive para percepção de dor ou reações de insensibilidade a essa dor?

Esses são alguns dos principais sinais que devem ser observados pela família, pela escola e por uma equipe de profissionais especialistas (médico neuropediatra ou psiquiatra infantil, terapeuta ocupacional, fonoaudiólogo, psicólogo, psicopedagogo ou neuropsicopedagogo, psicomotricista...), garantindo assim a definição de um diagnóstico preciso e o encaminhamento adequado para o processo de intervenção.

Que este capítulo sirva de pretexto para a nossa busca incessante por mais informações, pois o **conhecimento é o primeiro passo para a inclusão**, e essa inclusão deve começar em casa com a aceitação da família, devendo se estender a cada profissional de áreas diversas, no sentido de reflexão sobre suas atitudes, que talvez ainda seja a barreira mais difícil de superação, porém, necessitamos ainda de espaços abertos para a promoção de oportunidades que propiciem a esses indivíduos a garantia de seus direitos e maiores possibilidades de acesso, permanência e estratégias que garantam sucesso, por menores que alguns desses avanços possam nos parecer.

Referências

AMERICAN PSYCHIATRIC ASSOCIATION. *Manual diagnóstico e estatístico de transtornos mentais*: DMS-5. Porto Alegre: Artmed, 2014.

BRASIL. *Lei n. 12.764, de 27 de dezembro de 2012*. Disponível em: http://www.planalto.gov.br/ccivil_03/_ato2011-2014/2012/lei/l12764.htm. Acesso em: 20 abr. 2017.

BRASIL. *Lei n. 13.146, de 6 de julho de 2015*. Disponível em: http://www.planalto.gov.br/ccivil_03/_ato2015-2018/2015/lei/l13146.htm. Acesso em: 10 abr. 2017.

BRASIL. Ministério da Saúde. Secretaria de Atenção à Saúde. Departamento de Ações Programáticas Estratégicas. *Diretrizes de atenção à reabilitação da pessoa com transtornos do espectro do autismo (TEA)*. Brasília, 2014.

BELISÁRIO FILHO, J. F.; CUNHA, P. *A educação especial na perspectiva da inclusão escolar*: transtornos globais do desenvolvimento. Brasília: Ministério da Educação, Secretaria de Educação Especial; Fortaleza: Universidade Federal do Ceará, 2010.

CAMARGOS JR, W. *Intervenção precoce no autismo:* guia multidisciplinar – de 0 a 4 anos. Belo Horizonte: Artesã, 2017.

DALGALARRONDO, P. *Psicopatologia e semiologia dos transtornos mentais.* Porto Alegre: Artmed, 2008.

DUMAS, J. E. *Psicopatologia da infância e da adolescência.* Trad. Fátima Murad. Porto Alegre: Artmed, 2011.

DUMAS, J. E. *Neurociências e desenvolvimento cognitivo.* Rio de Janeiro: Wak, 2011.

DUMAS, J. E. *Neuroeducação:* a relação entre saúde e educação. Rio de Janeiro: Wak, 2011.

DUMAS, J. E. *Neuroeducação e ações pedagógicas.* Rio de Janeiro: Wak, 2014.

ROGERS, S. J. *et al. Autismo:* compreender e agir em família. Lisboa: Lidel, 2012.

SCHWARTZMAN, J. S.; ARAÚJO, C. A. de. *Transtornos do espectro do autismo – TEA.* São Paulo: Memnon, 2011.